세계화와 생애과정의 구조변동

이 도서의 국립중앙도서관 출판시도서목록(CIP)은 서지정보유통지원시스템 홈페이지(http://seoji.nl.go.kr)
와 국가자료공동목록시스템(http://www.nl.go.kr/kolisnet)에서 이용하실 수 있습니다. (CIP제어번호 :
CIP2014013419)

중앙대 사회학 연구총서 4

세계화와 생애과정의 구조변동

신광영 외 지음

한울
아카데미

차례

서론 | 신광영 9

　　1. 생애과정과 세계화 9

　　2. 세계화와 생애과정 12

　　3. 생애과정 비교 연구 16

1장 세대, 생애과정과 계급 불평등 | 신광영 22

　　1. 문제 제기 22

　　2. 경제위기, 생애과정과 불평등 26

　　3. 자료 및 변수 31

　　4. 분석 결과 33

　　5. 생애과정, 젠더와 불평등 39

　　6. 맺음말 44

2장 베이비붐 세대의 생활만족에 대한 시계열분석 | 이병훈·남정민 50

　　1. 머리말: 문제 제기 50

　　2. 선행연구의 두 가지 이론적 논점: 세대 개념화와 세대 특성의 결정메커니즘 53

　　3. 연구방법 58

　　4. 분석 결과 62

　　5. 맺음말 75

3장 주거 생애과정 불평등의 계층적 요인과 가족자원

2000년대 자가 취득 가구에 대한 사건사 분석 | 신진욱 · 이민아   81

  1. 연구 목표와 의의   81

  2. 이론적 토론   83

  3. 연구 목표와 방법   90

  4. 분석 결과   97

  5. 결론   105

4장 과잉노동사회와 고학력 기혼여성의 일-생활 불균형 생애과정 접근으로 본 젠더화된 대응

  | 우명숙   112

  1. 들어가며   112

  2. 분석틀   115

  3. 성장 경험: 일-가족관계의 경험을 중심으로   125

  4. 과잉노동사회의 노동 정체성: 젠더화된 패턴과 대응   132

  5. 과잉노동사회의 젠더화된 일-가족관계의 재구성   135

  6. 결론   149

5장 생애전이(life transition) 과정으로서 남성생계부양자의 부재 | 김경희 · 강은애   154

  1. 시작하는 글: 생계부양자의 의미와 쟁점들   154

  2. 생애과정 관점 및 연구방법   158

  3. 생애전이 과정으로서 남성생계부양자 부재의 다른 맥락들   163

  4. 여성생계부양자 역할과 정체성: 어머니 노동자   171

  5. 맺는 글   179

6장 '조선족' 기혼여성의 초국적 이주와 생애과정 변동 시간성과 공간성의 교차 지점에서
　　| 우명숙 · 이나영　185
　　1. 서론　185
　　2. 기존 논의 및 이론적 틀　188
　　3. 연구대상 및 연구방법　196
　　4. 조선족 기혼여성의 생애과정과 이주　199
　　5. 결론　220

7장 동아시아의 세계화와 생애과정의 변화 한국, 일본, 타이완 비교 | 신광영　226
　　1. 동아시아 사회의 생애과정　226
　　2. 비동시성의 동시성과 세계화　228
　　3. 신자유주의적 제도변화와 생애과정　240
　　4. 맺음말　246

결론 생애과정 연구의 의의와 과제 | 김경희　251

〈그림 1〉 생애과정 유형 ● 15

〈그림 1-1〉 노동패널 1999년, 2009년 세대별 빈곤율 추이 ● 34
〈그림 1-2〉 1999년 연령세대별 계급분포 ● 37
〈그림 1-3〉 2009년 연령세대별 계급분포 ● 38
〈그림 1-4〉 연령세대와 성별 월평균 임금의 분포 ● 40

〈그림 2-1〉 1~2차 베이비붐 세대의 생애사 궤적 ● 51
〈그림 2-2〉 출생 코호트별 생활만족 ● 63
〈그림 2-3〉 연령별 생활만족 ● 63
〈그림 2-4〉 시기(조사 연도)별 생활만족 ● 64
〈그림 2-5〉 세대별 생활만족 평균값의 변화 추이 ● 74

〈그림 7-1〉 한국, 일본, 타이완의 남녀 초혼 연령 추이(1980~2010년) ● 234
〈그림 7-2〉 한국, 일본, 타이완의 남성 연령별 결혼 비율 ● 235
〈그림 7-3〉 나라별 65세 이상의 노인 빈곤율 ● 245

〈표 1-1〉 1999년과 2009년 분위별 소득 변화 ● 34
〈표 1-2〉 1999년 연령세대별 평균 소득, 빈곤율과 격차 ● 35
〈표 1-3〉 2009년 연령세대별 평균 소득, 빈곤율과 격차 ● 35
〈표 1-4〉 1999년 연령세대별 월소득 회귀분석 결과 ● 41
〈표 1-5〉 2009년 연령세대별 월소득 회귀분석 결과 ● 42

〈표 2-1〉 분석 변수의 가공방법 ● 61
〈표 2-2〉 생활만족에 대한 코호트 · 연령 · 시기 효과의 회귀분석 ● 65
〈표 2-3〉 무조건성장모형의 분석 결과 ● 71
〈표 2-4〉 조건성장모형의 분석 결과 ● 72

〈표 3-1〉 분석대상의 일반적 특성(분가가구주 연령 25~54세) ● 98
〈표 3-2〉 분가가구의 자가 취득에 대한 다수준 이산형 사건사 분석 ● 100
〈표 3-3〉 가구주의 연령에 따른 분가가구 자가 취득에 대한 다수준 이산형 사건사 분석 ● 103

〈표 4-1〉 면접 대상자의 기본 특성 ● 124

〈표 5-1〉 연구 참여자 ● 162

〈표 6-1〉 연구 참여 조선족 기혼여성 구술자의 일반적 특성 ● 197

〈표 7-1〉 한국, 일본, 타이완의 산업구조 변화(국민총생산 기여도) ● 232
〈표 7-2〉 한국, 일본, 타이완의 산업구조 변화(경제활동인구) ● 232
〈표 7-3〉 한국, 일본, 타이완의 성별 · 연령별 경제활동 참가율 ● 236
〈표 7-4〉 나라별 65세 이상의 가족 구성 ● 239
〈표 7-5〉 한국, 일본, 타이완의 비정규직 추이 ● 241
〈표 7-6〉 전체실업률, 청년실업률(15~24세), 노인취업률(65세 이상) ● 242
〈표 7-7〉 한국, 일본, 타이완의 가처분 소득 불평등 추이(지니계수) ● 244

서론

신광영

1. 생애과정과 세계화

사회란 무엇인가? 이에 대한 답은 사회를 인식하는 이론적 관점에 따라서 다르다. 사회를 전체로서 바라보는 이론적인 관점은 사회를 하나의 구조화된 총체로 보는 구조주의(Parsons, 1964; Althusser, 2005)나 사회를 체계로 보는 사회체계론(Lunmann, 1997)까지 매우 다양하다. 이러한 접근은 모두 집합적이고 전체로서의 사회라는 관점에서 사회를 인식한다. 반면, 방법론적 개인주의(Elster, 2007; Udehn, 2012)는 사회가 개인의 합이라는 관점에서 개인이 없이는 사회도 존재할 수 없다는 인식에서 출발해 사회를 이해한다. 분석의 출발은 사회 전체가 아니라 사회를 구성하고 있는 개인들에서부터 출발하는 것이다. 이러한 이론적 양극단에서 사회구조와 개인을 포괄하려는 다양한 이론적인 논의들이 등장했고, 이론적인 문제의식에서 출발하여 더욱 경험적인 연구와 연결시키려는 접근이 생애과정(life course)[1] 관점이다.

생애과정적 관점은 이러한 구조와 개인이라는 이분법적 접근을 피하고,

구조도 변하고 또한 개인도 변하며, 사회의 보다 포괄적인 이해는 이 둘 사이의 관계와 관계의 변화를 분석함으로써 더 잘 이루어질 수 있다는 인식에서 출발한다. 다시 말해서, 사회를 구성하는 개인은 모두 같은 개인이 아니며, 각기 생애과정에서 다른 역할과 이해관계를 갖는 개인이라는 점을 전제로 한다. 개인이나 사회는 모두 변한다는 것을 전제로 한다는 점에서 구조주의적 접근과도 크게 다르다. 구조주의적 접근에서 '구조'의 의미는 지속적으로 유지되는 관계의 유형을 의미하지만, 생애과정 접근(life course approach)에서는 사회·역사적 기제(socio-historical mechanisms)와 개인의 발달궤적(individual developmental trajectory)의 결합 유형이 안정적으로 유지되는 것을 말하며, 전환(transformation)은 사회·역사적 기제와 개인의 발달궤적의 결합이 변화하는 것을 의미한다. 개인들은 거시적인 사회변동이나 역사적 사건과의 관계 속에서 삶을 살아가기 때문에 시간적인 요소가 생애과정 관점에서 중시된다. 사회구조나 개인의 삶도 생애과정을 통해서 더 잘 이해될 수 있다. 그뿐만 아니라 출생과 사망에 이르기까지 전 과정에서 각기 다른 삶의 형태를 사는 구체적인 개인과 그들의 삶에 영향을 미치는 환경과 조건으로서의 구조 간의 상호작용을 수반한다는 점을 강조한다. 기든스(Giddens, 1979, 1984)의 구조화 이론(structuration theory)이 이론적인 수준에서 구조와 개인 행위의 동시적 상호작용과 행위의 구조적 배태성(embeddedness)을 다룬다면, 생애과정적 접근은 이러한 속성을 더욱 구체적인 경험적 연구에서 다루고 있다고 볼 수 있다.

---

1) 사회과학에는 생애과정과 같은 의미로 사용되는 다양한 용어들이 있다. 대표적으로 심리학에서는 생애기간(life span)이라는 용어를 사용하고, 인류학이나 사회학 내의 질적 연구에서는 생애사(life history)라는 용어를 사용하며, 인구학에서는 생애주기(life cycle)라는 용어를 사용한다(Elder, Johnson and Crosnoe, 2004: 4~5).

생애과정은 개인들 삶의 궤적이 무작위로 일어나는 것이 아니라 사회구조와 사회변동에 영향을 받아서 특정한 유형(pattern)을 보인다는 점을 강조한다. 그리고 사회구조의 효과는 개인들이 생애과정에서 보여주는 삶의 궤적을 통해서 나타나며, 사회구조의 변화에 따른 삶의 궤적 자체 변화는 역사적 사건이나 사회변동의 결과로 나타난다는 점을 강조한다. 특히 개인들이 집합적으로 보여주는 유형은 연령에 따라서 달라질 뿐만 아니라 사회변동이나 역사적 사건에 의해서도 달라지기 때문에 생애과정의 전환에 대한 분석은 사회변화를 이해하는 데 중요한 단서를 제공한다.

생애과정 관점에서 중요한 요소는 시간이다. 시간은 전쟁이나 경제위기와 같은 역사적 사건 형태로 개인들의 삶에 커다란 영향을 미칠 뿐만 아니라, 개인들의 삶을 특정한 방식으로 지속적으로 규정하는 효과를 가지고 있기 때문에 개인들의 삶을 이해하는 데 중요한 요소가 된다. 사회학에서 일반적으로 다루어지는 인과관계가 일시적인 관계를 전제로 한다면, 생애과정적 관점은 특정한 시기의 사건이나 상태가 개인들의 삶에 미치는 영향이 평생 동안 지속될 수도 있다는 점을 강조한다. 그러므로 시간은 역사적 사건이나 사회변동과 같은 요소로서 생애과정 관점에서 중요한 개념이다. 이것들은 연령세대 혹은 사건이나 구조적 변화를 같이 경험한 역사적 사건을 포괄하는 개념이 된다.

이 책에서 강조하고 있는 생애과정 관점은 엘더와 그의 동료들이 제시한 바와 같이 다섯 가지로 요약될 수 있다(Elder, Johnson and Crosnoe, 2004: 11~14).

1. 인간의 발달과 나이를 먹는 것은 전 생애에 걸친다.
2. 개인들은 역사와 사회적 환경에 따른 기회와 제약에서 선택과 행위를 하면서 자신의 삶을 영위한다.

3. 개인들의 생애과정은 시간과 공간에 배태되어 있다.

4. 생애과정에서 때(timing)는 생애과정의 유형에 영향을 미치는 중요한 요소이다.

5. 개인들의 삶은 상호의존적으로 이루어지며, 사회·역사적 영향은 이러한 상호의존적인 관계를 통해서 드러난다.

2. 세계화와 생애과정

현대 사회를 규정하는 가장 큰 흐름은 흔히 세계화라고 불린다. 세계화에 대한 개념 정의가 매우 다양하기는 하지만, 학자들이 공통적으로 인정하는 점은 세계화가 개인, 기업, 국가와 사회 차원에서 이전과는 다른 매우 큰 변화를 가져오고 있다는 것이다. 국내 상품시장의 개방, 국가 간 자본과 노동의 이동, 문화의 월경 등을 포함하는 세계화는 동구권 국가사회주의 붕괴 이후 가속적으로 진행되고 있다(Held et al., 1999; Harvey, 1989; Stiglitz, 2002; Giddens, 2000; Beck; 2000). 그러나 세계화는 각 사회의 제도적인 속성과 정치 역학에 따라서 각기 다른 방식으로 나타나고 있고, 세계화가 각 사회와 개인에게 미치는 영향도 또한 다르게 나타나고 있다.

세계화는 멀리 떨어진 곳에서 발생한 사건에 의해서 직접 영향을 받게 되는 방식으로, 여러 지역들이 연결되는 방식으로 전 지구적 사회적 관계가 심화되는 사회적 변화를 지칭한다(Giddens, 1990: 64). 지구적 차원에서 자본, 노동력, 지식, 정보와 문화의 교류와 이동이 증대되면서 과거 상대적으로 독립적으로 존재했던 개별 국가들이 지구적 수준에서 통합되는 거대한 사회 변동이다. 이러한 지구적 변화를 통해서 개별 사회 내 개인들의 삶도 크게 영향을 받고 있다.

여러 사회에서 공통적으로 나타나는 변화는 고용체제와 노동시장의 변화이다. 자본의 이동이 용이해지고 시장이 통합되면서 시장경쟁이 더욱 치열해졌다. 신자유주의로 불리는 이러한 변화에 대응해서 나타난 공통적인 변화는 국가의 영향력이 약화되면서 시장의 영향력이 강화되는 것이었다. 이러한 변화가 정치적으로 보수적인 정당들에 의해서 선제적으로 급속하게 이루어진 경우도 있지만, 이러한 변화에 적응하기 위해 소극적으로 이루어진 경우도 있다. 그러나 정도의 차이는 있지만, 노동시장의 유연화와 복지체제의 변화가 공통적으로 일어났고, 이러한 변화들은 개인들의 일과 생활안정에 직접 영향을 미쳤다.

그러나 세계화가 개인이나 집단에 미치는 효과의 차이는 각 사회에서 역사적으로 형성된 제도를 매개로 해서 나타난다(Diprete and Nonnemaker, 1997; Regini 2000; Blossfeld at al., 2005; Huber and Stephens, 2001). 그러므로 세계화가 사회에 미치는 영향의 정도와 내용은 제도에 따라서 다르게 나타난다. 즉, 세계화가 개인들의 삶에 직접적으로 영향을 미치는 것이 아니라, 개별 사회에서 형성된 다양한 제도를 매개로 하기 때문에 개인들이 경험하는 세계화의 내용과 결과는 사회마다 다르다. 자본주의사회에서는 복지제도나 노동시장의 구조와 노사관계 등에 따라서 세계화의 영향이 달라질 수 있다. 그리고 세계화가 각국의 복지나 노동시장의 변화를 촉발시키고 있기는 하지만, 그러한 제도들이 하나의 형태로 수렴하지는 않는 이유는 바로 정치와 사회적 과정을 통해서 제도의 변화가 나타나기 때문이다.

또한 한 사회 내에서 세계화와 같은 거시적인 변화가 개인이나 집단에게 미치는 영향도 계급, 성, 가족 등에 따라서 크게 다르다. 이러한 인식은 기존의 많은 사회학적 연구를 통해서 밝혀진 것이지만, 그러한 차이가 생애과정과 밀접한 관련을 맺고 있다는 인식에서 생애과정적 관점의 특징이 있다. 예를 들어, 계급도 시간적 차원을 포함해 중간계급은 주로 청장년 세대와 관련되며, 프티부르주아지(petit bourgeoisie)는 주로 노년세대와 관련되어 있다. 그러므로 계급에 관한 구조적인 논의에서 포착되지 못하는 계급을 구성하는 구성요소의 변화는 생애과정 접근을 통해서 포착할 수 있다.

개인이나 집단에 미치는 세계화의 영향을 분석하기 위한 새로운 접근 방법으로도 생애과정 접근이 부각되었다(Blossfeld et al., 2005). 생애과정 접근은 사회·역사적 맥락 속에서 개인이 전 생애과정을 통해 각기 다른 방식으로 사회와 관계를 맺고 다른 역할을 하게 되는 과정을 연구한다. 이 접근은 사회구조의 변화나 역사적 사건 속에서 개인이나 집단이 겪게 되는 변화를 연구하는 데 적용되었다(Thomas and Znanieki, 1920; Elder, 1985, 1998). 생애과정은 사회제도와 역사에 결합되어 있는 연령에 따라 각기 다른 패턴을 강조하기 때문에, 횡단 자료를 분석하는 접근과는 달리 세계화나 경제위기와 같은 사회변화나 역사적 사건이 개인이나 가족의 생애과정에 어떻게 영향을 미치는지를 보여주는 데 크게 기여할 수 있다.

생애과정적 관점은 세계화가 개인들의 삶에 어떤 변화를 가져왔는가에 관한 새로운 접근을 가능하게 한다. 먼저 산업사회에서 어느 정도 표준화된 형태로 존재해왔던 생애과정이 세계화로 인해 급격하게 해체되는 생애과정의 탈표준화, 탈제도화와 개인화에 대한 인식을 가능하게 했다(Brückner and Mayer, 2005; Blossfeld et al., 2005; Macmillan, 2005). 탈표준화는 세계화로 인해 정형화된 형태로 유지되었던 개인들 생애과정의 유형이 바뀌는 것을 의미한다. 개인의 생애과정은 취학, 졸업, 취업, 결혼(출산), 승진과 퇴직과 같이 질적으로 다른 몇 개의 표준화된 과정으로 이루어졌다. 그러나 세계화가 진전되면서 개인들의 생애과정상의 큰 변화가 일어났다: 불완전 고용, 만혼 혹은 비혼, 조기퇴직 등 다양한 형태의 새로운 유형의 삶의 형태가 나타났다. 이는 노동시장, 노사관계, 고용체제, 복지제도 등의 제도적 변화와 맞물려 있다는 점에서 탈제도화를 포함한다. 궁극적으로 이러한 변화는 시장에

〈그림 1〉 생애과정 유형

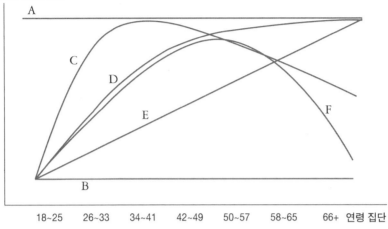

평균적인
삶의 안정성 정도

A

C

D

E

F

B

18~25   26~33   34~41   42~49   50~57   58~65   66+ 연령 집단

서 개인이 스스로 자신의 삶에 관한 모든 것을 해결해야 하는 개인화로 귀결
된다.

한국과 같이 세계화가 경제위기를 동반한 경우에 경제위기는 사회·역사
적 사건이며, 이 사건의 영향은 모든 사람들에게 미친다. 그러나 한국 내에
서 생애과정의 각기 다른 조건에 놓여 있는 여러 세대에게 경제위기의 영향
은 각기 다르게 나타난다. 〈그림 1〉은 삶의 안정성을 기준으로 생애과정에
서 나타날 수 있는 여러 유형을 보여준다. 〈그림 1〉의 A는 생애과정 초기부
터(여기에서는 18세부터) 노년기까지 삶의 안정성이 지속되는 유형이다. B는
삶의 안정성이 생애과정 초기부터 노년기까지 지속적으로 낮은 유형이다.
일반적으로 표준적인 생애과정은 D유형이다. 생애과정 초기에는 삶의 안정
성이 낮으나 점차 높아져서 미래의 삶에 대한 낙관적인 기대를 갖게 하는 유
형이다. E유형도 지속적으로 삶의 안정성이 높아지는 유형으로 경제성장이
지속적으로 이루어졌던 시대에 기대되었던 생애과정 유형이다. 이러한 생

애과정은 한국의 경우 산업화 세대라고 불리는 고령 세대의 표준적인 생애 과정이었다. C유형이나 F유형은 노년기가 극단적으로 불안정한 삶을 보여 주는 유형으로 최근 한국에서 자주 언급되는 생애과정 유형이다. 그리고 이 러한 유형은 현재 젊은 세대의 미래 생애과정 유형으로 인식되면서 미래 삶 에 대한 불안과 불만을 가져오는 요인이 되고 있다. 탈표준화는, D의 유형 이 지배적이었으나 D유형과는 다른 B나 F와 같은 새로운 유형이 등장하면 서 개인들의 생애과정이 분화되는 것을 의미한다.

생애과정 관점에서 세계화의 사회적 영향을 분석하는 것은 계급, 젠더, 인종에 따라서 생애과정이 다르다는 것을 전제로 한다. 이것은 표준적인 생 애과정 모형이 하나가 아니라 복수로 존재하며, 이런 모형들 또한 세계화로 인해 크게 변화를 보이고 있다는 점에 초점을 맞춘다. 연령이나 세대의 변화 에 따른 삶의 변화를 계급, 젠더, 인종과 관련해 새롭게 접근한다는 점에서 시간에 따른 행위자와 구조와의 관계의 변화에 초점을 맞춘다고 볼 수 있다.

3. 생애과정 비교 연구

생애과정 연구는 두 가지 점에서 인식론적으로 비교적인 관점을 내포하 고 있다. 첫째는 시간적인 차원의 비교이다. 개인이나 집단의 생애과정은 변화를 내포하기 때문에, 시간적인 비교를 포함하고 있다. 시간의 흐름에 따 라서 생애과정은 변화를 보이며, 변화의 내용은 시간을 기준으로 한 비교를 통해서 밝혀진다. 이러한 생애과정의 전이는 청년기에서 장년기로, 또는 장 년기에서 노년기로 바뀌는 전환을 포함하기 때문에, 생애과정은 동학(dyna-mics)의 분석이라고 볼 수 있다.

둘째는 집단 간 혹은 국가 간 비교이다. 이것은 계급, 젠더, 세대, 인종 등에 따라서 개인이나 집단의 생애과정이 달라질 뿐만 아니라 역사적 사건이나 사회제도에 따른 차이도 생애과정의 차이를 만들어내기 때문이다. 세계화가 나라마다 각기 다른 방식으로 개인들의 생애과정에 영향을 미치는 점은 사회제도나 정치의 차이에서 연유된다. 그러므로 생애과정 연구는 다른 어떤 사회학의 관점보다 더욱더 비교적인 관점을 토대로 하고 있다고 볼 수 있다.

한국의 사회학계에서 생애과정 관점의 연구는 대단히 적었다(은기수, 1995, 2007; 한경혜, 1993; 한경혜 · 주지현 · 정다겸, 2009; 한준 · 장지연, 2000). 생애과정의 변화에 따른 개인들의 삶에 대한 인식이 상대적으로 미흡했기 때문이다. 그 대신 사회변동이나 개인에 대한 연구가 주로 구조적 접근이나 제도적 접근에 기초해 이루어졌다.

이 책은 생애과정적 접근을 통해 세계화라는 거시적인 사회변화에서 나타나고 있는 한국의 소득, 노동, 결혼, 출산, 주택 문제들을 새롭게 이해하고자 한다. 계급과 소득 불평등도 생애과정 접근을 통해서 살펴보면 한국 불평등 문제의 기저에 생애과정의 지표인 연령세대가 중요하게 작동하고 있다는 것을 알 수 있다. 그리고 취업, 결혼, 주택 구입, 가족관계, 이주 등과 관련해 세계화라는 거시적인 변화 속에서 개인들의 행위 선택이 이루어지고, 이는 개인들의 생애과정상 기대되는 역할과 밀접하게 연계되어 있다는 것을 알 수 있다. 또한 생애과정 접근이 사회를 연구하는 데 대단히 중요한 이론적 · 방법론적 자원이 될 수 있음을 단적으로 보여주고자 한다.

그리고 본 연구의 생애과정적 접근은 기본적으로 생애과정 연구가 시간을 종단하는 교차시간 비교(cross-temporal comparison)를 바탕으로 하고 있다는 점을 강조한다. 각기 다른 연령세대는 세계화와 같은 역사적인 구조 변화나 외환위기와 같은 역사적 사건을 각기 다른 방식으로 경험하게 되고, 그에 따라서 구조적 변화나 역사적 사건의 영향도 연령세대에 따라 다르다.

즉, 생애과정의 어떤 단계에 있는가에 따라 그 영향이 크게 달라진다. 그러 므로 연령세대가 생애과정 연구에서 관심의 대상이 된다.

또한 본 연구의 생애과정적 접근은, 생애과정의 성격과 변화가 제도와 문 화를 매개로 해서 이루어지기 때문에 국가 간 제도적 차이가 개인들의 생애 과정을 어떻게 다르게 만드는가를 교차지역 비교(cross-regional compari- son)를 통해서 밝힐 수 있다는 점을 강조한다. 지역 간 비교 연구는 거시적 인 제도적 차이나 문화적 차이가 개인들의 생애과정에서 어떻게 변이(varia- tion)를 만들어내는가를 밝히는 데 도움을 줄 수 있다.

이 책의 후반부는 한국을 비교의 준거로 삼아서 일본, 타이완, 중국 지역 에서 세계화가 개인들의 생애과정에 어떻게 영향을 미치고 있는지를 분석 한다. 세계화의 영향은 매우 광범위하고 다층적이기 때문에 주요 사회변화 와 관련해 세계화가 개인들의 생애과정에 미치고 있는 영향을 사례 분석과 비교 분석을 통해 밝힌다. 한편으로 세계화의 충격으로 인해 유사한 변화를 동아시아 국가들이 보이고 있지만, 다른 한편으로는 매우 상이한 변화의 내 용을 보여주고 있다는 점에서 생애과정의 교차시간 비교와 교차지역 비교 는 동아시아 사회변화에 대한 이해를 제공한다.

참고문헌

남재량 · 이상호 · 최효미 · 신선옥 · 배기준. 2009. 「제10차(2007)년도 한국 가구와 개인 경 제활동 ― 한국노동패널기초보고서」. 노동연구원.
박재흥. 2009. 「세대명칭과 세대갈등 담론에 대한 비판적 검토」. ≪경제와 사회≫, 제81호, 10~34쪽.
신광영. 2009. 「세대, 계급과 불평등」. ≪경제와 사회≫, 제81호, 35~60쪽.
우석훈 · 박권일. 2007. 『88만원 세대: 절망의 시대에 쓰는 희망의 경제학』. 서울: 레디앙 미 디어.

은기수. 1995. 「생애 과정 연구와 사건사 분석의 결합—개인, 조직, 제도 연구를 위하여」. ≪사회와역사≫, 제46권, 141~181쪽.

은기수·박수미. 2002. 「여성취업이행 경로의 생애과정 씨퀀스(sequence) 분석」. ≪한국인구학≫, 제25권 2호, 107~138쪽.

_____. 2007. 「생애과정연구기법」. 이재열 외. 『사회과학의 고급계량분석 원리와 실제』. 서울: 서울대학교출판부.

한경혜. 1993. 「사회적 시간과 한국남성의 결혼연령의 역사적 변화: 생애과정 관점과 구술생활사 방법의 연계」. ≪한국사회학≫, 27(겨울호), 295~317쪽.

한경혜·주지현·정다겸. 2009. 「생애과정 관점에서 본 저소득층 조손가족 조부모의 사회적 배제 경험과 적응」. ≪한국가족복지학≫, 제26권, 87~122쪽.

한준·장지연. 2000. 「한국노동패널 특집 / 정규 / 비정규 전환을 중심으로 본 취업력(Work History)과 생애과정(Life-Course)」. ≪노동경제논집≫, 제23권, 33~54쪽.

Althusser, Louis. 2005. *For Marx*. London: Verso.

Allison, Paul D. 1994. "Using Panel Data to Estimate the Effects of Events." *Sociological Research & Method*, 23, pp. 174~199.

Beck, Ulrich. 2000. *What Is Globalization?* New York: Wiley.

Blossfeld, Hans-Peter, Mills Melinda Mills, Erik Klijzing, and Karin Kurz(eds.). 2005. Globalization, Uncertainty and Youth in Society, London: Routledge.

Brückner, Hannah and Karl Ulrich Mayer. 2005. "De-Standardization of the Life Course: What it Might Mean? And if it Means Anything, Whether it Actually Took Place?" *Advances in Life Course Research*, Volume 9, pp. 27~53.

Buchoholz, Sandra, Dirk Hofäcker, Melinda Mills, Hans-Peter Blossfeld, Karin Kurz and Heather Hofmeister. 2008. "Life Courses in the Globalization Process: The Development of Social Inequalities." *European Sociological Review*.

Diprete, Thomas A. 2002. "Life Course Risks, Mobility Regimes, and Mobility Consequences: A Comparison of Sweden, Germany, and the United States." *American Journal of Sociology*, 108(2), pp. 267~309.

_____. 2006. "Cumulative Advantage as a Mechanism for Inequality." *Annual Review of Sociology*, 32, pp. 271~298.

DiPrete, Thomas A and K. Lynn Nonnemaker. 1997. "Structural Change, Labor Market Turbulence, and Labor Market Outcomes." *American Sociological Review*, 62, pp. 386~404.

DiPrete, Thomas A., Dominique Goux, Eric Maurin and Michael Tåhlin. 2001. "Institutional

Determinants of Employment Chances: The Structure of Unemployment in France and Sweden." *European Sociological Review*, 17(3), PP. 233~254.

Elder, Glenn Jr. 1985. *Life course dynamics: Trajectories and Transformation 1968-1980*. Ithaca: Cornell University Press.

_____. 1998. "The Life Course and Human Development." *Sociological Analysis*, 1(2), pp. 1~12.

Elder, Glenn Jr., Monica Kirkpatrick Johnson and Robert Crosnoe. 2003. "The Emergence and Development of the Life Course Theory." in J. Mortimer and M. J. Shanahan(eds.). *Handbook of the Life Course*. New York: Kluwer cademic/ Plenum Publisher.

Elster, Jon. 2007. *Explaining Social Behavior: More Nuts and Bolts of the Social Sciences*. Cambridge: Cambridge University Press.

Giddens, Anthony. 1974. *New Rules of Sociological Method*. New York: Basic.

_____. 1979. *Central Problems in Social Theory*. Berkeley: University of California Press.

_____. 1984. *The Constitution of Society: An Outline of the Theory of Structuration*, Oxford: The Polity Press.

_____. 1990. *The Consequences of Modernity*. Oxford: Polity Press.

_____. 2000. *Runaway World: How Globalization is Reshaping Our Lives*. London :Profile.

Halaby, Charles. 2004. "Panel Models in Sociological Research: Theory into Practice." *Annual Review of Sociology*, 30, pp. 507~544.

Harvey, David. 1989. *The Condition of Postmodernity*. Oxford: Blackwell.

Held, David, Anthony McGrew, David Goldblatt, and Jonathan Perraton. 1999. *Global Transformations: Politics, Economics and Culture*. Stanford: Stanford University Press.

Huber, Evelyne and John Stephens. 2001. *Development and Crisis of the Welfare State: Parties and Policies in Global Markets*. Chicago: The University of Chicago Press.

Hungford, Thomas L. 2008. "The persistence of hardship over the life course." *Research on Aging*, 29(6), pp. 496~511.

Luhmann, Niklaus. 1997. *Theory of Society*. Stanford: Stanford University Press.

Macmillan, Ross(ed.). 2005. "The Structure of Life Course: Classic Issues and Current Controversies." *The Structure of the Life Course: De-standardization, De-institutionalization, and Individualization*. London: Elsvier, pp. 3~26.

Parsons, Talcott. 1964. *Social Structure and Personality*. New York: Simon and Schuster.

Udehn, Lars. 2012. *Methodological Individualism: Background, History and Meaning*. London: Routledge.

Regini, Mario. 2000. "Between Deregulation and Social Pacts: The Responses to European Globalization." *Politics and Society*, 28(1), pp. 5~33.

Stiglitz, Joseph. 2002. *Globalization and Its Discontents*. New York: Norton.

Thomas, William I. and Florian Znanieki. 1920. *The Polish Peasant in Europe and America I and II*. New York: Dover Publications.

Wooldridge, J. 2002. *Econometric Analysis of Cross Section and Panel Data*. Mass, Cambridge: MIT Press.

1장

세대, 생애과정과 계급 불평등

신광영

1. 문제 제기

본 연구는 1997년 외환위기 이후 경제활동에 참여하고 있는 성인 남녀의 생애과정에서 나타나는 소득지위 변화와 소득격차를 계급-생애과정의 연계 중심으로 분석한다. 개인의 소득은 생애과정에서 큰 변화를 겪고, 그 결과 소득 불평등도 생애과정과 밀접한 관련을 보인다. 개인들의 삶은 생애과정에서 나타나는 여러 단계의 변화(졸업, 취업, 결혼, 출산, 퇴직, 사망 등), 집합적인 사회적 조건(코호트 규모, 경제활동 참가율 등), 초개인적인 사건(경기변동, 전쟁, 외환위기, 국가정책 등) 등과 맞물려 이루어진다. 흔히 개인적인 차원은 미시적인 현상이라 하고, 집합적이거나 초개인적인 사건은 거시적인 차원으로 불렸다. 개인들의 생애과정은 개인들이 통제할 수 없거나 통제가능성이 낮은 거시적인 변화에서 이루어지는 개인적인 선택들로 구성된다. 개인들은 가족이나 제도에 의한 제약(자원의 제약, 기회의 제약)에서 가능한 한 자신에게 유리하다고 '생각되는' 선택을 모색한다.[1] 그러나 주관적인 '생각' 자체는 부르디외(Bourdieu, 1984, 2005)가 주장하는 것처럼 계급과 계급 문화에 의해서 크게 영향을 받기 때문에 생각은 같지가 않고, 생각의 결과인 취향과 행위 선택도 계급(class), 젠더(gender), 연령(cohort)에 따라서 매우 다르게 나타난다.

1997년 외환위기와 그에 따른 급격한 신자유주의 경제개혁은 개인들이 기대했던 생애과정의 패턴을 뒤흔들어 놓았다. 고용관계의 급격한 변화로 고용위기가 도래했고, 노동시장의 급격한 유연화가 이루어지면서 해고, 비정규직 취업, 조기(명예)퇴직 등으로 많은 개인들은 생애과정의 단계에서 각기 다른 질적인 변화를 겪었다. 피고용자들의 경우는 실업으로 인한 소득상실과 조기퇴직 후 비정규직 재취업 등으로 인한 고용불안과 저임금으로 특징지어지는 불안정 고용(precarious work)을 경험할 가능성이 크게 증가했다. 1997년 2월 노사정 간의 합의에 따른 노동관계법 개정과 기업 차원에서의 정규직 축소, 비정규직 고용 증대가 이루어지면서 한국의 고용체제도 크게 변했고, 그 결과 소득분배도 크게 악화되었다.

개인의 소득은 계급과 직업에 따라서 달라질 뿐만 아니라 피고용자들의 경우 소득은 고용형태(정규직, 임시직, 일용직, 파견근로, 계약직 등)에 따라서도 크게 달라진다. 계급과 고용형태는 모두 젠더 및 연령과 깊은 관련을 맺고 있다. 청년기에는 대부분이 학교교육을 마치고 경제활동을 시작하기 때문에 피고용자 계급(중간계급이나 노동계급)으로 경제활동을 시작한다. 즉, 청년기에는 자본을 소유해서 자본가나 자영업자로 경제활동을 하기보다는

---

1) 주류경제학에서는 비용과 이익을 고려해 최선의 행위가 선택된다고 가정한다. 그러나 비용과 이익에 대한 평가는 대단히 주관적이고, 주관적으로 이루어지는 판단 과정은 계급, 성, 인종과 국적에 따라서 크게 달라진다. 경제행위의 사회적 배태성에 관한 논의는 그라노베터(Granovetter, 1974)와 부르디외(Bourdieu, 2005)를 볼 것.

주로 타인에게 노동력을 제공하고 임금을 받는 피고용자로 일하는 경우가 대부분이다. 또한 연령에 따라 임금이 달라지는 호봉제가 제도화되어 있기 때문에 연령이 낮을 때는 대체로 임금도 낮다. 그러므로 경제활동 경력이 낮은 30대의 임금 불평등은 상대적으로 낮은 편이다. 반면에 50대는 상당 부분의 피고용자들이 정년이나 조기퇴직 등으로 피고용자의 지위를 유지하는 비율이 낮고 비자발적으로 자영업으로 내몰리지만, 일부 피고용자들은 임원이나 여타의 고위직으로 승진해 높은 임금을 받기 때문에, 50대 내부에서 계급의 분포도 다양해지고 임금 불평등도 청년기에 비해서 훨씬 크게 나타난다. 그리고 조기퇴직자들 가운데 많은 경우가 영세 자영업자로 활동하기 때문에 30대보다 50대에서 저소득층이 더 높은 비중을 차지하게 된다. 이러한 점들은 젠더와도 매우 밀접하게 관련을 맺고 있다. 중장년 여성의 높은 비정규직 고용 비율이 이러한 점을 잘 보여준다.

한 사회 내에서 개인들의 생애과정은 거시적인 변화에 크게 영향을 받는다. 생애과정의 여러 단계에서 개인들의 경제활동도 큰 변화를 보이며, 이 과정에서 생애과정 초기 조건의 차이가 이후 여러 생애과정에도 누적되어 증폭된 이익과 불이익을 경험하게 된다(Merton, 1968; Dannefer, 2003; Ferraro and Shippee, 2009). 대표적으로 교육의 효과는 노동시장 진입 시에만 발휘되는 것이 아니라 생애 전 과정에 걸쳐서 나타나며, 동일하게 나타나는 것이 아니라 생애과정의 어떤 시기까지 증폭된다. 그러므로 교육이 경제적인 의미를 지니는 연령대에 이르기까지, 교육의 효과를 누리는 사람들과 그렇지 못한 사람들 사이에 교육 효과의 격차가 더 커지게 된다. 그러나 생애과정에서 교육의 효과가 사라지는 단계에 이르면 교육의 효과는 급격하게 줄어든다. 이것은 생애과정과 맞물려 교육의 임금효과가 선형적인 것이 아니라 비선형적이라는 점을 보여준다.

생애과정적 접근은 개인의 생애과정에서 시간적 변화와 제도적 변화가 맞물려 어떻게 개인에게 영향을 미치는가에 관심을 갖는다.[2] 시간적 변화는 개인적인 차원에서 나이와 관련되지만, 시간의 사회적 차원은 사건이나 제도적 변화와 관련 있다. 특정한 시대나 특정한 세대에게 영향을 미치는 사건은 개인들에게 특정한 구조적 제약을 가한다. 한국은 1997년 외환위기로 대졸자들이 취업할 수 있는 기회가 대폭 줄어들었다. 그리고 연령을 중시하는 조직문화와 맞물려 2, 3년 취업이 늦어지는 경우, 때를 놓친 대졸자들의 취업이 더욱 힘들어지는 현상이 나타나기도 했다. 또한 출산이나 육아로 직장을 떠난 여성들이 다시 직장으로 진입하는 것이 대단히 어렵다. 기업들이 중년 여성의 고용을 선호하지 않기 때문에 여성의 취업은 서비스업종의 비정규직 형태로 이루어지는 경우가 대부분이다. 이러한 현상은 여성의 생애과정에서 겪는 변화가 기업의 고용관행과 맞물리면서 나타난 집합적 결과이다.

본 연구에서는 경제위기 이후 한국인의 생애과정에서 개인들의 소득변화와 집합적인 소득 불평등 구조가 어떻게 변했는지를 분석하고자 한다. 또한 한국노동연구원에서 수집한 한국노동소득패널 제2차 자료와 제11차 자료를 이용해 개인들이 생애과정에서 어떤 소득 변화를 겪었고, 생애과정을 거치면서 계급, 성, 세대별로 소득 이동의 궤적에서 어떤 변화가 발생했는지를 분석한다.

---

2) 드윈들(Dwindle, 2003)은 생애과정적 접근을 가족 주기 접근, 제도적 접근, 정치경제학적 접근으로 구분하고 있다.

2. 경제위기, 생애과정과 불평등

근대사회를 규정하는 중요한 특징의 하나는 지속적인 사회변동이다. 사회변동은 점진적인 사회변동과 역사적 사건에 의한 급격한 사회변동으로 구분된다. 초기 유럽의 산업화가 상대적으로 점진적인 사회변동이었다면, 동아시아의 국가 주도형 산업화는 역사적 사건이라고 부를 수 있을 정도로 급격한 사회변동을 야기했다.[3] 전쟁이나 경제공황과 같은 사건들도 단기간에 큰 변화를 만들어낸다는 점에서 역사적 사건이라고 볼 수 있다.

오늘날 가장 두드러진 역사적 사건은 세계화라고 볼 수 있다. 세계화는 전 지구적인 수준에서 개인, 가족, 기업, 국가와 사회 차원에서 이전과는 다른 매우 광범위한 변화를 가져오고 있다. 국내 상품시장의 개방, 국가 간 자본과 노동의 이동, 문화의 월경 등을 포함하는 세계화는 1980년대 말 동구권 국가사회주의 붕괴 이후 가속적으로 진행되고 있다(Held, 1999; Harvey, 1989; Stiglitz, 2002; Giddens, 1990; Beck, 1999). 그러나 세계화는 각 사회의 제도적인 속성과 정치에 따라서 각기 다른 방식으로 나타나고 있고, 세계화가 각 사회와 개인에게 미치는 영향도 다르게 나타나고 있다. 한국에서 나타난 세계화는 한국 경제가 세계경제에 통합되는 과정과 OECD 가입이나 외환위기와 같은 역사적 사건을 포함한다.

세계화가 개인이나 집단에 미치는 효과는 각 사회에서 역사적으로 형성된 제도를 매개로 나타난다(Diprete and Nonnemaker, 1997; Regini, 2000; Blossfeld at al., 2005; Huber and Stephens, 2001). 한국과 같이 복지제도가 발

---

3) 1820년부터 1900년까지 산업혁명을 겪은 영국의 연평균 경제성장률은 1.22%에 불과했다(Maddison, 2007: 246). 동아시아 국가들은 지난 30여 년 동안 8~9%의 경제성장률을 보였고, 중국의 경우 13~15% 경제성장을 보여 급격한 사회변화를 촉진시켰다.

달하지 못한 사회에서 세계화는 여성, 농민, 비정규직 노동자와 같은 상대적으로 불리한 주변적인 인구집단을 배제시키는 방식으로 진행되어 사회 양극화라 불리는 빈곤층의 증가와 불평등 심화로 이어졌다. 그러나 북유럽과 같이 노동시장뿐만 아니라 복지제도를 통해서 세계화의 충격을 흡수하는 경우, 세계화는 곧바로 불평등 심화로 나타나지 않는다. 이러한 제도적 매개나 세계화로 각국의 복지제도나 노동시장이 변화하고 있기는 하지만, 하나의 형태로 수렴되지는 않았다(Amable, 2003; Boyer 2005; Hall and Sockice, 2001).

또한 한 사회 내에서 세계화와 같은 거시적인 변화가 개인이나 집단에게 미치는 영향은 계급과 성에 따라 크게 다르다. 세계화에 대응하는 개인이나 집단은 현재 동원할 수 있는 자원과 활용할 수 있는 기회를 고려해 교육, 결혼, 주택 소유, 출산과 퇴직 등 중요한 생애과정에서 선택을 하게 된다. 경제위기 이후 젊은 여성들의 취업이 어려워지면서 나타나는 공무원 시험이나 각종 고시에 여성들이 집중되는 현상이나 점점 더 결혼 연령이 늦어지는 현상도 교육, 노동시장, 기업의 고용관행 등이 여성의 선택에 영향을 미친 결과이다.

개인이나 집단에 미치는 이러한 세계화의 영향을 분석하기 위해 새로운 접근 방법으로 생애과정 접근이 부각되고 있다(Blossfeld et al., 2005). 생애과정 접근은 사회·역사적 맥락에서 개인이 전 생애과정을 통해 각기 다른 방식으로 사회와 관계를 맺고 다른 역할을 하게 되는 과정을 연구한다. 이 접근은 사회구조의 변화나 역사적 사건 속에서 개인이나 집단이 겪게 되는 변화를 연구하는 데 적용되었다(Thomas and Znanieki, 1920; Elder, 1985, 1998). 생애과정은 "사회제도와 역사에 결합되어 있는 연령에 따라 각기 다른 패턴"으로 구성된다(Elder, Johnson and Crosnoe 2003: 4). 시간의 흐름 속에서 개인이나 가족의 변화를 분석하는 생애과정 접근은 횡단 자료를 분석하는 접근과는 달리 개인의 생애과정에서 역사의 중요성과 개인과 사회와의 관계에 초점을 맞춘다. 개인이나 사회도 모두 변한다는 것을 전제로 한다는 점에서 구조주의적 접근과도 크게 다르다. 구조주의적 접근에서 구조의 의미는 지속적으로 유지되는 관계의 유형을 의미하지만, 생애과정 접근에서는 사회·역사적 기제와 개인의 발달궤적의 결합 유형이 안정적으로 유지되는 것을 패턴이라고 말하며, 전 사회·역사적 기제와 개인의 발달궤적과의 결합이 급격히 변화하는 것을 전환이라고 본다.

한국의 세계화는 OECD 가입과 바로 직후에 발생한 외환위기와 같은 충격적인 변화를 동반했다. 외환위기에 의한 신자유주의 개혁이 단기간에 광범위하게 이루어지면서 한국의 노동시장 체제가 커다란 변화를 겪었다. 한국의 외환위기는 노동시장뿐만 아니라 교육, 결혼, 출산 등 거의 모든 영역에 영향을 미쳤다. 신자유주의적 경제개혁 정책이 실시되면서 30대 재벌 가운데 절반이 사라졌고, 생존한 기업들에서도 대규모 구조조정과 정리해고로 대량실업이 발생했다. 정규직 고용 대신에 비정규직 고용이 급증하면서 저임금 비정규직 문제가 2000년대 핵심적인 노동시장 문제로 제기되었다(김유선, 2004; 정이환, 2011). 정규직 일자리가 줄어들고 비정규직 일자리가 늘어나면서 노동시장에 진입하는 청년들의 고용조건이 크게 변했다. 기존 취업자의 고용관행도 변해 조기정년이 크게 늘어나면서 정년퇴직 연령이 크게 하락했다. 그리고 대졸자의 취업난으로 취업 가능성을 높이기 위한 스펙 경쟁이 치열해지면서 교육비가 급증했다. 여기에 청년들의 취업이 늦어지고 비정규직 취업이 증가하면서 결혼을 늦추는 경향이 지속되고 있다. 결혼을 한 경우에도 과도한 교육비와 주택 마련의 어려움으로 출산을 기피하는 경향이 심화되고 있다.

이러한 변화와 관련해 경제위기의 영향을 특정 세대의 문제로 인식하는 세대 담론이 등장했다. 대표적으로 '88만 원 세대론'은 청년들의 취업 기회가 크게 줄어들면서 청년실업자의 비율이 높아지고 인턴과 같은 비정규직 청년 취업이 늘어남에 따라 청년 세대가 겪고 있는 심각한 고용 문제와 빈곤 문제를 다루고 있다(우석훈·박권일, 2007). 이러한 접근은 역사적 사건으로서의 경제위기가 모든 세대에 영향을 미친 것이 아니라 젊은 세대에 집중되어 젊은 세대가 불이익을 받고 있다는 것을 강조한다. 반면, '사오정(45세가 정년)'이나 '오륙도(56세까지 직장에 있으면 도둑)'와 같은 대중적 담론은 장년 세대의 고용불안을 대상으로 하고 있다. 즉, 중장년의 고용위기를 상징적으로 보여준다. 40대나 50대 직장인들이 직면하고 있는 구조조정에 따른 조기퇴직이나 명예퇴직과 가족 생계 불안은 주로 중장년 피고용자를 대상으로 한 것이다(신광영, 2007).

경제위기의 영향은 세대에 따라서 다르게 나타났다. 경제위기의 여파는 일회적으로 끝나는 것이 아니라 지속적·누적적으로 생애과정에 영향을 미쳐 과거 한국인들이 경험했던 생애과정과는 매우 다른 궤적을 만들어내고 있다. 현재의 젊은 세대는 현재뿐만 아니라 미래의 생애과정에서도 과거의 젊은 세대가 경험했던 생애과정과는 다른 궤적을 보일 것이며, 중장년 세대를 포함한 다른 세대들도 과거의 같은 세대와는 매우 다른 생애과정을 경험할 것이기 때문이다(한경혜, 2009).

세계화의 한국적 버전인 외환위기는 한국 사회의 불평등체제를 새롭게 재구조화시키고 있다. 그리고 이 재구조화는 기존의 구조적 균열을 더욱 심화시키는 방식으로 이루어지고 있다. 이것은 경제체제 내에서 상대적인 약자들을 희생시키는 방식으로 이루어지고 있기 때문에 사회적 약자들은 더욱더 불리하게 되고, 강자들은 더욱더 유리하게 된다(Ferraro and Shippee, 2009; DiPrete and Eirich, 2006). 주변적 존재들의 경제적 배제와 빈곤화는 누적적인 형태로 이루어지기 때문에 누적적 불평등(cumulative inequality) 현상이 나타나게 된다. 계급, 성, 연령과 고용지위에 따른 누적적 불평등이 더욱 심화될 경우 사회 양극화로 나타나게 된다.

자본주의 체제에서 상대적으로 불리한 계급은 소유계급 가운데서는 프티부르주아지이고, 비소유계급 가운데서는 노동계급이다. 이들 계급은 소유계급인 자본계급과 비소유계급인 중간계급에 비해서 상대적으로 불리한 위치에 놓여 있다. 20세기 후반에 이르러서는 이보다 더 불리한 위치에 놓인 피고용자들이 등장했다. 신자유주의가 확산되면서 새로운 사회적 배제의 형태로 비정규직 노동자가 급증했다(Kalleberg, 2009; Vosko, 2010). 노동계급 가운데 임금과 고용보호 차원에서 정규직 노동자들과 현격하게 다른 비정규직 노동자들이 정부정책과 기업에 의해 양산되면서, 비정규직 노동자들은 신자유주의 자본주의 시대에 가장 불리한 위치에 놓인 노동자들이 되었다.

한국은 OECD 국가들 가운데 자영업 비율이 가장 높은 나라이다(OECD 2010). 대부분의 OECD 국가들이 15% 내외의 자영업 비율을 보여주고 있지만, 한국의 경우 자영업 비율은 30% 정도에 달하고 있다. 이것은 개인들의 생애과정에서 자영업 경력을 갖게 될 가능성이 높다는 것을 의미한다. 그러나 자영업 경력을 경험할 가능성은 모두 동일하지 않다. 조기정년 이후인 50대와 60대에 가장 높게 나타난다. 한국에서 특정한 계급 지위를 갖게 될 가능성은 개인의 생애과정과 밀접하게 맞물려 있다는 것을 보여준다.

또한 경제위기 이후 비정규직이 급증하면서 한국의 비정규직 종사자 비율도 OECD 국가들 가운데 가장 높은 수준에 이르렀다. 그 결과 비정규직 경력이 많은 한국인들이 경험하게 되는 생애과정의 하나가 되었다. 비정규직도 개인의 조건이나 환경, 기회와 보상을 고려한 선택의 결과이다. 외환위기는 제도적으로 노동시장 유연화를 촉진시켜, 비정규직 고용을 크게 증대시키는 계기가 되었다. 그 결과 비정규직 취업도 급증했다.

그렇다면 누가, 어떻게 생애과정에서 비정규직 경력(노동계급 혹은 중간계급)이나 자영업을 경험하는가? 그리고 비정규직 경력은 그 이후의 개인들의 삶(경제활동, 결혼, 출산)에 어떤 영향을 미칠 것인가? 비정규직 경력도 마찬가지로 생애과정과 밀접한 관련을 맺고 있는가? 한국인의 생애과정에서 비정규직 경력과 자영업 경력은 어떤 관계에 있는 것인가?

3. 자료 및 변수

본 연구에서는 노동연구원에서 수집한 한국노동소득패널(KLIPS) 제2차와 제11차 자료를 이용한다. 일반적으로 패널자료는 개인이나 가구에 영향을 미치는 통제되지 않은 변수들에 대한 통제가 이루어지 때문에 분석에서의 오류를 크게 줄일 수 있고, 동태적인 분석과 인과적인 분석을 가능하게 하기 때문에 최근 사회과학 연구에서 많이 사용하기 시작했다(Allison, 1994; Halaby, 2004; Wooldridge, 2002). 한국노동연구원이 수집한 한국노동소득패널조사 자료는 경제위기 직후 한국의 노동시장과 고용상황에 대한 체계적인 분석을 목표로 1998년 5,000개 가구에 관한 정보를 담았다(남재량 외, 2009). 제2차 자료와 제11차 자료는 각각 1999년과 2009년에 동일한 가구를 대상으로 일자리, 임금 등 노동시장에 대한 정보뿐만 아니라 교육, 소득과 소비, 가족과 주택 등에 관한 정보를 담아 생애과정을 연구하는 데 중요한 자료가 되고 있다. 이 자료는 개인과 가구를 장기적으로 추적해 조사하고 있는 패널자료이기 때문에 일반적인 설문조사(서베이)와는 다른 장점을 가지고 있다. 제1차 자료 대신에 제2차 자료를 사용하는 이유는 제1차 자료에 비해서 제2차 자료에서는 응답자 탈락률이 크게 줄어들어 자료의 안정성이 어느 정도 확보되었고, 응답의 오류도 대부분 수정되었기 때문이다.

이 글에서는 1999년과 2009년 한국노동연구원에서 수집한 한국노동소득 패널조사 자료 가운데 경제활동에 참여하는 피고용자, 자영업자와 자본가 그리고 실업자만을 분석의 대상으로 삼았다. 그러므로 경제활동에 참여하지 않은 주부, 학생, 군인뿐만 아니라 경제활동에 참여하지만 소득이 없는 무급가족종사자는 분석에서 제외되었다. 무급가족종사자를 제외시킨 이유는 임금이 없는 이유가 구조적인 제약이나 비자발적인 선택이 아니라 자발적인 선택이기 때문이다. 분석에 포함한 미취업자와 실업자는 조사 당시 지난 일주일 동안 적극적으로 구직행위를 한 사람에 한했다. 그리고 여기에서는 월소득 불평등을 다루기 때문에 직업이 없을 뿐만 아니라 조사 당시 지난 일주일 동안 구직 행위를 한 사람들만을 실업자로 분류했다. 일부 자영업자들 가운데 적자를 본 경우에는 소득이 없는 것으로 처리했다.

계급은 경제활동에 동원가능한 생산재 소유를 중심으로 생산수단, 조직재와 기술재 소유 여부를 중심으로 자본계급, 프티부르주아지, 중간계급과 노동계급으로 구분하고(Wright, 1985, 1997), 추가적으로 한국의 고용체제가 가지고 있는 특수성을 고려해 중간계급과 노동계급을 각각 정규직과 비정규직으로 구분했다. 구체적으로 생산수단을 소유하고 다른 피고용자 5인 이상을 고용해 경제활동을 하는 소유계급을 자본계급으로 구분했다. 그리고 자신을 노동에 포함하는 4인 이하의 타인을 고용해 경제활동을 하는 소유계급을 프티부르주아지로 구분했다. 피고용자 가운데, 조직 내 권위를 행사하는 경영·관리직 종사자와 전문적인 지식과 기술을 지닌 전문직 및 기술직 종사자를 중간계급으로 구분하고, 나머지를 노동계급으로 분류했다. 그러므로 노동계급은 생산수단을 소유하지 못하고, 타인을 관리하거나 기업을 관리하는 위치에 있지 않고, 전문적인 지식이나 기술을 소지하지 못한 피고용자를 가리킨다. 그리고 여기에서는 추가적으로 정규직과 비정규직 구분을 피고용자 구분에 적용해 중간계급을 중간계급 정규직과 중간계급 비정규직으로 구분하고, 노동계급도 동일하게 노동계급 정규직과 노동계급 비정규직으로 구분했다. 정규직과 비정규직 구분은 노동시장 유연화에 따른 고용체제의 변화로 새로운 계급 균열을 보여준다는 점에서 계급 내 하위범주로 구분했다.

4. 분석 결과

외환위기 이후 소득 불평등이 심화되고 빈곤층이 확대되었다는 것은 이미 잘 알려진 사실이다. 2000년대 들어서 사회 양극화로 불리는 이러한 추세는 이미 많은 경험적인 연구를 통해서 밝혀졌다(김문조, 2008; 김영미 · 한준, 2007; 신광영, 2004; 이병희 · 반정호, 2008; 통계청, 2011: 199). 거시적인 소득 불평등 지표인 지니계수나 계층 간 소득비율의 변화를 통해서도 사회 양극화가 경제위기 이후 더 심화되고 있음을 보여주었다.

1999년과 2009년 한국노동소득패널 자료에서도 소득 양극화 추세는 더욱 심화되고 있는 것으로 나타났다. 〈표 1-1〉에서 볼 수 있듯이, 가장 낮은 소득계층 20%의 평균 소득은 가장 소득이 높은 상위 20% 소득계층의 평균 소득과 비교해서 격차가 더 확대되었다. 1999년 상위 20%와 하위 20%의 격차는 193.82만 원이었지만, 2009년 그 격차는 267.28만 원으로 늘었다. 다른 한편 평균 월소득의 비율을 살펴보면, 1999년 상위 20%의 평균 월소득은 하위 20% 월평균 소득의 13.41배였으나, 2009년 21.91배로 더욱 크게 높아졌다. 소득의 변화율을 살펴보면 더욱 뚜렷한 변화를 보인다. 저소득층의 월평균 소득은 1999년부터 2009년까지 오히려 줄어든 반면 상위 20%의 소득은 133.74% 높아졌다. 이러한 현상은 이른바 '부익부 빈익빈' 현상이 노동소득에서도 뚜렷하게 나타났다는 사실을 보여준다.

경제활동인구 가운데 왜 소득의 격차가 더 벌어지고 있는가? 생애과정에서 각기 다른 위치에 있는 개인들을 연령세대로 구분해 분석해보면, 세대 간

(단위: 만 원, %)

분위별 소득	1999년	2009년	변화
1분위	15.62	12.78	81.96
2분위	55.19	54.85	99.39
3분위	87.42	90.23	103.23
4분위	124.07	125.09	100.81
5분위	209.44	280.06	133.74
전체	99.60	196.19	196.94

〈그림 1-1〉 노동패널 1999년, 2009년 세대별 빈곤율 추이

(단위: %)

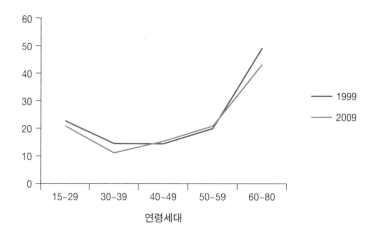

소득격차가 대단히 크고 뚜렷한 패턴을 보이고 있음을 알 수 있다. 〈표 1-2〉
는 1999년 경제활동인구를 대상으로 연령세대별 소득과 세대 내 불평등을
측정할 수 있는 표준편차를 보여준다. 여기에서 알 수 있는 것은 평균 소득
은 연령이 높아질수록 늘어나다가 40대를 정점으로 해서 감소하기 시작해,
60대에 이르러서는 가장 낮은 수준을 보여준다는 사실이다. 이러한 소득 변

<표 1-2> 1999년 연령세대별 평균 소득, 빈곤율과 격차

(단위: 만 원, 명)

연령세대	평균 소득	사례 수	표준편차	빈곤율
15~29세	71.09	1,347	45.38	22.4%
30~39세	112.52	1,704	83.90	14.0%
40~49세	119.40	1,539	91.96	13.7%
50~59세	103.50	847	84.39	19.4%
60세 이상	63.04	383	70.49	48.6%
전체	99.62	5,856	81.00	18.9%

<표 1-3> 2009년 연령세대별 평균 소득, 빈곤율과 격차

(단위: 만 원, 명)

연령세대	평균 소득	사례 수	표준편차	빈곤율
15~29세	153.40	894	180.03	20.9%
30~39세	230.70	1,651	140.01	11.1%
40~49세	241.44	1,612	270.24	15.0%
50~59세	216.60	1,136	200.03	20.4%
60~80세	126.90	528	116.44	43.0%
전체	209.64	5,891	203.22	18.1%

화는 <표 1-3>에서 볼 수 있는 것처럼, 10년 후인 2009년 경제활동인구에서
도 동일한 패턴으로 나타났다. 20대와 60대를 비교했을 때, 1999년과 2009
년 모두 60대의 소득이 20대보다 더 낮게 나타났다. 소득과 연령 간의 관계
는 오른쪽이 상대적으로 낮은 역U자 곡선을 보여주고 있다. 월평균 소득이
높을수록 불평등도 높았기 때문에 60대 불평등은 가장 낮게 나타났다. 소득
도 낮고 불평등도 낮아서 상대적으로 다른 세대에 비해서 고령층의 평등은
빈곤의 평등이라고 볼 수 있을 것이다.[4]

이러한 특징은 심각한 노인 빈곤과도 관련되어 있다. 중위소득의 50% 이

하를 빈곤 경제활동인구로 정의했을 때 한국의 노인 빈곤율은 1999년 48.6%였고, 2009년에는 43.0%로 줄어들었지만, 다른 연령세대에 비해서 훨씬 더 높은 빈곤율을 보여주었다. 또한 두 시기 30대와 50대의 평균 소득을 비교했을 때, 동일하게 50대의 평균 소득이 30대의 평균 소득보다 더 낮게 나타났다. 한국의 50대는 자녀의 대학교육이나 결혼 등과 관련하여 다른 연령세대보다 더 많은 소득이 필요하다는 점을 고려한다면 상당히 심각한 경제 문제를 겪는 장년 세대가 많다.

연령 코호트에 따른 소득 변화의 패턴은 한 개인의 생애과정에서 중년기에 소득이 가장 높을 가능성이 있으며, 노년기에 소득이 가장 낮을 가능성이 있다는 것을 보여준다. 1999년 패널 자료와 2009년 패널 자료는 10년 차이를 보여주기 때문에 동일한 연령집단의 10년 후의 변화를 추적할 수 있다. 빈곤율을 살펴보면, 10년 후 20대를 제외한 모든 연령세대에서 빈곤율이 증가했다. 특히 1999년 50대의 경우, 빈곤율이 19.4%였으나 10년 후에 이들의 빈곤율이 43%로 증가했다. 빈곤율이 낮아진 세대는 1999년 20대로 빈곤율이 22.4%에서 그들이 30대가 되었을 때 14%로 낮아졌다. 이러한 변화는 '88만 원 세대론'에서 주장하는 내용과 매우 다른 점을 보여준다. 단적으로, 88

---

4) 전체 노인의 불평등은 한국이 OECD 국가들 가운데 멕시코에 이어서 두 번째로 높아서 노인 불평등이 대단히 심한 수준을 보여주고 있다. 2008년 한국의 은퇴 후 세대의 지니계수는 0.396으로 경제활동을 하고 있는 세대보다 훨씬 더 높았다. 대부분의 나라에서 은퇴 후 세대의 불평등이 근로세대의 불평등보다 낮았지만, 한국, 멕시코, 일본, 미국과 같이 공적 연금이 미비한 나라들에서 은퇴 후 세대의 불평등이 근로세대보다 높게 나타났다(반정호, 2009: 63). 노인 빈곤 문제는 더 심각한 수준이다. 65세 이상의 한국 노인들의 가구소득 빈곤율은 OECD 회원국들 가운데 최고로 높은 수준을 보여주었다. 2011년 65세 이상의 한국 노인 빈곤율은 45.1%로 노인의 절반 가까이에 달하고 있다. OECD 회원국 평균이 13.5%라는 점을 고려하면, 한국의 노인 빈곤율은 극단적인 수준이라고 볼 수 있다(OECD, 2013: 149).

〈그림 1-2〉 1999년 연령세대별 계급분포

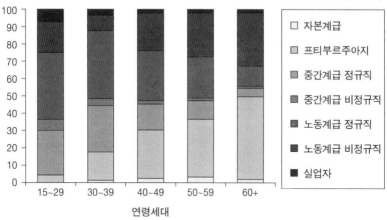

(단위: %)

연령세대

만 원 세대론이 정태적인 분석에 치우쳐서 생애과정에 따른 동태적인 소득 변화를 파악하지 못했다고 볼 수 있다.[5]

그렇다면 왜 이러한 연령세대에 따른 소득변화가 나타났을까? 생애과정에서 각기 다른 평균 소득수준을 보여주는 것은 계급과 밀접한 관련을 맺고 있다. 연령에 따라서 계급분포가 매우 뚜렷한 변화를 보여주고 있고, 이러한 패턴도 1999년과 2009년 동일하게 나타났다. 〈그림 1-2〉와 〈그림 1-3〉은 연령세대별 계급분포를 보여준다. 여기에는 네 가지 뚜렷한 변화가 존재한다. 첫째, 1999년에는 나이가 많아질수록 프티부르주아지(PB)가 지속적으로 증가하고 있다. 20대 4.2%에서 30대 15.8%, 40대 27.5%, 50대 33.8%, 60대

5) 2013년 가계금융복지 조사도 연령에 따른 큰 소득격차를 보여준다. 연소득 1,000만 원 미만의 비율은 20대 7.1%, 30대 2.4%, 40대 3.2%, 50대 5.8%였지만, 60세 이상의 경우는 36.5%로 급증했다(통계청, 2013: 33). 연령이 경제활동과 관련해 중요한 요소이기 때문에 생애과정에서 대단히 다른 소득의 궤적을 보여주고 있는 것이다.

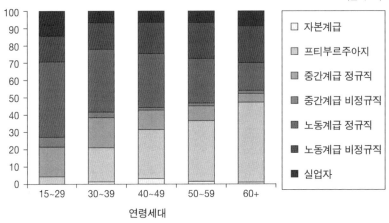

〈그림 1-3〉 2009년 연령세대별 계급분포

(단위: %)

凡例:
- □ 자본계급
- ▨ 프티부르주아지
- ▩ 중간계급 정규직
- ▨ 중간계급 비정규직
- ▨ 노동계급 정규직
- ▨ 노동계급 비정규직
- ■ 실업자

연령세대: 15~29, 30~39, 40~49, 50~59, 60+

48.2%로 급격히 높아지고 있다. 프티부르주아지의 경우, 영세 자영업자와 영세 자영농으로 평균 소득이 낮고 빈곤층의 비율이 높은 계급이라는 점에서 고령 빈곤과 밀접한 관련을 보여준다. 이러한 점은 2009년의 경우에도 동일하게 나타났다. 2009년 프티부르주아지의 비율은 20대 4.4%, 30대 19.4%, 40대 28.7%, 50대 34.6%, 60대 46.2%로 60대를 제외하고 모든 연령세대에서 약간씩 높아졌다.

둘째, 중간계급 정규직(MCR)은 30대부터 줄어들기 시작해서 50대와 60대에는 30대의 1/3~1/6 정도로 줄어들었다. 중간계급은 생애과정에서 젊은 세대에 해당하는 계급적 현상이라는 점을 보여준다. 1999년에 비해서 2009년에는 전체적으로 중간계급의 비율이 줄어들었지만, 특히 젊은 세대에서 크게 줄어들었다.

셋째, 노동계급 비정규직(WCIR)의 비율은 30대 이후 꾸준히 증가하고 있다. 외환위기 이후 비정규직이 지속적으로 증가했고, 특히 노동계급 비정규직이 증가했다. 그리고 노동계급 비정규직은 여성 그리고 나이가 많은 중고령 연령층에서 크게 늘었다. 1999년 비정규직 노동자는 30대 9.3%에서 40대 21.4%, 50대 29.7%로 나타나 나이가 많아질수록 비정규직 비율도 높아졌음을 알 수 있다. 10년 후인 2009년에도 30대 15.5%, 40대 18.1%, 50대 21.3%, 60대 21.1%로 나이가 많아짐에 따라서 비정규직 비율도 높아졌다. 30대가 40대가 되었을 때 비정규직 비율은 9.3%에서 18.1%로 증가하여 2배 정도 높아졌고, 40대가 50대가 되었을 때 비정규직 비율은 거의 비슷한 수준에 머물렀다. 50대가 60대가 되었을 때 비정규직 비율은 29.7%에서 21.1%로 낮아졌다.

넷째, 1999년 실업자(UNEM)의 비율은 30대 이후 나이가 많아짐에 따라서 지속적으로 증가했다. 20대 실업률이 상대적으로 높았으나, 30대에 이르러 실업률은 가장 낮은 수준을 보였고, 점차 증가해 60대에서도 높은 실업률을 보였다. 2009년에 이르러 전반적인 실업률은 1999년에 비해서 2~3배 정도 높아졌다. 실업자들 가운데 20대는 미취업자들이 대부분이며, 50~60대는 퇴직자들이 주류를 이루고 있어 청년 미취업과 장년 퇴직이 실업 문제의 핵심을 이루고 있다는 것을 보여준다.

5. 생애과정, 젠더와 불평등

생애과정에 따른 불평등은 불평등 체제의 성격에 따라 달라진다. 계급뿐만 아니라 고용체제와 젠더관계가 생애과정과 연결되는 방식에 따라서 불평등 체제의 성격이 달라진다. 〈그림 1-4〉는 1999년과 2009년 성별, 연령세대별 월평균 소득분포를 보여준다. 먼저, 1999년에 비해서 2009년에 남성과 여성 모두에서 소득의 격차가 커진 것을 알 수 있다. 1999년 여성의 월평균 소득은 연령세대 간 큰 차이를 보이고 있지 않았지만, 남성의 경우 어느 정

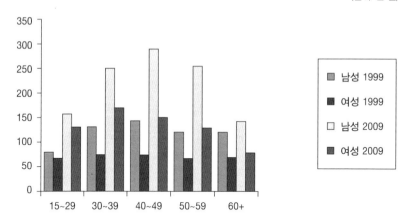

〈그림 1-4〉 연령세대와 성별 월평균 임금의 분포

(단위: 만 원)

도 격차가 존재한다. 2009년에 이르러, 여성과 남성 모두 연령세대 간 월평균 임금격차가 두드러지게 증가했다. 또한 여성에 비해서 남성의 경우에 소득 불평등이 더 큰 점이 공통적으로 나타난 특징이다. 이것은 남성과 여성의 임금격차도 연령세대에 따라서 크게 달라진다는 것을 의미한다. 20대에 남성과 여성의 소득격차가 가장 적었고, 40대와 50대에서 남녀 소득격차가 가장 크게 나타났다. 그리고 1999년보다 2009년에 남녀 임금격차가 더 크게 나타났다. 또한 최근에 들어서 남녀 소득격차가 나이에 비례해 더 커지는 경향을 보이고 있다. 상대적으로 남성의 나이 프리미엄은 역설적으로 고령 남성의 소득이 가장 낮다는 점을 고려하면, 여성의 나이에 따른 불이익은 대단히 크다는 것을 알 수 있다.

다음에 나오는 〈표 1-4〉와 〈표 1-5〉는 월소득을 나이, 계급, 학력, 성에 회귀시킨 회귀분석 결과이다. 여기에서도 마찬가지로 월소득 결정에서 고령 여성의 불이익(disadvantage)이 가장 크다는 것을 확인할 수 있다. 1999년 20대의 경우 여성의 불이익은 16.4% 정도였는데, 60대의 경우는 47.8%에

〈표 1-4〉 1999년 연령세대별 월소득 회귀분석 결과

변수	전체	15~29세	30~39세	40~49세	50~59세	60세 이상
상수	1.964***	.569	-.174	3.829	15.408	-2.169
나이	.105***	.220***	.2289	.026	-.378	.245
나이제곱	-.001***	-.003*	-.003	.000	.003	-.002
중졸 이하	-	-	-	-	-	-
고졸	.262***	.182	.175***	.229***	.253***	.187
전문대졸	.315***	.116	.304***	.323***	.439*	.571
대학졸	.426***	.241*	.360***	.432***	.498***	.013
대학원졸	.615***	.359*	.483***	.708***	.534***	.312
자본계급	.898***	1.052***	.787***	.927***	.902***	1.106**
프티부르주아지	.379***	.015	.563***	.438***	.381***	-.003
중간계급 정규직	.585***	.374***	.647***	.619***	.787***	1.245***
중간계급 비정규직	.114*	-.068	.271***	.190	.330	.741*
노동계급 정규직	.399***	.344***	.478***	.359***	.338***	.175
노동계급 비정규직	-	-	-	-	-	-
남성	-	-	-	-	-	-
여성	-.372***	-.164***	-.466***	-.442***	-.383***	-.478***
R2	.375	.258	.346	.393	.339	.323

달했고, 2009년에는 연령에 따른 격차가 더욱 커져서 20대의 경우는 유의미한 성별 차이가 없었지만, 60대의 경우는 51.9%로 더욱 커졌다. 1999년 30대, 40대, 50대에서 남성 대비 여성의 월소득 불이익은 각각 46.6%, 44.2%, 38.3%였는데, 이들이 2009년 40대, 50대, 60대가 되었을 때 여성의 월소득 불이익은 각각 49.7%, 42.8%, 51.9%로 나타났다. 1999년 40대가 2009년 50대가 되었을 때 여성 불이익이 약간 줄어들었을 뿐 전체적으로 여성 불이익은 커졌다.

본격적인 경제활동이 시작되는 30대부터 경제활동을 중단하게 되는 60대까지 학력에 따른 불평등은 역U자 곡선을 보이는 반면, 계급 불평등은 지속적으로 증가하는 추세를 보이고 있다. 1999년 학력 간 월소득 격차는 30대

<표 1-5> 2009년 연령세대별 월소득 회귀분석 결과

변수	전체	15~29세	30~39세	40~49세	50~59세	60세 이상
상수	2.241***	2.711	3.786	-1.676	-15.473	-.524
나이	.177***	.087	.031	.311	.783	.219
나이제곱	-.001***	-.001	-.0005	-.004	-.008*	-.002
중졸 이하	-	-	-	-	-	-
고졸	.202***	-.183	.176	.107	.234***	.155
전문대졸	.269***	-.062	.208	.072	.403**	.299
대졸	.414***	-.001	.374*	.330***	.546***	.144
대학원졸	.505***	.010	.473***	.431***	.631***	.283
자본계급	.911***	1.151***	.688***	.922***	1.006***	.853**
프티부르주아지	.136***	-.386***	.212**	.237***	.101	.112
중간계급 정규직	.572***	.488***	.495***	.623***	.717***	.841***
중간계급 비정규직	.016	.019	-.065	-.039	.031	.462
노동계급 정규직	.415***	.455***	.402***	.425***	.424***	.192
노동계급 비정규직						
남성	-	-	-	-	-	-
여성	-.388***	-.043	-.388***	-.497***	-.429***	-.519***
R*R	.269	.216	.164	.194	.248	.228

의 경우, 중졸 이하를 기준으로 고졸 17.5%, 전문대졸 30.4%, 대학졸 36.0%, 대학원졸 48.3% 순으로 큰 차이를 보였다. 그리고 나이가 많아질수록 그 격차는 더욱 커져서 50대의 경우, 중졸 이하를 기준으로 월소득 프리미엄이 고졸 25.3%, 전문대졸 43.9%, 대졸 49.8%, 대학원졸 53.4% 순으로 더 컸다. 2009년에는 중졸 이하와 고학력자 간의 월소득 격차가 더욱 커졌다. 1999년과 비교할 때 2009년 고졸과 전문대졸의 경우는 중졸 이하와 격차가 줄어들었지만, 대졸과 대학원졸의 경우는 중졸 이하와 격차가 더욱 커졌다. 그러나 학력이 월소득에 미치는 효과는 60대에 이르면 거의 사라졌다. 1999년과 10년 후인 2009년 모두 60대의 경우 학력이 월소득에 미치는 효과는 모두 사라졌다. 이것은 학력의 소득효과도 생애과정에서 매우 다르다는 것을 보여

준다.

계급에 따른 소득격차도 생애과정에서 큰 변화를 보였다. 1999년 노동계급 비정규직을 기준으로 계급 간 소득격차는 30대에서 가장 적었고, 50대에서 가장 크게 나타났다. 40대에 이르러 노동계급 비정규직과 중간계급 비정규직의 유의미한 소득격차가 사라지는 것으로 나타났다. 반면, 노동계급 비정규직과 자본계급 그리고 중간계급 정규직과의 소득격차는 나이가 많아질수록 더 크게 벌어졌다.

또한 계급에 따른 소득격차도 1999년과 2009년 뚜렷한 차이를 보였다. 먼저 2009년 노동계급 비정규직과 중간계급 비정규직 간의 월소득 차이는 30대에서만 유의미하게 나타나며, 다른 세대에서는 유의미하지 않은 것으로 나타났다. 또한 노동계급 비정규직과 프티부르주아지 간의 소득격차도 2009년 50대에서는 사라지는 것으로 나타났다. 이것은 프티부르주아지의 경제 상태가 생애과정 후반기에 비정규직 수준으로 악화되고 있음을 보여준다. 구체적으로 살펴보면, 소득 결정에서 노동계급 비정규직과 중간계급 비정규직과 프티부르주아지 간 차이가 40대 이후부터 사라지고 있다. 이것은 전체 경제활동인구의 40% 정도의 경제 상태가 악화되고 있다는 것을 의미하며, 40대 이후부터 비정규직 수준의 소득을 얻을 경우 노년기에 빈곤에 빠질 가능성이 대단히 높다는 것을 의미한다. 65세 이상 노인 가구의 높은 빈곤율은 이러한 상황의 결과라고 볼 수 있다.[6]

---

6) 65세 이상 인구의 빈곤율은 자료에 따라서 약간씩 다르지만, 대체로 50% 정도에 달하고 있다. 통계청이 실시한 2012년 가계금융·복지조사는 가구주 연령이 65세 이상인 가구의 가처분 소득 기준 2011년 빈곤율을 50.9%, 2012년 빈곤율을 50.2%로 보고하고 있다(통계청, 2012: 62, 2013: 51).

6. 맺음말

이 글은 생애과정 관점에서 한국의 소득 불평등을 분석하고자 했다. 생애과정 접근은 개인들이 생애과정 단계에 따라서 각기 다른 경험을 갖게 되기 때문에 고용기회와 소득획득에서 각기 다른 결과를 보여준다는 점을 강조한다. 계급과 젠더가 개인을 각기 다른 사회적 주체로서 인식하는 것과 마찬가지로, 생애과정을 고려하면 같은 계급이나 같은 성에 속하는 개인도 각기 다른 생애과정의 단계에 따라서 각기 다른 사회적 주체로 인식하게 된다. 즉, 30대 여성 노동자와 50대 여성 노동자는 대단히 다른 계급상황에 놓여 있으며, 사회 불평등 체계 내에서의 위치도 달라진다. 개인적인 차원의 생애과정과 구조적인 수준의 계급과 젠더 간의 상호작용을 통해 개인의 소득과 그 결과인 집합적 소득 불평등이 나타나게 된다.

1999년과 2009년 한국노동소득패널 자료를 중심으로 월소득 불평등을 분석한 결과는 다음과 같다. 첫째, 사회 양극화는 생애과정의 핵심적인 시간적 차원인 연령과 밀접한 관계가 있다. 연령과 월소득과의 관계는 역U자 관계를 보여주고 있어 나이가 많아짐에 따라 40대까지 지속적으로 월소득이 증가해 정점에 달한 후, 50대부터 감소해 60대에 가장 낮은 소득수준을 보여준다. '88만 원 세대론'에서 주장하는 청년 세대의 빈곤과 고용 문제보다 더 심각한 세대가 60대 이후의 세대이다. 88만 원 세대론은 청년 개인의 취업과 저임금에 관한 논의라면 60대 이상의 노인 문제는 가구 전체의 빈곤 문제라는 점에서 차이가 있다. 또한 세대 내 소득 불평등은 소득 증가와 더불어 40대까지 증가하다가 50대부터 약화되어 노년기 불평등은 지속적으로 약화되는 추세를 보인다. 20대보다 60대에서 소득도 더 낮고 저소득 인구 비율은 더 높기 때문에 세대 간 불평등은 더 높게 나타난다.

둘째, 위와 같은 연령세대별 소득격차와 불평등의 추이가 나타나는 이유는 연령세대에 따라서 계급 구성이 크게 달라지기 때문이다. 50대부터 자영업 비중이 급격하게 증가하고 비정규직 고용이 늘어나면서 60대에 자영업자와 비정규직 비중이 가장 높은 수준을 보여서, 전반적으로 40대 이후 불안정 노동(precarious work)을 하는 계급이 크게 증가했다. 연령에 따른 계급 구성의 변화가 연령에 따른 월소득 불평등의 핵심 원인이라고 볼 수 있다.

셋째, 젠더, 학력과 같은 불평등을 야기하는 요인들도 생애과정과 밀접한 관련을 맺고 있다. 노동시장에서 여성이 지니는 불리함은 생애과정 후반기에 더 커지는 경향이 있어, 남성과 여성의 상대적인 월소득 격차가 60대에서 가장 크게 나타났다. 그리고 학력에 따른 임금격차도 50대에서 정점을 이루다가 그 이후에는 사라지는 것으로 나타났다. 이것은 학력과 같이 누적적 불평등을 만들어내는 핵심적인 요인도 경제활동에서 떠나는 생애과정 후반기에는 그 효과가 사라진다는 것을 의미한다.

넷째, 1999년과 2009년을 비교했을 때 생애과정에 따른 소득 불평등은 더욱 커지고 있다. 계급, 젠더, 학력과 같은 전통적인 사회학적 변수들의 효과가 생애과정 단계에 따라서 대단히 크게 달라지는 것으로 나타났다. 그리고 그것이 40대와 50대에 증폭되는 것으로 나타났다. 이것은 연령이 단순히 하나의 변수가 아니라 불평등 구조를 이해하는 데 중요한 사회구조적 요인이라는 것을 의미한다. 외환위기 이후의 제도적 변화가 생애과정에서 특정 단계에 있는 개인들의 경제적 기회구조를 변화시켰고, 그 결과로 생애과정과 계급, 젠더, 학력이 소득에 미치는 효과를 변화시켰다.

이 글은 생애과정적 접근의 하나로 이루어진 시론적인 분석이다. 이 글에서는 아직까지 생애과정적 접근이 방법론적으로 충분히 다루어지지는 못했지만, 적어도 한국의 소득 불평등을 이해하는 데도 중요한 접근이라는 것을 확인할 수 있었다. 향후 이러한 관점은 소득 불평등 차원뿐만 아니라 자산 불평등, 건강 불평등이나 더 나아가 정치의식 불평등을 이해하는 데 적용될 수 있을 것이다.

참고문헌

김문조. 2008.『한국의 사회양극화: 97년 외환위기와 사회불평등』. 파주: 집문당.

김영미 · 한준. 2007.「금융위기 이후 한국 소득불평등구조의 변화: 소득불평등 분해, 1998~2005」.≪한국사회학≫, 제41집 5호, 36~63쪽.

김유선. 2004.『노동시장 유연화와 비정규직 고용』. 서울: 노동사회연구소.

남재량 · 이상호 · 최효미 · 신선옥 · 배기준. 2009.『(제10차 2007년도) 한국 가구와 개인 경제활동: 한국노동패널 기초분석보고서』. 노동연구원.

박재홍. 2009.「세대명칭과 세대갈등 담론에 대한 비판적 검토」.≪경제와 사회≫, 제81호, 10~34쪽.

반정호. 2009.「노년기 소득불평등 국제비교」.≪노동리뷰≫, 3월호, 63~64쪽.

신광영. 2007.1.2. "희망의 위기, 무엇을 할 것인가".≪한겨레21≫.

_____. 2009.「세대, 계급과 불평등」.≪경제와사회≫, 제81호, 35~60쪽.

우석훈 · 박권일. 2007.『88만원 세대: 절망의 시대에 쓰는 희망의 경제학』. 서울: 레디앙 미디어.

은기수. 1995.「생애 과정 연구와 사건사 분석의 결합 - 개인, 조직, 제도 연구를 위하여」.≪사회와역사≫, 제46권, 141~181쪽.

_____. 2007.「생애과정연구기법」. 이재열 외.『사회과학의 고급계량분석: 원리와 실제』. 서울: 서울대학교출판부, 제5장.

은기수 · 박미수 2002.「여성취업이행 경로의 생애과정 씨퀀스(sequence) 분석」.≪한국인구학≫, 제25권 2호, 107~138쪽.

이병희 · 반정호. 2008.「소득분배(1982~2006)」.≪노동리뷰≫, 69~73쪽.

정이환. 2011.『경제위기와 고용체제: 한국과 일본의 비교』. 파주: 한울.

통계청. 2010.「한국의 사회지표」. 통계청.

_____. 2012.「2012년 가계금융 · 복지조사 결과」. 통계청.

_____. 2013.「2013년 가계금융 · 복지조사 결과」. 통계청.

한경혜. 1993.「사회적 시간과 한국남성의 결혼연령의 역사적 변화: 생애과정 관점과 구술생활사 방법의 연계」.≪한국사회학≫, 27(겨울호), 295~317쪽.

한경혜 · 주지현 · 정다겸. 2009.「생애과정 관점에서 본 저소득층 조손가족 조부모의 사회적 배제 경험과 적응」.≪한국가족복지학≫, 제26권, 87~122쪽.

한준·장지연. 2000. 「한국노동패널 특집 / 정규 / 비정규 전환을 중심으로 본 취업력(Work History)과 생애과정(Life-Course)」. ≪노동경제논집≫, 제23권, 33~54쪽.

Allison, Paul. D. 1994. "Using Panel Data to Estimate the Effects of Events." *Sociological Research & Method*, 23, pp. 174~199.

Amable, Bruno. 2003. *The Diversity of Modern Capitalism*. New York: Oxford University Press.

Beck, Ulrich. 1999. *What Is Globalization?* Cambridge: Polity Press.

Blossfeld, Hans-Peter, Mills Melinda Mills, Erik Klijzing, and Karin Kurz(eds.). 2005. *Globalization, Uncertainty and Youth in Society*. London: Routledge.

Bourdieu, Pierre. 1984. *Distinction: A Social Critique of the Judgment of Taste*. Cambridge, Mass: Harvard University Press.

_____. 2005. *The Social Structures of the Economy*. Cambridge: Polity Press.

Boyer, Robert. 2005. "How and Why Capitalisms Differ." *Economy and Society*, 34(4), pp. 509~557.

Buchoholz, Sandra, Dirk Hofäcker, Melinda Mills, Hans-Peter Blossfeld, Karin Kurz and Heather Hofmeister. 2008. "Life Courses in the Globalization Process: The Development of Social Inequalities." *European Sociological Review*.

Dannefer, Dale. 2003. "Cumulative Advantage/Disadvantage and the Life Course: Cross-Fertilizing Age and Social Science Theory." *Journal of Gerontology*, 58B(6), pp. S327~S337.

Dewilde, Caroline. 2003. "A life-course perspective on social exclusion and poverty." *British Journal of Sociology*, 54(1), pp. 109~128.

DiPrete, Thomas A. 2002. "Life Course Risks, Mobility Regimes, and Mobility Consequences: A Comparison of Sweden, Germany, and the United States." *American Journal of Sociology*, 108(2), pp. 267~309

DiPrete, Thomas A. and Gregory M. Eirich. 2006. "Cumulative Advantage as a Mechanism for Inequality." *Annual Review of Sociology*, 32, pp. 271~298.

Diprete, Thomas A. and K. Lynn Nonnemaker. 1997. "Structural Change, Labor Market Turbulence, and Labor Market Outcomes." *American Sociological Review*, 62, pp. 386~404.

DiPrete, Thomas A., Dominique Goux, Eric Maurin and Michael Tåhlin. 2001. "Institutional Determinants of Employment Chances: The Structure of Un-employment in France and Sweden." *European Sociological Review*, 17(3), pp.

233~254.

Elder, Glenn Jr. 1985. *Life course dynamics: Trajectories and Transformation 1968-1980.* Ithaca: Cornell University Press.

_____. 1998. "The Life Course and Human Development." *Sociological Analysis*, 1(2), pp. 1~12.

Elder, Glenn Jr., Monica Kirkatrick Johnson and Robert Crosnoe. 2003. "The Emergence and Development of the Life Course Theory." in J. Mortimer and M. J. Shanahan(eds.). *Handbook of the Life Course.* New York: Kluwer Academic/ Plenum Publisher.

Elster, Jon. 2007. *Explaining Social Behavior: More Nuts and Bolts of the Social Sciences.* Cambridge: Cambridge University Press.

Ferraro, Kenneth F. and T. P. Shippee. 2009. "Aging and Cumulative Inequality: How Does Inequality Get Under the Skin?" *Gerontologist*, 49(3), pp. 333~343.

Giddens, Anthony. 1990. *The Consequences of Modernity.* Stanford: Stanford University Press.

Granovetter, Mark. 1974. *Getting A Job: A Study of Contacts and Careers.* Cambridge, Mass: Harvard University.

Halaby, Charles. 2004. "Panel Models in Sociological Research." *Annual Review of Sociology*, 30, pp. 507~544.

Hall, Peter and David Sockice. 2001. *Varieties of capitalism: the institutional foundations of comparative advantage.* Oxford: Oxford University Press.

Harvey, David. 1989. *The Condition of Postmodernity.* Oxford: Blackwell.

Held, David, Anthony McGrew, David Goldblatt, and Jonathan Perraton. 1999. *Global Transformations: Politics, Economics and Culture.* Stanford: Stanford University Press.

Huber, Evelyne and John Stephens. 2001. *Development and Crisis of the Welfare State: Parties and Policies in Global Markets.* Chicago: The University of Chicago Press.

Hungford, Thomas L. 2008. "The persistence of hardship over the life course." *Research on Aging*, 29(6), pp. 496~511.

Kalleberg, Arne. 2009, "Precarious Work, Insecure Workers: Employment Relations in Transition." *American Sociological Review*, 74, pp. 1~12.

Lane, David and Martin Myant(eds.). 2007. *Varieties of Capitalism in Post-Communist Countries.* New York: Palgrave Macmillan

Maddison, Angus. 2007. *The World Economy: historical statistics.* OECD Development

Centres.

Merton, Robert. 1968. "The Matteuw effect in science: The reward and communication systems of science are considered." *Science*, 159, pp. 56~63.

OECD, 2010. *OECD Employment Outlook*. Paris: OECD.

_____. 2013. *OECD Glance at a Pension 2013*. Paris: OECD.

Regini, Mario. 2000. "Between Deregulation and Social Pacts: The Responses to European Globalization." *Politics and Society*, 28(1), pp. 5~33.

Stiglitz, Joseph. 2002. *Globalization and Its Discontents*. New York: Norton.

Thomas, William I. and Florian Znanieki. 1920. *The Polish Peasant in Europe and America I and II*. New York: Dover Publications.

Vosko, Leah F. 2010. *Managing the Margins: Gender, Citizenship, and the International Regulation of Precarious Employment*. Oxford: Oxford University Press.

Wooldridge, J. 2002. *Econometric Analysis of Cross Section and Panel Data*. Mass, Cambridge: MIT Press.

Wright, Erik Olin. 1985. *Classes*. London: Verso.

_____. 1997. *Class Counts*. Cambridge: Cambridge University Press.

2장

베이비붐 세대의 생활만족에 대한 시계열분석

이병훈
남정민

1. 머리말: 문제 제기

2010년대에 들어 베이비붐 세대의 정년 은퇴가 본격화되면서 이들 세대 집단에 대한 학술적·정책적 연구 관심이 높아지고 있다. 통상 베이비붐 세대(Baby Boom Generation)란 경제사회적으로 안정된 시대 상황을 맞이해 출산율의 상승에 따라 인구 규모가 크게 늘어난 출생동년배집단(birth cohort group)을 지칭한다(김하나, 2010). 미국의 경우에는 제2차 세계대전 직후인 1945~1960년의 기간에 베이비붐 세대가 등장했으며, 일본에서는 전후인 1947~1948년에 출생한 '단카이(團塊) 세대'가 이에 해당된다. 한국에서도 6·25전쟁을 지나 1955년부터 1963년에 이르는 기간에 베이비붐 현상이 나타나 첫 베이비붐 세대가 등장했는데, 이들 출생동년배집단은 2010년 기준으로 약 713만 명으로 추정되어 전체 인구의 14.6%에 달한다(박태정, 2013). 이에 더하여, 2차 베이비붐 세대로 일컬어지는 1968~1973년 출생동년배집단이 약 596만 명(전체 인구의 12.4%)으로 추산되어 1~2차의 베이비붐 세대

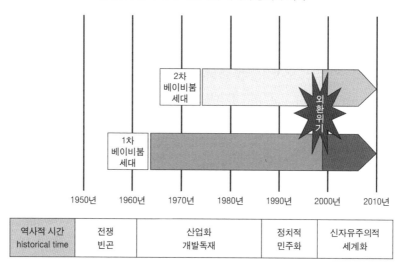

〈그림 2-1〉 1~2차 베이비붐 세대의 생애사 궤적

2차 베이비붐 세대				외환위기	
1차 베이비붐 세대					
1950년	1960년	1970년	1980년	1990년	2000년	2010년

역사적 시간 historical time	전쟁 빈곤	산업화 개발독재	정치적 민주화	신자유주의적 세계화

를 합치면 총 1,309만 명으로 전체 인구의 27%에 이른다.[1]

베이비붐 세대는 우리 사회의 시대적 산물이기도 하지만, 그 절대적 규모로 인해서 그들의 생애과정을 통해 사회적 파장을 적잖게 불러일으킨 출생동년배집단으로 이해될 수 있다. 〈그림 2-1〉에서 예시하듯이, 1차 베이비붐 세대는 6·25전쟁 후 낙후한 경제 여건하에서 출산해 초·중등 의무교육의 혜택을 받으며 성장했고, 양질의 노동력으로 노동시장에 진입해 1970~1980년대의 산업화 역군으로 이바지했으며, 20대 후반에서 30대 초반의 청·장년기에 오랜 개발독재에 항거해 1987년의 정치민주화를 이뤄낸 결정적 다중(critical mass)(차성란, 2011)으로 역할했다. 2차 베이비붐 세대는 상대적으

---

[1] 통계청의 2010년 인구주택총조사에 따르면 1차 베이비붐 세대의 자녀들이 1979~1985년의 기간에 집중적으로 출산되어 약 510만 명(전체 인구의 10.6%)에 이르는 것으로 나타나, 이들 동년배집단을 에코붐 세대(echo boomers)라 지칭하기도 한다.

로 생활수준이 개선된 가계 여건하에서 성장해 높은 대학 진학률을 보였고, 1990년대에 들어 세계화와 정보화의 거대한 사회변동을 경험하며 그들의 경제활동과 일상생활을 일궈왔다. 이들 1~2차 베이비붐 세대는 1998년 외환위기를 배경으로 신자유주의 구조개혁과 더불어 노동시장 유연화가 본격화됨에 따라 그들의 중·장년 시기에 고용불안과 성과경쟁에 내몰리기도 했다. 2010년대에 들어 1차 베이비붐 세대가 주된 일자리에서 본격적으로 은퇴하기 시작한 데에 이어, 향후 10년 간격을 두고 2차 베이비붐 세대의 노동력이 중고령화될 경우 한국의 경제성장과 복지체제에 심대한 문제를 안겨 줄 것으로 전망되고 있다. 이처럼 한국의 베이비붐 세대는 지난 40~50년 동안 정치·경제·사회의 크나큰 변동을 체험함과 동시에 그 변화의 주역으로 그들의 생애과정을 펼쳐왔다.[2]

1950년대 후반부터 1970년대 초반까지의 기간(1964~1967년 제외)에 걸쳐 다출산을 통해 고밀도 인구집단으로 등장한 한국의 베이비붐 세대는 학교교육·취업·결혼·자녀양육·은퇴에 이르는 생애과정에서 다른 출생동년 배집단에 비해 치열한 생존경쟁을 겪어온 고유한 세대 특성을 갖고 있다(김하나, 2010). 더욱이 한국의 산업화·민주화·세계화를 주도하는 독특한 삶의 궤적을 이루어온 베이비붐 세대가 가치관이나 생활태도 면에서 상이한 시대적 상황을 체험한 다른 연령집단들과 상당한 차이를 보일 것으로 추론해볼 수 있다. 생애사(life course)의 연구 관점에서 보면 베이비붐 세대는 미시적인 수준의 개인 삶과 거시적인 사회구조가 교차되는 그들의 차별적인 생애과정을 통해 다른 세대와 구별되는 특성을 가질 것으로 가정할 수 있기 때문이다.

---

2) 한국 베이비붐 세대의 생애과정에 대한 상세한 논의에 대해서는 통계청(2010), 임연옥 외(2010), 김하나(2010), 박태정(2013), 차성란(2012), 이성균(2011)을 참조할 것.

이러한 가설적 추론에 입각해 이 글에서는 1~2차 베이비붐 세대가 다른 세대집단과 비교해 생활만족에서 어떤 유의한 차이를 보이고 있는지를 검증하고자 한다. 그런데 세대사회학의 선행연구를 통해 논구되어온 바에 따르면 특정 세대의 생활태도는 출생동년배(birth cohort)로서의 특성(코호트 효과, cohort effect)뿐 아니라 연령 효과(age effect)와 역사적 사건의 영향(시기 효과, period effect)이 복합적으로 작용해 형성·표출되는 것으로 이론화되고 있다. 따라서 이 글에서는 1~2차 베이비붐 세대의 고유한 성격 여부를 밝혀내기 위해 이들의 생활만족도가 1998년 외환위기라는 역사적 사건을 겪은 이후 다른 세대와 비교해 (그리고 연령 상승에 따라) 어떠한 차별적인 경향을 보이는지를 분석하고자 한다. 이를 위해, 이번 연구에서는 한국노동패널조사(KLIPS)의 제1~11차 자료를 통합·활용해 외환위기를 겪은 이후의 11년 기간 동안 1~2차 베이비붐 세대와 1954년 이전 출생자집단이 보이는 생활만족의 변화 추이를 판별하는 시계열분석을 시도한다.

2. 선행연구의 두 가지 이론적 논점: 세대 개념화와 세대 특성의 결정메커니즘

베이비붐 세대는 높은 출산율의 베이비붐이 일어난 특정 시기(1차: 1955~1963년, 2차: 1968~1973년)에 태어난 출생동년배집단을 지칭한다. 출생동년배집단은 동일한 시기에 태어났다는 인구학적 동질성을 보유함과 동시에 동일한 사회에 규범화되어 있는 사회적 시간표(social time table)[3])에 따라

---

3) 라일리 외(Riley et al., 1988)는 어느 출생 코호트 집단이 그들의 생애과정에서 특정 연령 단계에 맞추어 학교 진학-취업-결혼 그리고 은퇴 등의 공통적 생활 과제를 수행하

유사한 생애주기를 거쳐 살아가는 것으로 이해할 수 있다. 그러면 세대에 대한 선행연구 문헌에서 제기되어온 두 가지의 이론적 논점을 중심으로 한국 베이비붐 세대의 특성을 분석함에 유의할 점들을 검토해보기로 한다.

첫 번째의 이론적 논점은 세대 개념의 정의와 범주화에 대한 것이다. 세대 차이의 탐구를 통해 세대 현상에 관한 사회학적 이론체계를 마련한 만하임(Mannheim, 1952; 한국어판은 2013)은 세대(generation)의 개념을 제시하면서 출생동년배집단을 동일한 역사문화적 시공간에 태어난 사람들이 자리매김하는 세대 위치(generation location)로 개념화하는 한편, 세대 위치를 공유하는 사람들이 그 사회의 역사적 사건과 지적 경향을 체험함으로써 고유한 정체성이나 생활양식을 형성·보유하는 집단으로 발전되는 경우에 한해서 실제 세대(generation as an actuality)로 구분해 정의하고 있다.[4] 그런데 미국의 인구학자인 라이더(Ryder, 1965)는 만하임의 세대 개념이 경험적 분석의 엄밀성을 담보하지 못한다는 점을 문제 삼으며, 그 세대 개념을 친족관계로 제한해 사용토록 하는 대신, 출생동년배집단이 생애과정을 통해 공통의 역사적·사회적 경험을 보유하며 그들의 차별적인 가치관이나 생활태도를 형성·견지하는 것으로 이론화하고 있다.[5]

세대 현상의 초기 연구에서 만하임(2013)의 이론적 체계화와 라이더(Ryder, 1965)의 경험적 분석 개념화가 세대집단에 대해 'generation' 또는 'cohort'로

는 규범 양식을 일컬어 사회적 시간표로 개념화하고 있다.

4) 만하임(2013)은 그의 세대사회학 이론체계에서 세대 위치와 실제 세대와 더불어 실제 세대의 구성원들 중에서 기존 세대와 차별되는 새로운 세대의식의 형성을 선도하는 주체집단을 세대단위(generation unit)라 정의하고 있다.

5) 비슷한 맥락에서 만하임의 세대 개념에 입각할 경우, 출생 코호트집단과 달리 그 세대의 구분이 애매모호할 수 있으며, 심지어 연구자의 주관적 판별 기준에 따라 자의적으로 구획될 수 있다는 문제점이 지적되기도 한다(전상진, 2004; 박재흥, 2001).

각각 상충된 의미를 부여함으로써 이후 세대 연구에서 적잖은 논란과 혼선을 초래하는 가운데,[6] 후속 연구자들에 의해 이들 세대 개념에 대한 세부 범주화가 이뤄지기도 했다.[7] 이처럼 세대집단의 개념화를 둘러싸고 다양한 연구시각이 제기되어왔지만, 크게 세대 개념에 대해 동일한 연도 또는 기간에 출생한 동년배의 기준에 따른 명목적 범주와 사회적으로 실재하는 집단(socially real group)으로서의 실질적 범주로 구분해서 접근하는 데에 이론이 없을 듯하다(Marshall, 1983). 두 가지 개념 범주의 상호연관성을 좀 더 살펴본다면, 특정 출생동년배집단이 그들의 생애과정을 통해 형성된 집단적 정체성이나 생활태도에서 다른 시기의 출생동년배집단과 질적인 차별성을 갖는 것으로 확인될 때 후자의 실재적 세대집단으로 규정할 수 있지만, 그렇지 못할 경우에는 명목적인 분석범주로 간주되는 것이다. 이러한 구분에 따른다면 출생동년배가 사회역사적 세대의 필요조건이 되기는 하지만, 후자 집단으로서의 이론적 의의를 부여받기 위한 충분조건으로서 다른 출생동년배들과 대비되는 그들의 고유한 실재성이 존재해야 한다는 점을 유의할 필요 있다. 구체적인 예로서, 한국 사회에서 통상 정치적 세대로 일컬어지는 386세대의 경우 1960년대에 출생한 동년배집단으로서 1980년대에 청년기(대

---

6) 국내 연구문헌에서는 세대집단에 대해 'generation'과 'cohort'의 용어를 혼용해 사용하는 경우가 적잖으며, 더 나아가 세대의 생물학적 또는 인구학적 범주와 사회역사적 범주에 대해 이들 개념을 상반되게 적용하는 경우도 있다.

7) 세대 개념에 대해 세부범주화의 대표적인 예로서는 커처(Kertzer, 1983)와 벤스턴 외(Benston et al., 1985)를 꼽을 수 있다. 커처는 세대(generation)의 사용 예로서 친족계보(kinship descent, 예시: 부모/자녀 세대), 출생동년배(birth cohort, 예시: 1958년 개띠 세대), 생애주기 단계(life course stage, 예시: 청년/장년 세대), 역사적 시기(historical period, 예시: 6·25전쟁 세대, IMF 세대)로 구분하고 있다. 벤스턴 외는 생물학적인 세대 범주로서 연령 코호트와 사회문화적 세대범주로서 역사사회적 코호트로 대별하고 있다.

학)를 보내면서 당시의 권위주의 체제에 저항하며 1987년의 민주화운동에 앞장섰고 이후 정치 체제의 변동에 적극적으로 개입하고 영향을 미친 점을 감안할 때, 다른 출생동년배집단과 구별되는 차별성을 갖는 세대집단으로 규정지을 수 있을 것이다(홍덕률, 2003; 박길성 2002). 1차 베이비붐 세대에 관한 국내의 선행연구에서는 이들 출생동년배집단의 사회적 실재성에 대해 상반한 시각이 제시되어왔다. 한편으로, 베이비붐 세대는 본격적으로 중·고등교육을 받고 한국의 산업화와 민주화를 주도하는 사회집단으로서 다른 출생동년배들에 비해 자의식이 강하고 생활개척에 강한 적극성을 보이는 세대로 평가되고 있다(방하남, 2012). 다른 한편으로 베이비붐 세대가 인구학적으로 대규모임에도 서구에서와는 달리 독자적인 정체성이나 세대적 동질감을 갖지 못하며, 그 이전 세대와 후속 세대 사이에 '끼여 있는' 애매한 중간 위치에 놓여 있는 것으로 특징지어지기도 한다(박태정 2013; 함인희, 2013; 차성란, 2012; 방하남 외, 2010; 박길성, 2002).[8] 따라서 베이비붐 세대의 사회적 실재성 여부를 둘러싼 이 같은 시각 차이를 감안해 이들 세대의 실체적 특성을 밝히는 것이 이번 연구의 분석 과제로 제기된다.

두 번째의 이론적 논점은 세대 특성을 결정하는 인과메커니즘에 대한 것이다. 구체적으로 특정 시점에 어느 세대가 보이는 생활태도나 의식성향의 특성에 대해 선행연구에서는 크게 세 가지 결정요인으로 구분해 논증하고 있다. 첫째, 이들 출생동년배집단이 갖는 고유한 코호트 특성에서 비롯되는 것(이른바 코호트 효과)인지, 둘째, 그 세대 집단의 연령 단계에 따라 규정되는 것(연령 효과)인지, 셋째, 그 조사 시점의 시대적 상황이나 그즈음에 발생

---

8) 라이더(Ryder, 1965)에 따르면, 미국을 비롯한 서구 사회에서는 다른 출생동년배집단에 비해 현저히 큰 인구 규모를 갖고 있는 베이비붐 세대의 생애과정이 사회구조의 변동에 심대한 영향을 미친 것으로 분석되고 있다.

된 역사적 사건(예: 정치적 격변, 경기변동, 사회문화적 조류)에 의해 영향받은 것(시기 효과)인지를 따져보고 있다(황아란, 2009; 박재홍, 2005; 전상진, 2004; Yang, 2008; Robinson and Jackson, 2001).

'코호트 효과'는 특정 출생동년배집단이 인구학적으로 출생 시기를 같이 하고 있을 뿐 아니라 출생 이후 그들의 생애과정에서 사회역사적 시대 상황을 공통적으로 체험함에 따라 세대로서의 고유한 특성을 규정 · 유지하게 만드는 것으로 설명될 수 있다. 만하임(2013)은 코호트 효과를 논의하면서 특정 출생동년배집단이 그들의 생애과정을 통해 사회역사적 사건들에 대한 공동 경험을 누적해간다는 경험의 성층화(Stratification of experiences) 이론을 제시하며, 특히 그 코호트가 17~25세의 청년기에 체험된 사건이 기층경험(primary stratum of experiences)의 집합적 기억을 형성해 이후의 생애단계에 걸쳐 개인 및 집단으로서의 세대의식(generational consciousness)을 규정하는 것으로 이론화하고 있다. '연령 효과'는 특정 출생동년배집단이 나이듦에 따라 학업 · 취업 · 결혼 · 자녀양육 · 은퇴 등과 같은 인간개발(human development) 단계별로 새로운 생활과제를 부여받음과 동시에 신체적 노화과정을 통해 인지적 · 정서적 변화를 수반하는 것을 뜻한다. 만하임(2013)은 청년기 기층경험의 고정 효과(fixed effect)를 주장하는 것과 달리, 연령 효과를 강조하는 생애사 연구 관점(신광영, 2011; Elder, 1979, 1994)과 연령 성층화 이론(age stratification theory)(Riley et al., 1988)은 출생동년배집단이 생애과정에 걸쳐 연령 상승과 더불어 누적되는 사회 체험과 연령 단계별 공통 과제에 의해 그들의 생활태도나 의식성향이 변용될 수 있음을 피력하고 있다. '시기 효과'는 특정 시점에 발생한 역사적 사건이나 급격한 사회변동이 코호트 집단이나 연령 계층을 망라하는 사회구성원 전체의 사고방식이나 행위 태도에 보편적으로 영향을 미치는 것을 의미한다. 이를테면, 특정 시점에 발생한 역사적 사건은 사회체제 재편을 추동하는 계기(triggering momentum)

가 되어 모든 사회구성원의 행복감이나 신뢰의식에 지대한 영향을 미치기도 한다(Yang, 2008; Robinson and Jackson, 2001).

이상에서 살펴본 바와 같이 특정 시점에 발현되는 세대 특성을 판독할 때 코호트·연령·시기의 세 가지 영향 요인을 모두 고려하지 않을 수 없다. 그런데 선행연구에서는 인과분석상의 문제로서 코호트·연령·시기의 세 가지 요인이 세대 특성에 대해 복합적으로 작용함에 따라 각 요인의 영향 효과를 판별하기 어려울 뿐 아니라, 이들 요인 사이에 다중공선성(Multicollinearity)의 통계적 오류를 범할 수 있다는 점이 지적되어왔다(이상록·김형관, 2013; Fullerton and Dixon, 2010; Mason and Wolfinger, 2001). 이 같은 분석 방법의 문제를 해결하기 위한 방안으로 시계열 자료의 활용과 분석이 권고되기도 했다(Yang, 2008; Fullerton and Dixon, 2010). 따라서 1~2차 베이비붐 세대의 생활만족에 대한 코호트·연령·시기의 영향을 실효성 있게 판별하기 위해 시계열 자료의 활용과 복수의 분석 기법을 활용하기로 한다.

3. 연구방법

1) 분석 자료

생활만족를 중심으로 베이비붐 세대의 특성을 규명하기 위해 한국노동연구원의 노동패널조사(KLIPS) 제1~11차 자료를 사용했다. 한국노동연구원의 노동패널 자료는 비농촌 지역에 거주하는 한국의 가구와 가구원을 대표하는 패널 표본의 구성원을 대상으로 1년에 1회 경제활동 및 노동시장 이동, 소득활동 및 소비, 교육 및 직업훈련 등에 관해 추적 조사하는 종단조사(longitudinal survey)이다. 한국에서 실시하는 노동시장 관련 전국 규모 조사인 「경제활동인구조사」, 「노동력유동실태조사」, 「임금구조기본통계조사」 등이 횡단면(cross-sectional) 조사라면, KLIPS는 개인의 경제활동 참여와 노동시장 이동 그리고 생활태도, 가구상태의 변화 등에 대한 시계열 자료를 제공함으로써 세대의 특성을 추적할 수 있는 통시적 연구에 적합하다는 장점을 갖고 있다.

이번 연구는 1998년 외환위기 이후 1~2차 베이비붐 세대의 생활만족을 분석하기 위해 KLIPS 1차(1998년도)부터 11차(2008년도)까지의 패널조사에 빠짐없이 참여한 5,579명의 피조사자들만을 골라 이들의 개인 및 가구 자료를 두 가지 방식으로 통합해 활용했다. 우선, 위계적 선형모형(Hierarchical Linear Modeling: HLM)에 의거한 시계열분석을 위해 피조사자별로 분석 변인들의 1~11차 자료를 병합해 사용했다. 이어서 생활만족에 대한 코호트·연령·시기의 효과를 판별하기 위한 최소자승회귀(Ordinary Least Squared Regression: OLS)분석 및 추세분석을 위해 피조사자의 1~11차 자료를 통합하는 풀 데이터 포맷(pooled data format)으로 구성해 분석했다. 출생 코호트·연령·시기(조사 연도)별 생활만족의 기초분석에는 전체 피조사자를 대상으로 삼고 있는 한편, HLM분석과 회귀분석에는 1~2차 베이비붐 세대와 이전 세대(1954년 이전 출생자)의 비교에 초점을 두어 해당 코호트 집단으로 한정해 분석했다. 참고로 이번 분석에서 가공·활용되고 있는 전체 피조사자 중에서 1차 베이비붐 세대가 22.6%(1,259명), 2차 베이비붐 세대가 12.9%(722명), 베이비붐 이전 세대(1954년 이전 출생자)가 가장 많은 41.3%(2,302명)를 차지하고 있다.

2) 분석 변수

이번 연구에서 베이비붐 세대의 태도 특성을 판별하기 위해 이들의 생활만족을 종속변수로 삼아 분석한다. 생활만족은 통상 사람들이 자신의 생활에 어느 정도로 만족하는가를 측정해 조작화될 수 있다. 기존 연구에서는 더러 생활만족에 대해 다차원의 구성 요소들로 종합하는 요인값(factor value)을 산출해 변수로 활용한다. 노동패널자료에서도 생활만족에 대해 1~2차 조사에는 네 개의 항목(가족수입·여가생활·주거환경·가족관계)으로 구성했으나 3차 조사부터는 두 개 항목(친인척관계·사회친분관계)을 추가해 여섯 개의 설문 항목을 설정해오고 있다. 따라서 1~11차 노동패널자료의 시계열분석을 위해 "전반적으로 생활에 얼마나 만족하고 있는가?"를 묻는 리커트 5점 척도의 설문 항목을 역코딩(reverse coding)해 종속변수로 활용했다. 세대 특성에 영향을 미치는 코호트·연령·시기의 효과를 따져보기 위해 세 개의 독립변수로 첫째, 1954년 이전 출생자집단을 기준 범주로 삼아 1차 베이비붐 세대(1955~1963년 출생자)와 2차 베이비붐 세대(1968~1973 출생자)를 각각 더미변수로 가공하고, 둘째, 선행연구에서 생활만족에 대한 연령의 비선형적 영향을 밝히고 있는 점(정순돌·이현희, 2012; 강상경 2012)을 감안해 연령과 연령제곱의 값을 함께 포함시키며, 셋째, 1~11차의 조사 연도를 각 연도의 정치·경제·사회적 시기 효과를 가지는 대리변수(proxy variable)로 간주해 외환위기를 겪은 1998년을 기준 범주로 삼아 1999~2008년을 더미변수로 처리했다. 아울러, HLM분석에서는 1998년 외환위기라는 역사적 사건이 피조사자들의 생활만족에 어떠한 영향을 미치는지 검토하기 위해 1998년의 경제위기에 따른 취업자의 소득감소 여부를 더미변수(감소 = 1, 유지/증대 = 0)로 포함시켜 분석하고 있다.

통제변수로는 크게 피조사자의 주요 인적 속성과 가구 차원의 생활형편, 그리고 취업 상태 또는 직업의 질에 대한 변수들로 구성한다. 구체적으로 인적 속성으로는 성별·학력·결혼관계를 포함하며, 가족 생활수준에 대해서는 가구 차원의 총소득과 생활비 그리고 주거형태를 통제한다. 또한 취업 또

<표 2-1> 분석 변수의 가공방법

변수명		변인 가공
종속 변수	생활만족	'매우 불만족 = 1 ~ 매우 만족 = 5'의 리커트 5점 척도(역코딩)
설명 변수	코호트	1954년 이전 출생자를 기준 범주로 1~2차 베이비붐 세대의 더미변수 처리
	연령과 연령제곱	만 나이 기준으로 산출
	시기	1998년을 기준 범주로 1999~2008년 더미변수 처리
	IMF 소득감소	1998년 외환위기 당시 소득감소 = 1, 소득유지/증대 = 0
통제 변수	성별	여성 = 0, 남성 = 1
	학력	고졸을 기준 범주로 중졸 이하, 전문대졸, 대졸 이상의 더미변 수 처리
	결혼관계	미혼을 기준 범주로 기혼유배우와 기혼무배우의 더미변수 처리
	주거형태	전월세 = 0, 자가 = 1
	가구소득	연간 가구 총소득의 자연대수 값
	가구생활비	월 가구 생활비의 자연대수 값
	종사상 지위	상용직을 기준 범주로 임시일용직, 자영업(무급종사자 포함), 구직 및 비경활을 더미변수화
	근로소득	월 근로소득의 자연대수 값(취업자 분석 모형 통제)
	직업위세	간제붐과 트라이먼(Ganzeboom and Treiman, 1996)의 Inter- national Socio-Economic Index of Occupational Status 점수 환산·적용(취업자 분석 모형 통제)

는 직업과 관련된 통제변인으로는 종사상 지위와 월 근로소득 그리고 직업
위세로 구성한다. 이들 통제변인에 대한 측정-가공방법에 대해서는 <표
2-1>에서 상세하게 예시하고 있다.

4. 분석 결과

1) 생활만족에 대한 코호트 · 연령 · 시기 효과의 기초분석

노동패널조사 1~11차 자료의 풀 데이터(pooled data)를 활용해 분석 표본 전체를 대상으로 생활만족에 대한 코호트 · 연령 · 시기의 개별 효과를 검토하기 위해 해당 변인의 분석단위별로 평균값을 추세분석한 결과를 〈그림 2-2〉, 〈그림 2-3〉, 〈그림 2-4〉에서 제시하고 있다.[9] 우선, 출생 연도별 생활만족의 추세를 살펴보면 〈그림 2-2〉에서 예시하듯이 대략 선형의 정방향으로 개선되다가 1970년대 중반 이후 출생한 코호트 집단들에서 그 개선 정도가 다소 완만해지는 것으로 보인다. 연령별 생활만족의 추세는 〈그림 2-3〉에서 보여주듯이 20대 후반에서 30대 초반의 연령대에서 가장 높은 만족도에 도달한 다음 지속적인 하강세로 이어지다가 70대 초반부터 다시 개선하는 ∩자형의 다항함수 추세를 나타내고 있다. 시기별 생활만족의 추세(〈그림 2-4〉 참조)를 살펴보면, 외환위기를 겪은 1998년에 가장 낮은 2.79의 평균값을 보인 다음에 지속적으로 체감형의 증가세를 나타내어 2008년에는 3.27에 이르는 것으로 분석된다. 이같이, 동일한 분석 표본을 대상으로 생활만족에 대한 코호트 · 연령 · 시기의 개별적 효과를 살펴본 결과, 상이한 방식으로 작용하고 있음이 확인된다.

---

9) 각 변인에 분석단위별로 생활만족의 평균값을 산출하는 기초 분석은 전체 표본인 6만 12명을 대상으로 실시한 것인데, 다만 10명 미만(풀 데이터로는 100개 사례)의 과소한 분석단위 및 극단치(outlier)의 분석단위를 제외하고 있다. 구체적으로 전체 표본의 코호트 출생 연도는 1910년부터 1983년에 걸쳐 분포되어 있으나, 1910~1922년의 출생단위가 10명 미만으로 구성되어 평균값 분석에서 제외했으며, 연령의 경우에도 15~98세의 전체 표본에서 과소한 연령 단위인 15세와 84세 이후의 표본을 제외했다.

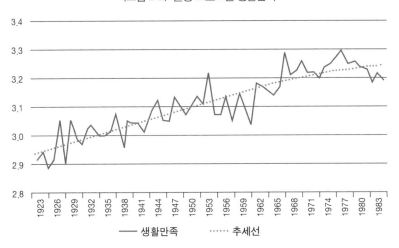

〈그림 2-2〉 출생 코호트별 생활만족

〈그림 2-3〉 연령별 생활만족

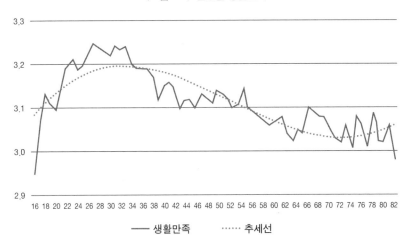

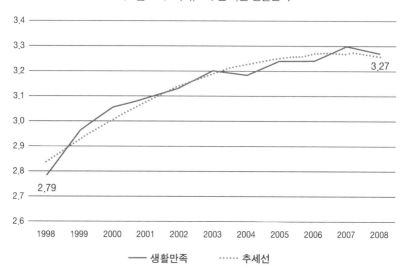

〈그림 2-4〉 시기(조사 연도)별 생활만족

생활만족	추세선

2) 생활만족에 대한 코호트 · 연령 · 시기 효과의 OLS회귀분석

　1998년 IMF위기라는 역사적 사건을 겪은 이후 피조사자들의 생활만족에 대해 코호트 · 연령 · 시기의 변인들이 과연 유의한 영향을 미치는지를 검토한 회귀분석 결과는 〈표 2-2〉와 같다. 우선, 미취업자를 포함한 전체 표본을 대상으로 분석한 결과를 살펴보면, 코호트 더미변수만을 포함한 Model 1-1에서는 기준집단(1954년 이전 출생자)에 비해 1~2차 베이비붐 세대 모두 유의한 효과를 갖는 것으로 나타났다. 하지만 흥미롭게도 1~2차 베이비붐 세대가 각각 음(-)과 양(+)의 상반된 방향으로 영향을 미치는 것으로 분석되고 있다. 연령 및 연령제곱의 변수를 추가한 Model 1-2에서는 2차 베이비붐 세대가 1954년 이전 출생자집단에 비해 여전히 양(+)의 방향으로 유의한 차이를 보이는 한편, 1차 베이비붐 세대의 경우 기준집단에 비해 유의하게 높은

<표 2-2> 생활만족에 대한 코호트 · 연령 · 시기 효과의 회귀분석

		전체 표본			취업자 표본		
		Model 1-1	Model 1-2	Model 1-3	Model 2-1	Model 2-2	Model 2-3
성별(남성=1)		-.005	-.029***	-.026***	.003	-.014	-.010
학력	중졸	-.050***	-.067***	-.067***	-.037***	-.041***	-.042***
	전문대졸	.030***	.028***	.026***	.015*	.013	.011
	대졸 이상	.064***	.058***	.061***	.056***	.049***	.051***
결혼 관계	기혼 유배우	.131***	.116***	.126***	.107***	.104***	.115***
	기혼 무배우	.095***	.058***	.060***	.056***	.046***	.047***
주거형태(자가 = 1)		.114***	.103***	.108***	.104***	.093***	.097***
가구소득(log)		.146***	.171***	.166***	.170***	.166***	.163***
가구생활비(log)		.144***	.143***	.114***	.038***	.047***	.020†
종사상 지위	임시 일용직	-.074***	-.075***	-.079***	-.076***	-.076***	-.080***
	자영업	-.051***	-.057***	-.056***	-.029***	-.043***	-.041***
	구직 /비경활	-.024***	-.063	-.060***			
근로소득(log)					.091***	.116***	.109***
직업위세					.024**	.032***	.040***
코호트	1차 베이비붐	-.054***	.048***	-.015†	-.045***	.031**	-.030**
	2차 베이비붐	.054***	.177***	.044**	.068***	.127***	-.001
연령			-.097†	-.572***		-.436***	-.819***
연령제곱			.303***	.642***		.556***	.818***
시기	1999년			.066***			.078***
	2000년			.107***			.116***
	2001년			.106***			.106***
	2002년			.111***			.121***
	2003년			.130***			.137***

2004년			.119***			.128***
2005년			.137***			.137***
2006년			.124***			.129***
2007년			.134***			.133***
2008년			.118***			.135***
F(sig.)	485.526***	475.830***	319.957***	274.960***	260.700***	177.370***
Adjusted R²	.140	.154	.166	.153	.163	.173
Durbin-Watson[10]	1.503	1.515	1.534	1.675	1.679	1.701
사례 수	41,648	41,648	41,618	22,710	22,710	22,710

주: 1) 회귀계수는 표준화된 값(β)임.
  2) ＋ p<.1, *p<.05, **p<.01, ***p<.001

양(+)의 효과를 보이는 것이 특기할 만하다. 연령 변인과 더불어 시기 효과를 가늠하기 위해 연도 변수를 추가한 Model 1-3에서도 2차 베이비붐 세대는 기준집단에 비해 동일하게 양(+)의 방향으로 유의하게 영향을 미치는 반면, 1차 베이비붐 세대의 경우 Model 1-1에서와 같이 다시금 음(+)의 효과를 보여주면서 그 회귀계수의 유의도가 p<.1 수준으로 상당히 낮아진 것을 확인하게 된다. 취업자의 표본을 대상으로 회귀분석을 실시한 Model 2-1과 Model 2-2는 Model 1-1과 Model 1-2와 비슷한 분석 결과를 보이는 가운데, Model 2-3의 경우에는 1차 베이비붐 세대의 계수값이 음(-)의 방향이면서 그 유의도(p<.05)가 Model 1-3보다 높게 나타나는 한편, 이채롭게도 2차 베이비붐 세대의 경우 음(-)의 방향으로 바뀌었을 뿐 아니라 그 유의한 효과를 잃는 것으로 분석된다. 이 같은 분석 결과로부터 선행연구에서 지적되듯이 세대 특성에 대한 코호트 효과는 연령 및 시기(측정 시점)의 효과와 상호작용하며(전상진, 2004; Mason and Wolfinger, 2001; Buss 1974), 연령과 시기의 영향에 의해 그 효과의 방향과 유의도가 일정하게 변화하고 있음을 여실히 보여주고 있다.

연령 효과는 전체 표본과 취업자 표본에 대해 연령제곱이 유의하게 양(+)의 방향으로 영향이 미치는 것으로 드러나 비선형의 U자 형태로 작용하고 있음을 확인하게 된다. 덧붙이자면 생활만족도는 일정 연령 단계에 이르기까지 감소하다가 그 연령 이후에는 다시금 증가하는 형태로 연령 효과가 작용하는 것으로 이해될 수 있다.[11] (측정) 시기의 효과에 대해서는 Model 1-3과 Model 2-3에서 볼 수 있듯이 기준 연도인 1998년에 비해 1999~2008년의 전년에서 유의하게 생활만족도가 개선된 것을 확인하게 된다. 이러한 분석 결과는 전체 표본이든 취업자 표본이든 피조사자의 모든 세대를 망라해, 외환위기의 충격이 매우 뚜렷하게 생활만족도를 악화시킨 역사적 사건이었음을 여실히 밝혀주고 있다. 그 밖에 통제변수들의 영향에 대해서는 예상대로 학력과 기혼 여부 그리고 가구의 경제적 형편과 일자리의 질(취업자의 경우)이 유의하게 영향을 미치는 것으로 확인되는 가운데, 성별의 경우 전체 표본에서 여성이 남성보다 유의하게 높은 생활만족도를 보이는 한편, 취업자 표본에서는 그 성별 차이가 사라지는 것이 특기할 만하다.[12]

요컨대, 회귀분석을 통해 세대 특성을 결정하는 데 코호트 효과와 연령·

---

10) 풀 데이터를 대상으로 회귀분석을 적용하고 있다는 점에서 분석 변인들의 자기상관 (autocorrelation) 문제 여부를 점검하기 위해 더빈-왓슨비(Durbin-Watson Ratio) 검정을 실시했다. 그 검정 결과가 정상치인 2에 다소 못 미치는 .140 ~ .173으로 나타났지만, 2점에 근접하는 값을 보여 이번 회귀분석에 자기상관이 그리 크지 않음을 확인하게 된다.

11) 연령과 삶 만족의 상호관계에 대해서는 연구자에 따라 U자형(Blanchflower and Oswald, 2004), 역U자형(Easterlin, 2006), 심지어 유의한 상관관계가 없다(Baird et al., 2010)는 상반된 분석 결과가 제시되어왔다.

12) 생활만족에 대한 선행연구에서는 대체로 여성들이 남성에 비해 생활만족에 더욱 적극적인 의사를 표현하는 것으로 분석되고 있다(강성진, 2010; Blanchflower and Oswald, 2000).

시기 효과가 전자(코호트 효과)의 영향 방향이나 정도를 변화시킬 만큼 중요하게 상호작용하고 있음을 확인할 수 있다.

3) HLM분석 모형과 분석 결과

(1) HLM분석 모형

이상에서 생활만족에 대한 코호트·연령·시기 효과의 회귀분석 및 추세분석을 살펴본 데에 이어서, 연령과 시기 효과를 통제한 가운데 1~2차 베이비붐 세대가 과연 1954년 이전 출생자집단과 비교해 차별적인 세대 특성을 갖고 있는지를 좀 더 엄밀하게 점검하기 위해 외환위기(역사적 사건) 이후 2008년에 이르는 11년 기간의 생활만족의 변화에 대한 종단분석을 실시했다. 이제껏 종단적 연구 자료를 분석하는 가장 보편적인 방법은 반복측정분산분석 기법을 사용하는 것이었다. 하지만 이 기법은 다양한 통계적 가정을 충족시켜야만 하고 결측값이 있을 경우에는 결과의 신뢰성이 매우 떨어지는 단점이 있다(Osgood and Smith, 1995). 비교적 최근에 활용되고 있는 HLM(위계적 선형모형)분석 기법은 기존 분석 방법의 한계를 극복해 대상자 변동 및 결측 사례까지도 분석에 포함할 수 있으므로 이번 분석에서 활용하고 있는 11년에 걸쳐 반복측정을 실시한 패널통합자료의 분석에 유용한 방법이라 할 수 있다(Bryk and Raudenbush, 1987). 따라서 최근에는 HLM분석 기법이 학교효과연구, 문항반응이론연구, 의학연구 등에서 시계열분석에 광범위하게 응용되고 있기도 한다(양정호, 2005; Raudenbush and Bryk, 2002).

여기서는 IMF 경제위기 이후 세대집단별 생활만족도의 추세분석을 위해 HLM 6.0 프로그램을 이용했는데, 이번 분석에서 적용하고 있는 2수준 위계적 선형모형을 다음과 같이 간략히 설명한다.

① 1수준 모형(측정시점에 따른 변화 분석)

1수준에서 종속변수인 Yti는 측정 연도(t) i번째 개인의 생활만족도이다. 1수준 모형은 다음과 같다.

(가) Yti = π0i + π1i(T)ti + π2i(T2)ti + eti

상기 식에서 최초 연도인 1998년 0, 1999년도 1, 2000년 2, 2009년 11로 부호화했다. 따라서 π0i는 최초 측정된 1998년의 생활만족도이고 π1i는 매년 증감된 생활만족도이다. eti는 임의효과로서 평균 0과 분산 σ2를 갖으며 정규분포를 이룬다고 가정한다.

② 2수준 모형(측정대상에 따른 변화 분석)

2수준 모형은 각 개인의 생활만족도의 차이를 개인 수준의 변수들을 투입해 통계적으로 검증하는 것이다. 이러한 방식을 거쳐 제시되는 마지막 결과물은 독립변수가 각각의 결과값에 미치는 영향에 대한 통계치를 제공하는 것은 물론이고, 각각의 종속값이 시간의 경과에 따라 선형형태로 변하는지 (기울기) 또는 곡선(curvelinear)형태로 변하는지(2차 함수)에 대한 정보를 제공해준다.

(나) π0i(절편) = β00i + β01i(Boom1_dummy) + β02i(Boom2_dummy) ⋯ + β08i + r0i

π1i(기울기) = β10i + β11i(Boom1_dummy) + β12i(Boom2_dummy) ⋯ + β18i + r1i

π2i(곡선기울기) = β20i + β21i(Boom1_dummy) + β22i(Boom1_dummy) ⋯ + β28i + r2i

식 (나)에서 1차 베이비붐 세대(Boom1_dummy), 2차 베이비붐 세대(Boom2_dummy)는 독립변수이며, $\beta 00i$와 $\beta 10i$, $\beta 20i$는 각각 최초 측정된 생활만족도 증가율의 초기값이며, $\beta 01 \cdots \beta 08$과 $\beta 11 \cdots \beta 18$은 개인 수준의 독립변수 및 통제변수(결혼관계, 성별, 연령, IMF로 인한 소득감소)에 대한 추정값을 가리킨다. r0i와 r1i, r2i는 평균 0과 분산 $\tau \pi$를 가지며 정규분포를 이룬다.

(2) HLM분석 결과

일반적으로 HLM을 통한 종단분석에서는 우선 종속변수에 대해 각 수준별로 존재하는 분산을 파악하게 된다. 시간변수만 포함한 상태에서, 즉 다른 변수들이 포함되지 않은 상태에서 각 수준별 생활만족도에 대한 분산을 살펴보게 되는데, 이를 무조건성장모형(Unconditional Growth Model)이라 부른다. 이어서 독립변수 및 통제변수를 투입해 무조건성장모형에서 나타난 분산량 및 각 변수들의 예측 정도를 비교하게 되는데, 이를 조건성장모형(Conditional Growth Model)이라 부른다.

① 무조건성장모형(Unconditional Growth Model)

먼저 무조건성장모형을 통해 시간변수를 제외한 다른 변수들이 포함되지 않았을 경우 생활만족에 대한 개인의 분산을 살펴보게 된다.

〈표 2-3〉에서 예시하는 바와 같이 개인의 생활만족도가 1차 연도(1998년)에 2.9589이며 이후 매년 0.0352점씩 증가하는 것으로 분석되며, 두 추정치 모두 통계적으로 유의하게 나타났다. 또한 생활만족도에 대해 1수준의 분산은 0.3694이고, 2수준의 초기값(1998년) 분산과 매년 변화율의 분산이 각각 0.2262, 0.0030으로 모두 통계적으로 유의하다. 따라서 개인별 생활만족도의 추세를 시간변수뿐만 아니라 다른 변수들을 이용해 각 수준별 차이를 설명할 필요가 있음을 의미한다.

<표 2-3> 무조건성장모형의 분석 결과

구분		종속변수 : 생활만족도	
		회귀계수	표준오차
고정 효과	초기치(1998년)	2.9589***	0.0118
	매년 변화율	0.0352***	0.0016
임의 효과	1수준 분산	0.3694	0.6078
	2수준		
	초기치(1998년) 분산	0.2262***	0.4756
	매년 변화율 분산	0.0030***	0.0549

주: 1) 표본크기 N = 4,283
   2) ＋ : p⟨.10, * : p⟨.05, ** : p⟨.01, *** : p⟨.001

② 조건성장모형(Conditional Growth Model)

생활만족도에 대한 개인 수준 변수들의 효과를 알아보기 위해 독립변수와 통제변수(결혼 유무, 성별, 연령, IMF 시기의 소득감소)를 투입한 조건성장모형의 분석 결과를 ⟨표 2-4⟩에 제시하고 있다. 분석 결과에 따르면, 1998년 이후 생활만족의 초기 측정치(intercept)의 계수(평균)는 -3.8815로서 통계적으로 유의했다(표준오차 = 0.1398, p⟨0.05). 생활만족도의 초기 측정치 계수가 코호트 집단별로 차이가 있는지를 분석한 결과, 2차 베이비붐 세대가 기준집단과 비교해 통계적으로 유의한 양의 차이 값(+0.2299)을 드러내고 있는 반면, 1차 베이비붐 세대는 유의한 차이가 보이지 않는다. 즉, 기준집단(1954년 이전 출생자)에 비해 2차 베이비붐 세대의 초기치 회귀계수가 평균적으로 0.2299만큼 높은 것으로 통계적으로 유의한 차이가 나타나는 가운데 베이비붐 1세대는 통계적으로 유의한 차이가 나타나지 않았다.

직선기울기(linear slope)의 회귀계수는 0.0658로서 통계적으로 유의했다(t = 0.0208, p⟨0.01). 이는 기준집단의 생활만족도가 매년 측정 시기마다 약

<표 2-4> 조건성장모형의 분석 결과

구분	종속변수 : 생활만족도	
	회귀계수	표준오차
초기치(1차)		
Intercept	-3.8815*	0.1398
결혼 유무(기혼 = 1, 미혼 = 0)	0.1349**	0.0470
성별(남성 = 1, 여성 = 0)	0.0640**	0.0222
연령	0.0014	0.0470
IMF 소득감소	-0.0640**	0.0019
베이비붐 1세대	-0.0993	0.0893
베이비붐 2세대	0.2299*	0.1241
선형적 변화(T)		
Intercept	0.0658**	0.0208
결혼 유무(기혼 = 1, 미혼 = 0)	-0.0074	0.0069
성별(남성 = 1, 여성 = 0)	-0.0062†	0.0033
연령	0.0003	0.0002
IMF 소득감소	-0.0088**	0.0030
베이비붐 1세대	-0.0376**	0.0126
베이비붐 2세대	-0.0258	0.0177
곡선적 변화(T제곱)		
Intercept	-0.0054***	0.0006
베이비붐 1세대	0.0030**	0.0010
베이비붐 2세대	0.0024***	0.0014
가구소득[13]		
Intercept	.0744***	0.006

주 : 1) 표본크기 N = 2,467
　　 2) † p 〈 .10, *p〈.05, **p〈.01, ***p〈.0015

_____

13) 가구소득은 생활만족도에 영향을 주는 중요한 변수이므로 매년 개인별 가구소득을 통제하기 위해 연구모형에 반영했다.

0.060의 계수만큼 증가했으며, 이러한 증가 추세가 통계적으로 유의함을 의미한다. 또한 이러한 변화율이 코호트 집단에 따라 어떠한 차이를 보이는지를 분석한 결과, 1차 베이비붐 세대의 경우 회귀계수의 값이 -0.0376으로 통계적으로도 유의했는데(t = 0.0177, p〈0.01), 2차 베이비붐 세대의 회귀계수는 유의치 않은 것으로 나타났다. 다시 말해, 1차 베이비붐 세대의 경우 기준집단의 생활만족 증가세에 비해 그 차이 폭이 매년 0.0376만큼 줄어드는 것으로 분석된다.

포물선 기울기(quadratic slope)의 회귀계수는 -0.0054(t = 0.0006, p〈0.001)로 나타나 생활만족도는 전체적으로 역U자형 포물선 형태의 변화 추이를 나타내고 있다. 한편, 1~2차 베이비붐 세대의 곡선적 변화는 양(+)의 회귀계수를 통계적으로 유의하게 나타내고 있으나, 두 개 변수의 계수값(0.0030과 0.0024)이 상대적으로 크지 않아 기준집단의 곡선에 비해 다소 완만한 역U자포물선 형태의 변화 추이를 보여준다.

아울러 IMF에 따른 소득감소의 시계열 효과를 살펴보면, 피조사자들의 모든 세대집단을 망라하여 생활만족에 대해 그 초기값(-0.0640)에서나 선형변화의 기울기(-0.0088)에서 통계적으로 유의하게 음(-)의 값을 보여, 1998년의 외환위기라는 역사적 사건에 따른 충격이 1998년에만 작용한 것이 아니라 1999년 이후에도 지속적으로 생활만족을 낮추는 것을 확인할 수 있다. 이 같은 분석 결과는 경제위기와 같이 사회구성원 다수에게 막대한 위협을 안겨주었던 역사적 사건이 그 구성원들의 생활태도에 각인되어 지속적으로 작용하는 것을 여실히 보여주고 있다.

〈그림 2-5〉는 1998~2008년의 기간에 걸친 생활만족도(평균값)의 변화 추세를 기준세대(1954년 이전 출생), 1차 베이비붐 세대, 2차 베이비붐 세대의 세 개 집단으로 구분해 비교, 예시하고 있다. 〈그림 2-5〉에서 보여주듯이 기준 세대의 생활만족도 평균값은 증가하는 곡선을 보이다가 점차적으로 기

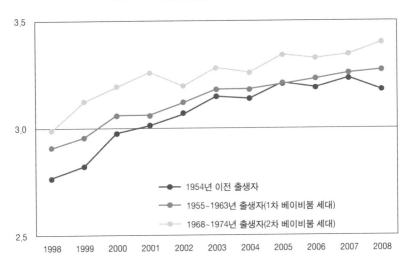

〈그림 2-5〉 세대별 생활만족 평균값의 변화 추이

	1998	1999	2000	2001	2002	2003	2004	2005	2006	2007	2008
1954년 이전 출생자	2.77	2.82	2.98	3.01	3.07	3.15	3.14	3.21	3.19	3.24	3.18
1955~1963년 출생자 (1차 베이비붐 세대)	2.91	2.96	3.06	3.06	3.12	3.18	3.18	3.21	3.23	3.26	3.27
1968~1974년 출생자 (2차 베이비붐 세대)	3.00	3.12	3.20	3.26	3.20	3.28	3.26	3.34	3.33	3.35	3.40

울기가 둔화하는 형태인 역U자형 포물선의 궤적을 보여주고 있다. 1차 베이
비붐 세대는 기준세대에 비해 다소 높은 수준을 보이고 있지만, 여러 인적
속성을 통제하는 경우 (〈표 2-4〉의 초기값 분석에서 보여주듯이) 통계적으로는
유의한 수준은 아니지만(t = 0.0893, p = n.s) 기준세대에 비해 다소 낮은 초기
값(-0.0993)으로 시작되었으며, 시계열 변화에 통계적으로 유의하게 -0.0376
의 계수값(t = 0.0126, p〈0.001)을 보여 기준집단과의 기울기 차이가 그만큼
줄어드는 것으로 나타났다. 2차 베이비붐 세대의 경우 기준세대에 비해 유

의하게 높은 생활만족도 초기값(0.2299)에서 시작했으나 그 증가세의 기울기가 통계적으로 유의하지 않은 수준에서 -0.0258(t = 0.0177, p = n.s)의 값을 보여 초기값의 차이가 시간 경과에도 상당히 지속되고 있는 것으로 분석된다.

요약해보면, IMF 경제위기가 발생한 1998년부터 2008년까지의 시계열분석을 통해 생활만족도의 초기값에서 2차 베이비붐 세대가 기준세대(1954년 이전 출생자)에 비해 유의하게 높고 선형의 변화 추세에서도 기준세대와의 차이가 줄어들지 않은 채 유지되고 있는 반면, 1차 베이비붐 세대의 경우에는 기준세대에 비해 통계적으로 유의한 차이를 보여주지 못할 뿐 아니라 연도별 변화 추세에서도 그 기울기의 격차가 줄어드는 것으로 나타났다. 곡선형의 변화 분석에서는 전체적으로 역U자형의 추세를 보이는 가운데, 1~2차 베이비붐 세대 모두 그 포물선의 굴곡을 상대적으로 완화하는 모습을 보여주고 있다. 아울러, 1998년 외환위기의 소득감소 충격은 생활만족의 초기값이나 선형 변화에 전반적으로 뚜렷하게 마이너스의 효과를 안겨주는 것으로 드러났다.

5. 맺음말

세대 차이에 관한 43개국 국제비교 연구(Inglehart, 1997)에 따르면 한국에서 세대 차이 폭이 가장 큰 것으로 보고되고 있다. 지난 40~50년 동안 정치 · 경제 · 사회적으로 압축적 변동을 겪어온 한국에서 세대들 사이에 적잖은 차이의 인식과 생활태도가 공존하는 '동시대인의 비동시성(the non-contemporaneity of the contemporaneous)'(Mannheim, 1952)의 현상이 두드러지게 나타나는 것으로 볼 수 있다. 이같이 세대 현상이 현저하게 표출되는 한국 사회에서 베이비붐 세대(1955~1963년과 1968~1973년의 출생 코호트)가

과연 차별적인 세대 특성을 갖고 있는지에 대해 생활만족을 중심으로 살펴보았다. 이상의 분석 결과를 종합해보면, 선행연구에서 이론적으로 논증해왔듯이 한국의 인구구조에서 상당한 비중을 차지하고 있는 베이비붐 세대의 생활만족에 대해서도 출생 코호트뿐 아니라 연령과 시기의 효과가 복합적으로 작용하고 있음이 확인된다. 구체적으로 회귀분석에서는 연령과 시기의 효과를 고려하는 경우 1954년 이전의 출생동년배집단과 비교해 1차 베이비붐 세대의 생활만족이 일관된 차이를 보이지 못하며, HLM분석에서도 통계적으로 유의한 차이를 드러내지 못하면서 그 차이의 폭 역시 조사 기간(1998~2008년) 동안 줄어드는 것으로 확인된다. 반면, 2차 베이비붐 세대는 기준집단에 비해 높은 생활만족을 보일 뿐 아니라 그 차이가 꾸준하게 지속되는 것으로 나타났다. 이 같은 분석 결과에 따르면, 1차 베이비붐 세대는 1950년대 중반에서 1960년 전반에 걸쳐 출생해 그들의 생애에서 빈곤과 의무교육, 산업화와 민주화 그리고 1990년대의 세계화와 1998년 이후의 신자유주의적 구조개혁을 두루 체험하면서 뚜렷한 차별성이나 분명한 세대적 실재성을 갖지 못한 채 이전과 이후 세대 사이에 '끼여 있는' 사회적 존재감을 보인다는 최근 연구 시각(박태정, 2013; 함인희, 2013; 차성란, 2012; 방하남 외, 2010; 박길성, 2002)을 지지하고 있다. 1960년대 후반과 1970년 초반 사이에 출생한 2차 베이비붐 세대의 경우에는 1987년의 정치적 민주화, 1988년의 올림픽, 1990년대의 신세대 문화 등을 경험하면서 한국의 경제·정치가 성공적으로 진전되는 국면에 그들의 청년기를 보냈던 만큼 1차 베이비붐 세대와 달리 상대적으로나 지속적으로 현저하게 높은 생활만족을 보이면서 세대적 독자성을 드러내는 것으로 분석되고 있다. 따라서 이번 연구를 통해 그동안 한국 사회에서 표출되는 세대 간 격차와 부모·자식 세대의 갈등, 청년·노년층의 세대 투표 경쟁 등과 같은 문제들이 주로 1960년 후반의 2차 베이비붐 세대를 경계 삼아 그 이전 세대와 이후 세대 사이에 존재하는 사회

정서와 생활태도의 차이에서 더욱 현저하게 표출되기 시작하는 것으로 조심스럽게 추론해본다.

이번 연구의 또 다른 주목할 만한 점으로서 1998년의 외환위기 충격이 모든 세대에 뚜렷하게 각인되어 이후 10여 년의 시간 경과에도 피조사자들의 생활만족에 유의하게 작용하고 있음을 확인하게 된다. 이 같은 분석 결과는 여러 연구 함의를 안겨주는바, 우선 세대 이론과 관련해서는 역사적 사건의 시기 효과가 모든 세대집단에 미치는 영향이 심대할 수 있다는 점과 특히 만하임(2013)이 주장하는 청년기 기층경험의 고정 효과 못지않게 청년기를 지난 연령 단계에서 경험한 역사·사회적 사건(시기 효과)에 의해 인식틀이나 생활태도가 크게 변화할 수 있다는 점에 유의할 필요가 있다. 또한 1998년의 외환위기가 단지 그 시점에 발생한 일회적인 사건으로 우리 사회에 영향을 주는 것에 그쳤다기보다, 그 이후 현재까지 신자유주의 구조개혁이라는 구조적인 사회변동으로 진행되고 있다는 점에서 모든 세대의 구성원들이 느끼는 생활만족에 부정적으로 계속 작용하는 것으로 해석해볼 수 있다.

참고문헌

강상경. 2012. 「삶의 만족도와 관련요인의 세대 간 차이에 대한 탐색적 연구: 한국복지패널자료를 이용한 베이비붐 세대와 이전 및 이후 세대 간 비교」. ≪사회복지연구≫, 제43권 4호, 91~119쪽.

강성진. 2010. 「한국인의 생활만족도 결정요인 분석」. ≪경제학연구≫, 제58집 1호, 5~35쪽.

김하나. 2010. 「베이비붐세대의 라이프스타일과 소비가치 및 소비행동」. 이화여자대학교 가정학 석사논문.

만하임, 카를(Karl Mannheim). 2013. 『세대 문제: 운동론의 관점에서 본 세대론』. 이남석 옮김. 서울: 책세상.

박길성. 2002. 「왜 세대인가」. ≪계간 사상≫, 제54권 가을호, 8~27쪽.

박재흥. 2001. 「세대연구의 이론적·방법론적 쟁점」. ≪한국인구학≫, 제24권 2호, 47~78쪽.

_____. 2005. 『한국의 세대문제: 차이와 갈등을 넘어서』. 서울: 나남.

박태정. 2013. 「베이비부머 세대들의 삶을 통해 본 일과 은퇴의 경험적 의미에 대한 연구」. ≪노동정책연구≫, 제13권 3호, 29~57쪽.

방하남. 2012. 「베이비붐 세대, 무엇이 특별한가?」. ≪노동리뷰≫, 제71호, 1~3쪽.

방하남 · 신동균 · 이성균 · 한준 · 김지경 · 신인철. 2010. 「한국 베이비붐 세대의 근로생애 (Work Life) 연구」. 한국노동연구원.

신광영. 2011. 「세대, 생애과정과 계급불평등」. 2011년 후기 사회학대회 발표논문.

양정호. 2005. 「사교육비 지출에 대한 종단적 연구: 한국노동패널조사의 위계적 선모형 분석」. ≪교육사회학연구≫, 제15권 2호, 131~145쪽.

이상록 · 김형관. 2013. 「한국사회에서의 세대와 복지태도: 세대 간 복지태도 차이 및 세대영향의 분석」. ≪사회과학연구≫, 제29집 3호, 433~458쪽.

이성균. 2011. 「베이비붐세대의 교육성취와 직업경험의 다양성」. ≪노동리뷰≫, 제71호, 38~49쪽.

임연옥 · 박재연 · 윤현숙. 2010. 「베이비붐 세대의 삶의 만족도에 영향을 미치는 요인: 노부모 세대와의 비교를 중심으로」. ≪비판사회정책≫, 제33호, 7~44쪽.

전상진. 2004. 「세대 개념의 과잉, 세대연구의 빈곤: 세대연구 방법에 대한 고찰」. ≪한국사회학≫, 제38집 5호, 31~52쪽.

정순돌 · 이현희. 2012. 「베이비붐세대의 삶의 만족도: 1998년과 2008년의 비교」. ≪노인복지연구≫, 제55호, 105~132쪽.

차성란. 2012. 「베이비붐 세대를 위한 미래 사회적 자본: 베이비붐 세대의 집단적 특성을 중심으로」. ≪한국가족자원경영학회지≫, 제16권 1호, 67~83쪽.

통계청. 2010. 「통계로 본 베이비붐세대의 어제, 오늘, 그리고 내일」. http://kostat. go.kr/portal/korea/kor_nw/2/1/index.board?bmode=read&aSeq=70786

함인희. 2013. 「세대 갈등의 현주소와 세대 통합의 전망」. 한국정책학회 기획세미나 발표논문.

홍덕률. 2003. 「한국사회의 세대연구」. ≪역사비평≫, 제64호, 150~191쪽.

황아란. 2009. 「한국정치세대의 이념적 특성과 정치행태」. ≪한국과 국제정치≫, 제25권 3호, 191~217쪽.

Baird, Brendan, Richard Lucas and Brent Donnellan. 2010. "Life Satisfaction across the Lifespan: Findings from Two Nationally Representative Panel Studies." *Social Indicators Research*, Vol. 99, No. 2, pp. 183~203.

Bengston, Vern Neal Cutler, David Mangen and Victor Marshall. 1985. "Generations, Cohorts, and Relations between Age Groups." in Robert Binstock and Ethel Shanas (eds.). *Handbook of Aging and the Social Sciences*. New York: VNR, pp. 304~338.

Blanchflower, David and Andrew Oswald. 2000. "The Rising Well-being of the Young." In Blanchflower, David and Richard Freeman(eds.). *Youth Employment and Joblessness in Advanced Countries.* Chicago: University of Chicago Press, pp. 289~328.

_____. 2004. "Well-being over Time in Britain and the USA." *Journal of Public Economics*, Vol. 88, No. 7-8, pp. 1359~1386.

Bryk, Anthony and Stephen Raudenbush. 1987. "Application of Hierarchical Linear Models to Assessing Change." *Psychological Bulletin*, Vol. 101, No. 1, pp. 147~158.

Buss, Allan. 1974. "Generational Analysis: Description, Explanation, and Theory." *Journal of Social Issues*, Vol. 30, No. 2, pp. 55~71.

_____. 1979. "Historical Change in Life Patterns and Personality." in Baltes, Paul and Orville Brim, Jr.(eds.). *Life-span Development and Behavior.* New York: Academic Press.

Elder, Glen, Jr. 1994. "Time, Human Agency, and Social Change: Perspectives on the Life Course." *Social Psychological Quarterly*, Vol. 57, No. 1, pp. 4~15.

Easterlin, Richard. 2006. "Life Cycle Happiness and its Sources: Intersections of Psychology, Economics, and Demography." *Journal of Economic Psychology*, Vol. 27, No. 4, pp. 463~482.

Fullerton, Andrew and Jeffrey Dixon. 2010. "Generational Conflict or Methodological Artifact?: Reconsidering the Relationship between Age and Policy Attitudes in the U.S., 1984-2008." *Public Opinion Quarterly*, Vol. 74, No. 4, pp. 643~673.

Ganzeboom, Harry and Donald Treiman. 1996. "Internationally comparable measures of occupational status for the 1988 International Standard Classification of Occupants." *Social Science Research,* 25, 3, pp. 201~239.

Inglehart, Ronald. 1997. *Modernization and Postmodernization: Cultural, Economic, ad Political Change in 43 Societies.* Princeton: Princeton University Press.

Kertzer, David. 1983. "Generations as a Sociological Problem." *Annual Review of Sociology*, Vol. 9, pp. 125~149.

Mannheim, Karl. 1952. *The Problem of Generations.* New York: Routledge & Kegan Paul Ltd.

Marshall, Victor. 1983. "Generations, Age Groups and Cohorts: Conceptual Distinctions." *Canadian Journal on Aging*, Vol. 2, No. 2, pp. 51~62.

Mason, William and Nicholas Wolfinger. 2001. "Cohort Analysis." On-line Working Paper, California Center for Population Research, UCLA(http://escholarship. org/ uc/item/8wc8v8cv).

Osgood, Wayne and Gail Smith. 1995. "Applying Hierarchical Linear Modeling to Extended Longitudinal Evaluations." *Evaluation Review*, Vol. 37, No. 1, pp. 3~38.

Raudenbush, Stephen and Anthony Bryk. 2002. *Hierarchical Linear Models: Applications and Data Analysis Methods*. Newbury Park, CA: Sage.

Riley, Matilda, Anne Foner and Joan Waring. 1988. "Sociology of Age." Smelser, Neil(ed.). *Handbook of Sociology*. Thousand Oaks: Sage Publications, pp. 243~290.

Robinson, Robert and Elton Jackson. 2001. "Is Trust in Others Declining in America?: an Age-Period-Cohort Analysis." *Social Science Research*, Vol. 30, No. 1, pp. 117~145.

Ryder, Norman. 1965. "The Cohort as a Concept in the Study of Social Change." *American Sociological Review*, Vol. 30, No. 5, pp. 843~861.

Yang, Yang. 2008. "Social Inequalities in Happiness in the United States 1972 to 2004: an Age-Period-Cohort Analysis." *American Sociological Review*, Vol. 73, No. 2, pp. 204~226.

3장

주거 생애과정 불평등의 계층적 요인과 가족자원

2000년대 자가 취득 가구에 대한 사건사 분석*

신진욱

이민아

1. 연구 목표와 의의

이 연구는 1997년 금융위기 이후 주택금융이 자유화되고 주택 가격이 급등하는 구조적 환경에서 한국인들의 생애과정에 점점 더 큰 의미를 갖게 된 자가(自家) 취득에 관련된 불평등 요인을 규명하는 것을 목표로 한다. 2000년대에 고용의 안정성이 급속히 악화되어 지속적이고 충분한 시장소득을 기대할 수 없게 된 환경에서, 2001~2003년과 2005~2007년 두 차례에 걸쳐 주택 가격이 급등함에 따라 자가 보유 여부는 주거 안정과 가계자산 축적이라는 두 측면에서 모두 생애경로의 사회적 불평등을 심화시키는 중요한 요인이 되었다. 이처럼 2000년대 들어 주거와 자산의 불평등이 심화되고 있다는 데 대해서는 이미 광범위한 동의가 존재하지만, 불평등을 낳는 요인과 기

---

* 이 글은 ≪경제와 사회≫, 제101호(2014), 151~183쪽에 게재된 논문을 수정·보완한 것이다.

제가 무엇인지, 한국 사회 주택 불평등의 구조적 특성이 무엇인지에 대해서는 아직까지 여러 쟁점이 남아 있다.

이 주제가 포괄하는 많은 쟁점 가운데 이 연구는 오늘날 한국인들의 생애과정에서 큰 의미를 갖고 있는 자가 취득 여부에 영향을 미치는 계층적 요인에 초점을 맞춘다. 이 연구가 검토하고자 하는 질문은 다음과 같다. 첫째, 종종 투기적 행위의 장으로 인식되곤 하는 주택 부문에서 불평등은 다른 사회 불평등 차원과 독립적으로 작동하는가? 아니면 주택 불평등은 교육 · 직업 등 인적자원이나 소득 불평등의 연장선상에서 다중격차 구조의 일부가 되고 있는가? 둘째, 한국 사회의 주택 불평등 구조는 과연 개인화된 자유주의 모델로 이행해왔는가? 자가 취득의 성공 여부는 본인의 소득, 직업, 교육수준과 같은 개인적 불평등 요인에 달려 있는가, 아니면 오히려 남유럽의 가족주의 사회유형처럼 부모의 소득이나 자산과 같은 가족자원이 중요한 변수로 작용하는가?

위의 질문에 대한 대답을 구하기 위해 이 연구는 한국노동패널 1999~2008년(2~11차) 조사 자료를 이용해 분가(分家) 가구의 첫 자가 취득에 관련된 계층적 · 세대적 특성들을 분석하고, 나아가 자가 취득 여부에 영향을 미친 개인적 · 가족적 변수를 규명하는 사건사 분석을 수행했다. 제2절에서 먼저 생애과정(life course) 접근을 중심으로 이 연구의 이론적 토대와 개념적 골격을 설명하고, 제3절에서 연구의 목표, 자료, 방법을 서술한다. 제4절에서는 자가 취득의 성공 여부에 영향을 미친 출신가구 및 분가가구의 인적 · 경제적 변수들을 분석한 결과를 제시한다. 끝으로 제5절에서는 연구 결과의 학문적 · 정책적 함의를 논한다.

2. 이론적 토론

1) 생애과정과 사회 불평등

이 연구가 기반을 두고 있는 생애과정 관점(life course perspectives)은 1960년대 이래로 다양한 학제영역에서 거시적 구조변동, 각국의 제도적 환경, 개인적 삶의 변화 간의 연관관계를 추적하는 매력적 접근으로 발전해왔다(Elder, Johnson and Crosnoe, 2004; Elder and Giele, 2009). 이 접근의 핵심은 삶과 사회의 시간성을 중심에 두고 개인적 생애 변화가 역사적·사회적 시간과 어떻게 연관되는지를 묻는 데 있다(Elder, 1994: 5). 많은 사회학적 연구가 행위자들의 시간적 지향을 간과한 데 반해, 생애과정 접근은 행위자들이 과거 생애과정의 누적 위에서 현재의 삶을 영위하고, 미래의 삶을 내다보며 현재의 행동을 결정한다는 점을 강조한다(Hitlin and Elder, 2007: 171). 또한 그것은 개인들의 경험을 개별 사건이 아니라, 세대 간 혹은 세대 내의 생애과정의 연쇄라는 역사적 맥락 속에서 접근한다(Settersten and Mayer, 1997). 그러므로 생애과정 연구에서는 교육, 취업, 분가, 결혼, 출산, 노령화 등 일련의 생애과정 단계와 전환이 어떤 조건에서 어떤 영향하에 진행되며 서로 어떻게 영향을 미치는지 추적하는 것이 중요한 과제가 된다.

생애과정 접근은 세 가지 차원의 시간을 구분한다. 첫째는 '개인적 생애 시간(individual life time)'으로서 출생에서 죽음에 이르는 개인들의 생애주기를 의미한다. 이것은 연대기적 또는 발달상의 연령에 해당한다. 둘째는 졸업, 취직, 결혼, 출산, 퇴직 등 생애과정의 '사회적 시간표(social timetable)'로서, 이는 사회적 규범과 역할 규정에 관련된 생애단계와 사건들을 의미한다. 셋째는 거시적 사회변동의 '역사적 시간(historical time)'이다. 예를 들어 출생 연도는 단지 한 개인이 태어난 시점이 아니라 그 개인의 역사적 위치(historical location)를 알려주는 지표이기도 하다(Elder, 1994: 6). 생애과정 접근은 이처럼 개인적·사회적·역사적 시간들 간의 관계에 깊은 관심을 가져왔으며, 이에 따라 세대 간 혹은 세대 내의 생애과정의 차이에 대한 역사적·사회적 설명 요인들을 규명하는 많은 연구가 이뤄졌다.

이러한 생애과정 연구의 기본 관점을 배경으로 이 연구는 생애전환(life transition)과 사회구조 변동 간의 관계에 초점을 맞춘다. 생애과정 접근에서 개인의 삶의 궤적(trajectories)은 한편으로 특정한 사회적 위치와 역할의 '지속(duration)'이고, 다른 한편으로는 다른 사회적 위치 또는 역할로의 '전환(transitions)'이 연속되는 과정으로 이해된다. 그런데 앞서 서술한 대로 개인적 생애시간은 사회적 시간표와 결부되어 있기 때문에 각 사회는 계급, 세대, 인종, 성별 등 다양한 차원에서 차별화된 '사회적 경로(social pathways)'를 발전시킨다. '사회 전반에 걸쳐서 개인들과 집단들이 따르는 교육, 노동, 가족, 주거의 궤적'으로 정의되는 이러한 사회적 경로는 거시적인 "역사적 힘에 의해 형성되며 또한 종종 사회제도들에 의해 구조화된다"(Elder, Johnson and Crosnoe, 2004: 8). 그래서 생애전환에 관련된 핵심 쟁점의 하나는 바로 거시·미시, 구조·행위 연계를 어떻게 해명하느냐의 문제이다(George, 1993). 이 연구에서 1997년 금융위기 이후 주택금융의 제도 환경이 자가 취득이라는 생애전환의 계층화에 미친 영향을 분석하는 것은 이러한 이론적 관심에서이다.

같은 맥락에서 이 연구가 주목하는 생애전환의 또 하나의 쟁점은 특정한 전환의 성패 및 경로에 관련된 사회 불평등이다. 여기에는 두 가지 측면이 있다. 그 하나는 어떤 전환점에서의 차이가 이후의 생애과정에 미치는 계층화된 누적 효과이다. 예를 들어 선행연구들은 성인 초기의 직업적 선택이 퇴직 이후 고령의 삶까지 지속되는 효과를 가지며(Clausen 1993), 노동시장에 진입한 역사적 시점의 노동시장 구조가 개인들의 계급 이동을 상당한 정도 규정한다는 등의 영향관계를 발견했다(Blossfeld, 1986). 다른 하나의 불평등 차원은 특정한 생애전환의 성공 여부에 따른 도덕적·물질적 보상과 처벌이다. 각 사회는 다양한 생애전환에 관한 지배적 규범과 제도화된 보상체계를 갖고 있으며, 그것과 각 개인의 삶의 현실 간의 격차는 물질적·정신적 긴장과 고통을 유발한다. 예를 들어 초등학교 입학, 대학 진학, 취업, 결혼, 어떤 이상적 연령대의 퇴직 등을 당위적으로 정의하는 사회적 규범이 있으며, 그것의 성취에 대한 물질적·도덕적 보상과 더불어 실패에 대한 처벌이 제도화된다.[1] 이 글에서 자가 취득에 결부된 불평등은 그런 의미에서 구조적이고 문화적인 중요성을 갖고 있는 것이다.

나아가 이 연구는 생애전환의 사회적 불평등에서 개인적 계층변수와 가족자원 변수를 함께 고려하고자 한다. 생애과정 접근은 이에 관련된 중요한 개념을 발전시켰는데, '연계된 삶(linked lives)'이 바로 그것이다. 이 개념의 이론적 핵심은 "개인들의 삶은 상호의존적이며, 사회적·역사적 영향은 이처럼 공유된 관계의 연결망을 통해 표현된다"(Elder, Johnson and Crosnoe, 2004: 13)는 것이다. 특히 개인 생애과정의 가족적 맥락과 세대 간 영향관계의 중요성이 강조되는데(Elder, 2009: 105~108), 울렌버그와 뮬러(Uhlenberg and Mueller, 2004: 125~127)는 '가족적 맥락'을 가족구조(family structure), 가

---

1) 레비(Levy, 2009)는 참여(participation), 지위(positions), 규범(norms)이라는 개념으로 이를 이론화했다. 사회구성원들은 그 사회의 분화된 하위체계 어딘가에 참여하고 거기서 특정한 지위를 점하게 되며, 그것은 사회적 평가와 기대, 해석의 대상이 된다는 것이다(Levy, 2009: 180). 이전 생애단계를 성공적으로 마치고(exit) 새로운 생애단계로 진입(entry)하는 것은 그 사회에서 좋은 삶을 영위하기 위한 구조적 필요이자 문화적 기대이기도 하다. 따라서 그러한 필요 또는 기대와 한 개인의 삶의 현실 사이의 간극은 그 개인에게 고통과 긴장을 유발할 뿐 아니라, 사회적 불평등 요인이 되기도 한다(Levy, 2009: 186).

족 내 상호작용(family interaction), 가족자원(family resources)의 세 가지 측면으로 구분했다. 이 연구는 이 가운데 가족자원의 영향에 초점을 맞춘다.

이 연구가 특히 성인기에 이르러서도 가족자원이 개인의 생애과정에 큰 영향을 미칠 수 있다는 가설을 검토한다는 점에서 생애과정 연구의 공백을 메우는 데 기여할 것으로 기대된다. 생애과정 접근은 심리학적 생애주기론과 달리 삶의 성장과 변화, 사회적 차이와 계층화가 일생에 걸쳐 진행된다는 점을 강조해왔지만(Elder and O'Rand, 2009), 성인의 삶에서도 부모 세대와의 관계가 중요한 영향을 미칠 수 있다는 점을 충분히 주목하지 않았다. 그래서 선행연구들은 주로 핵가족 단위로 부부, 미성년 자녀와 부모 간의 관계에 집중되어 있다. 더구나 후기 근대에 와서 생애전환이 급속히 전통적 집단성에서 분리되어 개인화된다는 점이 강조되고 있기 때문에(Heinz, 2009), 이 연구는 과연 그러한 탈전통화·개인화 명제가 보편적인 타당성을 갖고 있는지, 아니면 전통적인 사회적 결속이 종종 개인화된 불평등 기제와 복잡하게 얽혀 있는지를 검토한다는 의의를 갖고 있다.

2) 세계화 시대의 주택체제 변동과 생애과정

앞의 제2절 제1항에서 논한 이론적 토대 위에서, 제2항에서는 주제를 좁혀 지구적 금융자본주의의 환경하에 진행된 각국의 주택금융체제 변동이 생애경로 및 전환의 사회적 불평등에 미친 영향을 서술한다. 금융자본이 주도한 경제적 세계화는 노동시장과 고용체제, 복지체제의 변화를 가져왔으며, 이는 출생에서부터 교육, 정규직 취업, 결혼, 정년퇴직, 노후로 이어진 산업사회의 표준적 생애과정에 위기를 초래해 개인의 생애과정에까지 큰 변화를 가져왔다. 연구자들은 그런 변화의 핵심을 생애과정의 탈제도화(deinstitutionalization) 또는 탈표준화(destandardization)로 개념화하고 있다.

금융자본의 이동성이 증대하고 세계시장 내의 경쟁이 격화됨에 따라 많은 나라에서 복지국가가 축소되고 사적 경제원리가 확대되었다. 이에 따라 개인들이 감당해야 할 생애과정상의 불확실성과 위험이 커진 반면, 제도화된 방식으로 그런 문제들을 해결하는 정도는 약화되고 있다(O'Rand, 2004: 694).

하지만 세계적 환경 변화가 개인들에게 미치는 영향은 직접적이지 않으며, 모든 나라에서 동일하지도 않다. 세계화의 힘은 다양한 "국내적 제도들에 의해 여과"(Mills and Blossfeld, 2005: 1)되며, 이러한 제도적 차이들로 인해 각국의 사회구성원들은 세계화의 영향을 다르게 경험한다. 또한 세계화의 불평등 효과 역시 각국의 구조적·제도적 환경에 따라 다른 방식으로 나타난다(Guillemard and Rein, 1993; Mayer and Schoepflin, 1989). 앞서 언급한 생애과정의 탈표준화, 개인화 명제와 관련해 유럽 대륙의 사례는 세계화 시대 생애과정 변동의 국가별 다양성을 분명히 드러낸다.2)

독일 사례에 대한 쿠르츠·스타인하게·골슈의 연구(Kurz, Steinhage and Golsch, 2005: 76~77)에 따르면, 1980년대 이후 세계화의 영향으로 과거의 안정적·협동적 노동체제가 흔들리기 시작한 것은 사실이지만 새로운 위험의 분배는 여전히 많은 부분 독일 사회에 제도화된 전통적 계층구조에 따라 이뤄지고 있다. 더욱 흥미로운 것은 남유럽의 가족주의 체제이다. 스페인의 경우 전통적으로 국가적 지원과 재분배가 취약한 조건에서 청년층이 상당 기간 가족·친족의 지원에 의존해왔는데, 세계화의 여파로 "안전망으로서의 가족의 역할은 지난 수십 년간 오히려 더욱 중요해졌다. 왜냐하면……

---

2) 이는 생애전환의 개인화 명제가 미국 등 자유시장 경제체제에서는 순수한 형태로 실현되고 있다는 의미는 아니다. 개인주의·자유주의적 사회체제를 대표하는 것으로 간주되는 미국에서조차 인종적·민족적 분할이 여전히 노동시장 진입, 자가 취득 등 생애경로에 크게 작용하는데, 그 영향은 개인 수준의 경제적 변수와의 상호작용을 통제해도 유의미한 것으로 나타난다(King, 2005; Masnick, 2004).

사회정책들이 결핍되었거나 충분하지 않은 조건에서 성인이 되었다는 것이 곧 출신가족의 도움을 받는 기간이 끝났음을 의미할 수 없기 때문이다"(Simó Nonguera, Castro Martín and Soro Bonmatí, 2005: 381).

이 연구의 관심사인 주택 부문에서의 생애과정 변동 역시 위와 같은 지구적 보편성과 국가별 다양성의 공존을 보여준다. 세계자본주의의 금융화와 경쟁 격화로 모든 나라에서 고용, 소득, 복지 상황이 악화됨에 따라 근로소득에만 의존해 경제적 필요를 충족시키고 생애위험에 대비하는 것이 불가능해졌다. 이런 조건에서 지구적 주택금융자본의 유입에 의존하는 가계 수준의 '자산기반 복지'가 전통적 시장소득과 공적 복지의 기능을 대체해가는 경향이 심화되었다(Doling and Ronald, 2010; Forrest, 2008). 그러나 이와 같은 지구적 보편성 위에서 각국의 제도적·문화적 전통에 따른 차이가 드러난다.

자유주의 주택금융체제의 대표적 국가에 속하는 영국은 개인의 직업이나 고용상 지위 등 계급적 변수가 주거형태상의 차이에 결정적 영향을 미치며, 최초의 자가 취득 과정에서 세대 간 부의 이전 효과는 극히 미미하다 (Ermisch and Halpin, 2004). 하지만 유럽 대륙의 많은 나라는 그와 다른 추이를 보여준다. 조합주의 유형의 대표적 국가인 독일에서는 지구적 주택금융화가 본격화된 1980년대 이후에도 전체 가구의 40% 정도의 낮은 자가소유율이 지속되었다. 이는 세계화의 충격에도 민간임대의 사회적 기능을 지원하는 제도에 힘입어 임대주택의 질과 안정성이 높아 부채를 안은 자가 취득에 큰 매력을 갖지 않기 때문이다(Szypulski, 2008).

한편 남유럽이 대표하는 가족주의 체제는 생애과정의 개인화 명제에서 벗어나는 또 하나의 흥미로운 사례이다. 레알 말도나도(Leal Maldonado)의 연구에 따르면, 주택금융이 팽창한 2000년대에도 이 나라들의 청년층은 분가를 미루면서 부모의 금전적 지원이나 상속·증여를 받아 주택을 구매하는 경향이 지배적이다. 18~29세 연령층에서 부모와 함께 사는 비율이 스페인과 이탈리아는 80%를 넘는데, 이는 50%를 약간 넘는 독일·프랑스, 30% 내외인 덴마크·핀란드 등과 대조된다. 또한 부모로부터 분가한 30세 이하 청년층의 주거형태를 보면, 프랑스는 80%가량이 임대주택에 거주하는 데 반해 스페인에서는 50% 이상이 (많은 경우 부모의 지원하에) 자가를 구매한다(Leal Maldonado, 2010: 25~28). 더욱이 부모의 도움으로 부채 없이 자가를 구매한 경우와 본인의 대출로 구매한 경우에 주거안정성은 큰 차이를 보여서, 자가 부문 내에서도 가족자원의 격차는 불평등의 중요한 축이 되고 있다.[3] 세계화에 따른 경제상황의 악화는 가족자원의 중요성을 더욱 높이고 있는 것이다.

이처럼 경제적 세계화라는 보편적 환경 속에서도 그것이 생애과정 변동에 미치는 영향은 각국의 제도적·문화적 전통에 따라 다른 방식으로 나타난다. 그렇다면 한국에서 2000년대의 주택금융 팽창과 주택 가격이 급등하는 가운데 자가 취득이라는 중요한 생애전환의 불평등에 영향을 미친 주요한 요인은 무엇이었는가?

---

3) 스페인의 경우 2000년대 초반에 전체 가구 중 50% 정도가 부채 없는 자가, 23%가 부채를 안은 자가, 9% 정도가 상속·증여에 의한 주택에 거주하는 것으로 나타났다(Pareja Eastaway, 2010: 113). 그런데 스페인 사회조사연구소(CIS)의 2005년 조사에 따르면 부채 없는 자가 또는 증여·상속 주택 거주자의 다수(각각 60.3%, 69.1%)는 20년 이상 거주한 데 반해, 담보대출을 안은 주택의 경우 94.2%가 20년 이하, 46.8%가 5년 이하 거주하는 것으로 나타났다(Antón et al., 2007: 40에 나오는 표 16의 값을 다시 계산).

3. 연구 목표와 방법

1) 연구 목표

한국 사회과학계에서 생애과정 관점에 입각한 연구는 2000년대 들어서야 본격화되었지만 상대적으로 짧은 시간 내에 많은 연구 성과가 축적되었다. 그러나 소득·고용·직업 등에 집중되어온 연구 전통으로 인해 주거 관련 생애과정 연구에는 상대적으로 큰 공백이 존재하는데, 이는 이 문제의 사회적 중요성에 부응하지 못하는 것이다. 한국에서는 1997년 금융위기 이후 노동시장 진입 시기가 늦어지고, 불완전 고용이 확대되었으며, 노동시장으로부터 퇴장하는 시기는 당겨졌다. 이에 따라 주택자산은 청·장년기에 성공적으로 취득할 수 있느냐가 과거보다 더 중요하게 되었고, '성공적 생애전환'에 관한 사회적 가치체계의 중심에 놓이게 되었다.

오늘날 한국에서는 주택 미보유층이 전체 가구의 40%를 상회함에도 세입자 권리에 대한 제도적 보호가 취약해 주거의 불안정성이 대단히 크다. 전국 주택보급률은 1995년의 85%에서 2010년에 115%까지 상승했음에도 자가점유율은 15년 동안 55% 안팎의 수준에서 거의 변동이 없었다. 이런 조건에서 임대차 관계법령과 분쟁조정위원회 등의 법제는 유명무실해 세입자 보호 기능을 거의 못하고 있다. 그래서 자가 취득은 매우 중요한 생애과정상의 과제로 인식되고 있다. 자산의 측면에서도 자가 취득은 개인 생애과정에서 현실적 중요성을 갖고 있다. 한국에서는 주택자산이 가계자산 포트폴리오에서 차지하는 비중이 매우 클 뿐 아니라, 보유주택은 실제적 자산 기능을 갖고 있어서 주택 가격 변동이 총소비 변화에 통계적으로 유의한 영향을 미치는 것으로 분석되었다(강민규·최막중·김준형, 2009). 또한 주택자산은 금융자산에 비해 누적자산 규모의 연령별 차이가 매우 크기 때문에(남상호, 2009:

22), 자가 취득은 자산 축적의 '생애플랜'에서 중요한 관문으로 인식되고 있다.[4]

그렇다면 위와 같은 한국의 주택체제는 국제비교 관점에서 봤을 때 어떤 특성을 갖고 있는가? 이와 관련해 지난 몇 년간 기초적인 연구들이 이뤄졌는데, 슈워츠와 시브룩(Schwartz and Seabrooke, 2009)의 주거자본주의 유형론을, 케머니·케르스루트·탈만(Kemeny, Kersloot and Thalmann, 2005)의 임대시장 유형론 등을 소개한 이상영(2012), 진미윤(2011)의 연구, 그리고 유사한 맥락에서 한국 주거자본주의 체제의 특성을 탐색적으로 분석한 신진욱(2011)의 연구 등이 있다. 이 연구들에 따르면 한국의 주택금융체제는 상대적으로 낮은 자가소유율과 점진적으로 증가하는 공공임대 부문 등의 측면에서 유럽 대륙의 국가주의 또는 조합주의 유형과 구조적 유사성을 갖지만, 2000년대에 들어 주택 건축 및 매매 규제가 대폭 완화되고 주택모기지 규모가 급증했으며 주택 가격과 자산 격차가 급증하는 등 미국형 자유주의 체제의 특성이 강화되고 있는 추세이다. 그런 의미에서 한국의 주택체제와 불평등 구조는 북미와 유럽 사회에 근거한 국제학계의 유형론 중 어느 한 유형에 귀속시킬 수 없는 혼합 형태를 띠고 있다고 할 수 있다.

그런 인식 위에서 이 연구는 자유주의적 속성과 가족주의적 속성의 존재 여부를 경험적으로 검토하는 데 초점을 맞춘다. 첫째, 2000년대에 주택금융

---

4) 이와 같은 주택보유의 자산 효과에도 주택 가격의 편차가 크기 때문에 주택보유 여부가 곧바로 자산에 관한 정보를 담고 있는 것은 아니다. 따라서 이후 본문에서 이 연구의 타당성 주장은 자가 취득이라고 하는 주거 차원으로 제한될 것이다. 하지만 자가 보유의 주거 차원과 자산 차원을 완전히 분리해서 볼 수는 없다. 김준형·최막중(2010)의 연구 결과에 따르면, 고가주택만이 자산 효과를 갖는다는 일반적 통념과 달리 오히려 다양한 자산증식 수단을 갖고 있지 못한 저소득층의 경우에 자가 보유에 의한 연간 자산증대 효과로 얻는 혜택이 중·고소득층보다 상대적으로 더 크다.

이 자유화되고 주택 가격이 급등하는 가운데 투기적 주택 매매에 의한 불평등이 확대되었는데, 그런 환경에서도 인적자원이나 시장소득과 같은 전통적 사회 불평등은 자가 취득 여부에 체계적인 영향을 미쳤는가? 둘째, 만약 그런 영향이 존재한다면, 자가 취득 여부는 가구주의 인적자원이나 가구소득에 의해서만 배타적으로 영향을 받았는가, 아니면 제2절에 서술한 남유럽의 경우처럼 가족자원의 격차에 따른 불평등 효과가 함께 작용하고 있는가? 이러한 질문에 답하기 위해 이 연구는 1997년 금융위기 직후인 1999년부터 이후 10여 년 동안 분가가구의 자가 취득에 영향을 미친 주요 변수를 분석한다.

이에 관련된 몇 개의 주목할 만한 선행연구가 존재한다. 마강래와 강은택 (2011)은 한국노동패널자료를 이용해 결혼 후 최초 주택 구입에 소요된 시간에 영향을 미치는 사회경제적 변수를 분석했다. 이 연구에서는 사무직·정규직, 고소득일수록 주택 구입 소요 시간이 짧으며, 또한 조사 대상자가 주관적으로 응답한 부모의 경제력 역시 영향을 미치는 것으로 나타났다. 최열과 이고은(2013) 역시 한국노동패널자료를 이용해 1998~2008년 시기에 생애 최초 자가 주택 구입 연령에 영향을 미치는 사회경제적 변수를 분석했다. 이 연구는 고학력, 전문·관리·사무직, 월 200만 원 이상에서 300만 원 미만 소득계층의 주택 구입 연령이 가장 낮으며, 2000년 이후에 주택을 구매한 사람들의 구입 연령이 오히려 더 낮다는 결과를 얻었다. 이채성(2007)도 한국노동패널자료(1~6차 연도)를 자료로 혼인 상태에 따른 주택점유형태의 차이를 분석해 결혼 지속 가구가 자가와 전세를 두드러지게 선호하는 데 반해, 비혼·이혼·별거 가구는 자가, 전세, 월세 비율이 비교적 균등하게 분포해 있음을 발견했다.[5] 그러나 이 선행연구들은 부모의 경제력을 주관적 응답

---

5) 특정 도시 거주자를 대상으로 한 연구들도 존재한다. 서울시를 대상으로 한 김란우 (2010)의 연구에 따르면, 1985~2005년 시기에 서울시의 자가점유율은 소폭으로 증가

에만 의존해 측정하거나, 다양한 사회경제적 변수들 간의 상호작용을 통제하지 않고 서로 분리해 분석하는 등의 한계를 안고 있다. 이 연구는 그러한 한계를 넘어서는 더욱 정밀한 분석을 시도할 것이다.

2) 자료와 방법

(1) 자료

이 연구의 분석 자료는 한국노동패널(KLIPS)이다. 한국노동연구원은 1998년(제1차 연도 조사)부터 매년 도시 지역에 거주하는 한국의 5,000가구와 그 가구에 거주하는 모든 가구원을 대상으로 노동패널자료를 수집했다. 특히 노동패널은 1차 연도 자료에 포함된 원가구의 가구원 중 이후 조사시점에서 분가한 가구원이 있을 경우에도 추적 조사를 실시했기 때문에 분가가구의 자가 취득을 조사하는 데 매우 유용한 자료라고 할 수 있다. 이에 따라 이 연구에서는 1998년 1차 연도 조사 시 포함된 5,000개의 가구에 속한 가구원이었으나 2차년(1999년) 이후로 가구원의 분가로 인해 신규가구로 포함된 가구만을 분석대상으로 했다. 즉, 분석대상으로 2차년(1999년)에서 11차년(2008년)까지의 분가가구로 새롭게 노동패널조사에 진입한 가구만을 포함한다.

이 연구의 연구 주제가 분가가구의 첫 자가 취득이므로 분석단위는 가구

했으나 이는 인구구조의 고령화에 의한 것으로, 가구주의 연령별로 보면 20~30대 연령층의 자가소유율은 감소하는 추세인 데 반해 40대 이상, 특히 50~60대 연령층의 자가소유율이 증가한 것으로 나타났다. 한편 부산시 성인을 대상으로 생애주기에 따른 주거이동 경로를 분석한 최열 · 김영민 · 조승호(2010)의 연구에 따르면, 특히 생애 최초 주택 구입에서 부모의 경제적 도움이 중요한 역할을 하며, 이후 주거이동 과정에서 은행융자의 비중이 급격히 커지는 것으로 나타났다.

로 한다. 단, 가구구성원의 인적자원 및 직종 유형 등의 효과를 살펴보기 위해 노동패널의 개인별 자료에서 가구주 정보를 분가가구 자료와 통합했다.[6] 또한 이 연구의 분석에는 분가가구의 가구별 소득정보뿐 아니라 출신가구(원가구)의 가구별 소득정보도 추출해 분석에 포함했다. 이는 출신가구의 경제적 위치가 분가가구의 첫 자가 취득에 유의미한 영향을 미치는지 분석하기 위함이다. 그러므로 이 연구의 분석 자료는 총 세 가지 유형의 자료인, 분가가구의 가구주 정보 추출을 위한 개인단위 자료, 분가가구의 가구단위 자료, 출신가구의 가구단위 자료를 통합해 구성된 것이다.

(2) 변수

이 연구의 종속변수는 1999년 이후에 분가한 가구의 첫 자가 취득을 구분하는 이항변수이다. 분가한 시점으로부터 거주형태가 전세, 월세 등의 비자가일 경우에는 0값을 주고, 분가 시점 이후 최초로 자가 취득에 성공한 경우에는 1값을 주었다. 사건사 분석을 시행하기 위해서 분가가 발생한 후 첫 자가 취득에 성공한 이후는 결측치로 처리해 표본에서 탈락하게 되며, 분가가 발생하기 전 시점에서 각 분가가구 역시 표본에 포함되지 않는다.

이 연구의 분석에 활용된 독립변수는 크게 가구주의 인적자원, 분가가구의 소득, 출신가구(원가구)의 소득이라는 세 가지 유형으로 나뉜다. 여기서 가구주의 인적자원은 가구주의 연령, 교육수준과 종사상 지위를 포함하는 개인 단위의 변수이다. 연령은 연속변수이며 교육수준은 고졸 미만, 고졸, 2년제 대학 이상으로 구분해 각각을 이분변수로 조작했다. 분석 모형에는 고졸 미만을 준거집단으로 설정해 교육수준의 효과를 분석했다. 또한 가구주

---

6) 가구주가 설문에 참여하지 않은 경우는 무응답으로 인한 표본 탈락을 최소화하기 위해 가구주의 배우자 정보로 대체했다.

의 종사상 지위를 상용직, 일용직 혹은 임시직, 자영업, 비취업이라는 네 가지 유형으로 구분해 각각을 이분변수로 조작했으며, 분석 모형에는 상용직을 준거집단으로 설정해 분석했다. 분석대상 가구는 결혼으로 인한 분가뿐 아니라 경제적 독립 등 그 외의 이유로 인한 분가도 포함하므로 가구주의 결혼 상태를 통제했다. 결혼 상태는 미혼을 준거집단으로 설정하고 기혼과 이혼, 별거 등의 기타집단을 비교했다.

분가가구와 출신가구의 소득은 조사 시점에서 물어본 작년 한 해의 가구소득을 묻는 문항으로 측정했으며 근로소득, 금융소득, 부동산소득으로 나뉜다. 먼저, 근로소득은 가구의 연간 총 근로소득을 의미하며 근로소득이 없는 경우에는 0값을 주었다. 본 분석에서 측정된 금융소득은 은행 등 금융기관의 이자 및 투자소득, 사채 등 비금융기관의 이자소득, 주식 및 채권의 매매차익, 배당금, 기타를 모두 합한 값이다. 주식 및 채권의 경우 실제로 매매를 하지 않은 경우에는 포함되지 않는다. 마지막으로 부동산소득은 월세 등의 보증금을 제외한 임대료, 부동산 매매차익, 토지를 도지 준 것, 권리금 및 기타를 모두 합한 값이다. 여기서 부동산소득에 부동산을 임대해주고 받은 전세금은 포함되지 않는다.[7]

이 연구의 분석 자료가 1999년부터 2008년까지의 시기를 포함하는 종단 자료이기 때문에 세 가지 유형의 가구소득 변수 모두 물가상승분을 고려해 표준화했다. 한국은행이 제공하는 물가지수 자료를 이용하고 2005년 기준으로 표준화해 소득 변수의 효과에 물가상승에 따른 오류가 발생하지 않도록 했다. 분석 모형에 포함된 소득 변수의 단위는 100만 원이다. 또한 이 연구의 분석에는 가구주의 연령이 25세에서 54세 사이인 경우만으로 한정했다.

---

7) 분가가구와 출신가구의 월평균 저축액도 가구의 소득 및 생활수준을 대표하는 변수로 이용될 수 있으나 통계적인 효과가 없어 최종적으로 분석에서 제외했다.

(3) 방법

분석 방법은 다층모형 비연속(이산·시간) 사건사(multilevel discrete time event history) 분석이다. 사건사 분석 방법을 활용하기 위해 2차년에서 11차 연도의 분가가구 데이터를 가구-매해 자료로 변환, 결합했다. 앞에서 언급한 바와 같이 첫 자가 취득에 성공한 후에는 위험 집합(risk set)에서 벗어나기 때문에 분석에서 제외했다.

사실상 자가 취득은 거주지의 영향을 크게 받는다. 이에 거주지를 고려하지 않은 상태에서 가구주의 인적자원 및 분가/출신가구의 소득수준 정보만으로 자가 취득에 미치는 요인을 정확히 분석해내는 데는 한계가 있을 수밖에 없다. 기존 연구에서는 거주지를 16개 시도로 구분하는 이분변수로 측정해 독립변수로서 포함한 경우도 찾아볼 수 있으나, 이러한 방법은 거주지 정보를 개개의 분석단위별 정보로 인식해 분석한다는 한계가 있다. 이러한 경우 표준오차가 감소해 제1형 오류(Type 1 error)가 발생할 가능성이 높다. 이에 이 연구에서는 207개(최종 모형 기준)의 거주지를 구분하는 다층모형을 이용했다.

이 연구의 분석 단계는 크게 두 부분으로 나뉘는데, 첫 번째는 먼저 모든 분가가구를 포함해 위계적인 방법으로 사건사 분석을 실시하는 것이다. 모형 1에서는 교육수준, 직업 지위 등 분가가구주의 특성만을 포함해 분가가구주의 인적자원이 첫 자가 취득에 미치는 영향을 분석했으며, 모형 2에서는 분가가구의 소득정보의 효과를 분석했다. 마지막으로 모형 3에서는 분가가구주와 분가가구의 특성을 통제한 상태에서 출신가구의 소득수준의 효과를 검증했다. 두 번째로는 가구주의 연령에 따라 두 집단으로 나누어 연령대별 하위집단 분석(subsample analyses)을 실시했다. 가구주의 연령이 25~34세인 집단과 35~44세인 집단으로 나누어 각 집단에 독립변수의 영향이 다르게 작용하는지를 검증하기 위한 방법이다.

4. 분석 결과

1) 분석대상의 일반적 특성

〈표 3-1〉은 이 연구에 포함된 분석대상의 특성과 분가 성공가구와 실패가구 간의 차이를 요약한 표이다. 〈표 3-1〉에 제시되어 있는 바와 같이 노동패널 2차년부터 11차 연도까지의 기간 동안 분가가구의 자가 취득 여부를 분석하기 위해 포함된 분석대상은 무응답이 없는 변수를 기준으로 총 4,940이다. 전체 표본을 대상으로 한 통계치를 살펴보면, 분가가구주의 교육수준은 약 60%가 2년제 대학 이상이며 상용직이 약 66%를 차지했다.[8] 2005년 물가지수로 표준화된 수치인 분가가구주의 평균 근로소득은 약 23.56(2,356만 원)이었으며, 출신가구의 근로소득은 약 20.1(2,010만 원)로 출신가구의 근로소득에 비해 분가가구의 근로소득이 좀 더 높음을 알 수 있다. 반면 금융소득과 부동산소득의 경우는 출신가구가 분가가구에 비해 더 높다는 것을 보여준다.

또한 자가 취득에 성공한 사례와 미취득 상태로 남아 있는 경우를 t검정 방법을 이용해 비교했다. 가구주 정보를 비교한 결과에 따르면, 자가 취득의 경우가 미취득의 경우에 비해 통계적으로 유의한 수준에서 고졸이 적고 2년제 대학 이상의 학력을 가진 경우가 많았다. 연령의 경우는 자가 취득에 성공한 가구의 가구주 평균 연령이 약간 더 높았으나 통계적 차이는 없었다. 직업 지위의 차이는 상용직, 자영업, 비취업의 경우 통계적으로 유의한 차이가 나타나지 않았으나 임시, 일용직의 경우는 자가 미취득의 경우가 더 높게

---

8) 이러한 통계치는 분가가구주에 한한 통계치이므로 한국인의 평균 교육수준이나 직업 지위를 대표성 있게 반영하는 것은 아니라는 점에 유의할 필요가 있다.

〈표 3-1〉 분석대상의 일반적 특성(분가가구주 연령 25~54세)

		전체			자가 취득			자가 미취득			t 검정결과
		표본	평균	표준편차	표본수	평균	표준편차	표본수	평균	표준편차	
분가가구주 정보											
교육수준	고졸 미만	4,938	0.051		701	0.034		4,237	0.053		*
	고등학교	4,938	0.344		701	0.305		4,237	0.350		*
	2년제 대학 이상	4,938	0.606		701	0.660		4,237	0.597		**
	연령	4,943	32.568	5.088	701	32.663	4.861	4,242	32.552	5.125	
직업지위	상용직	4,940	0.659		700	0.681		4,240	0.655		
	임시/일용직	4,940	0.077		700	0.051		4,240	0.081		**
	자영업자	4,940	0.131		700	0.129		4,240	0.131		
	비취업	4,940	0.134		700	0.139		4,240	0.133		
결혼상태	기혼	4,942	0.695		701	0.835		4,241	0.672		***
	미혼	4,942	0.227		701	0.114		4,241	0.245		***
	기타	4,942	0.079		701	0.051		4,241	0.083		**
분가가구 정보											
근로소득		4,943	23.555	17.148	701	27.373	20.029	4,242	22.924	16.542	***
금융소득		4,876	0.172	2.055	688	0.180	2.273	4,188	0.171	2.017	
부동산소득		4,875	0.119	3.560	687	0.444	8.570	4,188	0.065	1.643	**
출신가구(원가구) 정보											
근로소득		4,649	20.095	21.200	654	22.100	20.984	3,995	19.767	21.220	**
금융소득		4,606	0.480	2.975	651	0.388	2.276	3,955	0.495	3.075	
부동산소득		4,576	2.315	17.596	646	4.230	27.814	3,930	2.000	15.258	**

주: 1) 이분변수의 경우 표준편차를 제시하지 않았으며 평균은 비율을 의미한다.
　　2) 소득 변수의 단위는 100만 원이다.
　　3) 자가 취득자에 대한 통계는 자가 취득에 성공한 시점에서의 수치이다.
　　+p<.1, *p<.05, **p<.01, ***p<.001

나타났다. 결혼 상태는 자가 취득에 성공한 가구가 기혼인 경우가 더 많았으며, 미취득 가구는 미혼이 많았다.

분가가구와 출신가구의 소득정보를 비교한 결과, 자가 취득 가구가 미취득 가구에 비해 일관되게 소득수준이 높은 것을 알 수 있었다. 자가 취득 가구가 미취득에 비해 분가가구의 근로소득과 부동산소득이 모두 높게 나타났으며, 이러한 차이는 출신가구 수준의 근로소득과 부동산소득을 비교한 결과에서도 일관되게 나타난다. 반면 금융소득의 경우는 분가가구와 출신가구 수준에서 모두 통계적으로 유의한 차이가 발견되지 않았다.

2) 분가가구의 첫 자가 취득

〈표 3-2〉는 분가가구의 첫 자가 취득에 영향을 미치는 요인을 검증한 다수준 이산형 사건사 분석 결과이다. 분석 모형 1은 가구주의 연령, 교육수준과 종사상 지위와 결혼 상태의 효과를 분석했으며, 분석 모형 2와 3은 위계적 방식으로 각각 분가가구의 소득과 출신가구의 소득을 통제했다. 먼저 분석 모형 1의 결과를 살펴보면, 가구주의 교육수준과 연령이 유의수준 10%에서, 종사상 지위와 결혼 상태가 5% 수준 이상으로 자가 취득에 통계적으로 유의미한 영향을 미친다는 사실을 알 수 있다. 가구주가 2년제 대학 이상의 학력을 가진 경우 고졸 미만의 학력을 가진 경우에 비해 모두 자가 취득에 성공할 확률이 높았다. 또한 연령이 상승할수록 자가 취득에 성공할 확률이 높아지는 것을 알 수 있다. 종사상 지위는 가구주가 임시직 혹은 일용직일 경우 상용직에 비해 통계적으로 유의미한 수준에서 자가 취득의 확률이 낮아지는 것으로 나타났다. 그러나 상용직은 자영업과 비취업의 경우와는 통계적으로 차이가 없었다. 결혼 상태의 경우 미혼에 비해 기혼이 자가 취득에 성공하는 확률이 높아졌다. 이는 결혼을 통해 새로운 가족을 꾸렸을 경우 미

〈표 3-2〉 분가가구의 자가 취득에 대한 다수준 이산형 사건사 분석(Odds ratios)

		모형 1	모형 2	모형 3
가구주 정보				
교육수준 (고졸 미만 = 준거집단)	고등학교	1.373	1.295	1.279
	2년제 대학 이상	1.605+	1.408	1.387
연령		1.019+	1.013	1.015
직업 지위 (상용직 = 준거집단)	임시/일용직	0.664*	0.722	0.735
	자영업	0.940	0.915	0.918
	비취업	1.065	1.160	1.172
결혼 상태 (미혼 = 준거집단)	기혼	2.628***	2.365***	2.343***
	기타	1.446	1.505	1.503
분가가구 정보				
근로소득			1.012***	1.012***
금융소득			0.935	0.935
부동산소득			1.019	1.017
출신가구 정보				
근로소득				1.004+
금융소득				0.980
부동산소득				1.005*
연도	2000년	0.625	0.604	0.608
	2001년	0.564+	0.546+	0.544+
	2002년	0.529+	0.469*	0.456*
	2003년	0.867	0.805	0.786
	2004년	0.809	0.759	0.729
	2005년	0.590+	0.546+	0.523*
	2006년	0.809	0.750	0.729
	2007년	0.661	0.601	0.578+
	2008년	0.551+	0.489*	0.473*
상수항		0.042***	0.048***	0.044***

sigma_u	0.384*	0.379*	0.381*
rho(Intra-class correlation)		0.042	0.042
표본수	4,499	4,499	4,499
Wald chi2	89.18***	112.2***	120.46***

주: +p<.1, *p<.05, **p<.01, ***p<.001

혼에 비해 자가 취득이 더 중요한 생애과정 과업이 되고 이를 위해 자원을 동원할 가능성이 있음을 함의한다.

분석 모형 2의 결과는 가구주 변수와 분가가구의 소득정보의 효과를 함께 보여준다. 분석 모형 1의 결과와 비교했을 때 분가가구의 소득을 통제한 후 교육수준과 종사상 지위의 효과가 사라졌음을 알 수 있다. 이는 분가가구의 소득수준이 가구주의 교육수준 및 종사상 지위와 자가 취득 간에 매개 효과를 가질 수 있음을 함의한다. 분가가구의 소득 중 근로소득만이 통계적으로 유의한 효과를 가졌는데, 지난 한 해의 근로소득이 증가할수록 자가 취득의 확률이 증가하는 것으로 나타났다.

분석 모형 3의 결과는 출신가구의 근로소득과 부동산소득이 통계적으로 유의한 수준에서 분가가구의 첫 자가 취득에 긍정적인 영향을 미친다는 사실을 보여준다. 출신가구의 근로소득과 부동산소득이 증가할수록 분가가구의 첫 자가 취득의 확률이 증가하는 것이다. 이러한 결과는 한국에서 자가 취득에 영향을 미치는 중요한 요인으로 출신가구의 자산, 소득수준을 고려해야 한다는 점을 함의한다. 전통적인 가족주의의 영향하에 자가 취득의 기회가 가족자원의 수준에 따라 다르게 결정되는 것으로 보인다.

3) 가구주의 연령대별 하위집단 비교 분석

〈표 3-3〉은 가구주의 나이를 기준으로 두 집단으로 나누어 비교 분석한 결과이다. 〈표 3-2〉의 최종 모형인 모형 3을 기준으로 연령집단을 나누어 분석했다. 25~34세와 35~44세로 나누어 분석한 결과, 분가가구의 자가 취득에 미치는 가구주의 인적자본 및 출신가구의 영향은 연령집단별로 다르게 나타났다.[9]

먼저, 가구주의 연령이 25~34세인 분가가구에 대한 결과를 살펴보면, 가구주의 교육수준과 직업 지위는 자가 취득에 큰 영향을 미치지 못하는 것을 알 수 있다. 가구주에 대한 정보 중 결혼 상태만이 통계적으로 유의한 수준에서 분가가구의 자가 취득에 영향을 미쳤다. 가구주가 기혼일 경우 미혼에 비해 자가 취득 확률이 높아진다. 또한 분가가구와 출신가구의 소득수준 변수를 살펴보면, 분가가구의 근로소득이 통계적으로 유의한 수준에서 자가 취득에 영향을 미쳤다.

반면 가구주 연령이 35~44세인 분가가구의 경우는 분가가구의 근로소득 뿐 아니라 가구주의 교육수준, 결혼 상태와 출신가구의 소득수준이 유의한 영향을 미치는 것으로 나타났다. 가구주가 2년제 대학 이상의 학력을 가진 경우는 고졸 미만인 경우에 비해서 통계적으로 유의한 수준에서 자가 취득의 확률을 높였으며, 고졸인 경우는 10% 수준에서 고졸 미만에 비해 자가 취득의 확률을 높였다. 가구주가 기혼 상태일 때 미혼에 비해 첫 자가 취득에 성공할 확률이 높았다. 출신가구의 소득 중 출신가구의 근로소득이 유의

---

9) 전체 분석대상자는 25~54세였으나 연령집단별 비교 분석에서는 45~54세에 해당하는 집단을 제외했다. 이는 전체 분석대상에서 45~54세에 해당하는 집단의 크기가 작아서 유의미한 결과를 도출해내기가 어렵다는 판단에 근거한다.

		25~34세	35~44세
가구주 정보			
교육수준 (고졸 미만 = 준거집단)	고등학교	1.194	2.578+
	2년제 대학 이상	1.244	3.049*
연령		1.024	1.059
직업 지위 (상용직 = 준거집단)	임시/일용직	0.859	0.744
	자영업	0.892	1.111
	비취업	1.104	1.222
결혼 상태 (미혼 = 준거집단)	기혼	2.465***	2.443*
	기타	1.187	2.273+
분가가구 정보			
근로소득		1.010**	1.019***
금융소득		0.962	0.623
부동산소득		1.020	0.992
출신가구 정보			
근로소득		1.002	1.010*
금융소득		0.992	0.932
부동산소득		1.003	1.011
연도	2000년	0.942	0.123*
	2001년	0.755	0.178*
	2002년	0.696	0.095**
	2003년	1.288	0.101**
	2004년	1.094	0.181*
	2005년	0.967	0.072***
	2006년	1.192	0.126**
	2007년	0.992	0.097***
	2008년	0.822	0.086***
상수항		0.024***	0.012*

sigma_u	0.389*	0.644*
rho(Intra-class correlation)	0.044	0.112
표본수	3,273	1,086
Wald chi2	81.81***	53.77***

주: +p〈.1, *p〈.05, **p〈.01, ***p〈.001

한 영향을 미쳤는데, 출신가구의 근로소득이 증가할수록 자가 취득의 확률을 높이는 것으로 나타났다. 분가가구의 근로소득도 증가할수록 자가 취득의 확률이 높아졌는데, 이는 25~34세 연령집단에 대한 분석 결과와 유사하다.

위와 같은 분석 결과는 무엇을 의미하는가? 두 가지 가능성을 고려할 수 있다. 우선 이른 연령대에 자가를 취득한 가구보다 자가 취득 연령이 늦은 가구가 평균적으로 소득수준이 더 낮아서 출신가구의 경제적 도움이 필요했을 것이라는 추정이 가능하다. 예를 들어 독일의 경우 자가 보유율 자체가 낮고 부의 세대 간 이전에 의한 주택 구매가 드물지만, 블루칼라 또는 중·하위 화이트칼라 계층의 경우 부모·친지들의 경제적 지원이나 돌봄노동에 의존해 자가를 구매하는 경향이 고소득층에 비해 더 강한 것으로 나타난다 (Kurz, 2004). 다른 하나의 가능성은 더욱 높은 연령대에 자가를 취득한 가구가 더 일찍 주택을 구매한 가구에 비해 소득수준이 더 낮지 않거나 혹은 더 높음에도 출신가구의 경제적 지원에 힘입어 주택을 구매했다는 것이다. 만약 이런 경우라면, 학령기 자녀를 가진 35~44세 가구들은 출신가구의 지원 하에 25~34세 연령대에 비해 높은 평형, 더 고가의 주택을 구매했으리라는 추정이 좀 더 설득력을 가질 것이다.

한국의 경우 이 두 가지 가능성 가운데 후자의 사례에 가까운 것으로 보인다. 즉, 35~44세에 첫 자가 취득을 한 가구가 소득수준이 젊은 연령층보다 더 높음에도 출신가구의 지원에 더 크게 의존한 것으로 나타난다. 자가 취득에 성공한 가구만을 대상으로 연령집단별 특성을 비교하는 추가적 분석을 실시한 결과, 두 연령집단 간에 가구주의 교육수준에는 통계적으로 유의한 차이가 발견되지 않았다. 반면 유의한 차이가 발견된 것은 분가가구주의 근로소득 수준으로, 35~44세 가구의 근로소득 수준이 25~34세 가구의 근로소득에 비해 유의하게 높았다. 35~44세 연령대 가구가 학령기 자녀 등으로 인해 더 젊은 연령층보다 주택 구매의 소요 비용이 좀 더 클 것을 감안했을 때, 자가 취득의 비용이 커질수록 해당 가구의 소득뿐 아니라 출신가구의 소득이 더 큰 변수로 작용한다는 설명을 조심스럽게 시도해볼 수 있다. 만약 이 설명이 타당하다면, 한국 사회에서 부의 세대 간 이전은 주거의 생애경로에서 소득 불평등의 영향을 상쇄하는 역할보다 심화시키는 역할을 하고 있음을 의미할 것이다.

5. 결론

이 연구는 한국인의 첫 자가 취득에 미치는 요인을 가구주의 인적자원, 분가가구 단위의 소득, 출신가구 단위의 소득으로 구분해 그 영향을 분석했다. 분석 결과는 자가 취득에 가구주의 인적자원 혹은 분가가구의 소득수준이 영향을 미칠 뿐만 아니라, 출신가구의 소득수준이 중요한 요인으로 작용한다는 것을 보여주었다. 특히 이 변수들을 함께 고려했을 때, 분가가구의 근로소득과 출신가구의 근로소득 및 부동산소득이 자가 취득 성공 여부에 결정적 영향을 미치는 것으로 확인되었다.

분석 결과를 좀 더 세부적으로 요약하자면, 전체 표본을 대상으로 분석을 실시한 결과 가구주의 교육수준과 직업 지위로 측정한 인적자원의 효과가 유의하게 나타났으나, 이러한 효과는 분가가구 수준의 소득과 출신가구의 소득수준을 통제한 후에는 그 통계적 유의도가 사라졌다. 가구주의 인적자원에 비해 오히려 분가가구 수준의 근로소득과 출신가구의 근로소득과 부동산소득이 더 강한 영향을 미치는 것으로 나타났다.

한편 가구주의 연령을 기준으로 두 집단으로 나누어 하위집단 비교 분석을 실시한 결과, 출신가구의 소득 변수는 늦은 연령대에 자가를 취득하는 가구일수록 출신가구의 소득 변수가 강하게 작용하는 것으로 나타났다. 가구주의 연령이 25~34세인 경우 가구주의 연령과 분가가구의 근로소득만이 강하게 영향을 미친 데 반해, 가구주의 연령이 35~44세인 경우에는 분가가구의 근로소득뿐 아니라 가구주의 교육수준과 출신가구의 근로소득 수준이 유의한 영향을 미쳤다. 35~44세에 자가 취득을 한 가구가 25~34세에 집을 구매한 가구보다 출신가구의 소득수준에 더 크게 영향을 받는다는 것인데, 이는 제4절 제3항에서 서술한 바와 같이 주택 구매의 소요 비용이 더 커질수록 부의 세대 간 이전이 더욱 중요하게 작용한다는 것을 의미하는 것으로 생각된다.

이상과 같은 연구 결과는 사회적 정의라는 관점에서 한국의 주거복지정책과 부동산정책이 주택 불평등을 완화시키기 위한 공적 개입을 더욱 적극적으로 펼쳐야 하는 두 가지 분명한 이유가 있음을 보여준다. 첫째, 가구주와 분가가구의 인적·경제적 변수를 놓고 봤을 때, 특히 분가가구의 근로소득이 자가 취득의 성공 여부에 큰 영향을 미치고 있다. 이는 소득 불평등이 주거 불평등으로 이어지며, 그것이 다시 가계의 자산과 신용, 노후 준비 등 여러 측면에서 누적 불평등을 심화시키고 있음을 암시한다. 소득 불평등-주택 불평등 간에 이러한 연관관계가 있기 때문에 단지 부동산 경기 진작과 대출 조건 완화를 통해 주택 매매를 활성화하려는 정책들은 주택 구매를 위한 소득 기반을 두고 있는 계층과 그렇지 못한 계층 간의 격차를 더욱 벌여놓을 수 있다. 둘째, 이 연구는 분가가구의 자가 취득에 출신가구의 근로소득과 부동산소득이 큰 영향을 미친다는 것을 발견했다. 이는 한국 사회에서 세대 간 부의 이전이 주택 불평등의 중요한 기제로 작용하고 있음을 경험적으로 확인한 것이며, 개인들의 경제적 성취와 전혀 무관한 귀속적 요인에 의해 생애과정의 불평등이 심화되고 있음을 뜻한다. 이 연구가 발견한 주택 불평등의 두 가지 요인, 즉 '소득 불평등의 파생효과'와 '부의 세대 간 이전'은 주택 불평등이 개인화된 성과주의의 논리로 설명될 수 없는 부정의(injustice)의 요소를 강하게 내포하고 있음을 말해준다.

마지막으로 후속 연구에서 고려해야 할 이 연구의 한계점들을 논의할 필요가 있다. 먼저 이 연구는 출신가구의 소득과 분가가구의 자가 취득 성공 사이에 통계적 연관성은 확인할 수 있었으나, 그 인과적 기제가 출신가구의 직접적인 경제적 지원에 의한 것인지, 아니면 더 간접적인 영향관계를 포함하는 것인지는 이 연구만으로 명백히 규명할 수 없었다. 노동패널자료에는 부모로부터 경제적인 도움을 받았는가에 대한 문항이 있으나 4차 연도부터 조사되어 본 분석에 포함할 수 없었으며, 특히 경제적 도움의 사유를 묻는 문항에는 무응답이 비율이 높았다. 따라서 앞으로 세대 간에 부의 이전이 이뤄지는 복합적인 기제에 대한 심화된 조사가 필요하다. 또한 이 연구는 분가가구의 첫 자가 취득 성공 여부에만 초점을 맞추었는데, 후속 연구에서는 거주주택의 형태, 규모, 자산 가치 등을 고려하는 더욱더 세밀한 분석이 필요할 것이다.

끝으로 다층모형 분석을 사용해 거주 지역 간의 차이를 고려했다는 것은 이 연구가 갖는 장점이지만, 지역별 변수를 측정해 분석에 포함하지 못했다는 한계가 남아 있다. 이 연구의 분석 결과를 살펴보면, 지역 간 차이를 나타내는 sigma_u값이 모두 통계적으로 유의한 것을 알 수 있다. 이는 지역에 따라 자가 취득 확률이 달라질 수 있음을 나타내지만 이 연구에서는 구체적으로 어떠한 지역 특성이 영향을 미치는지는 분석하지 못했다. 자가 취득은 거주 지역의 주택 시세 및 경제상황에 큰 영향을 받는 것이므로 지역별 변수의 효과를 검증해볼 필요가 있으나 자료의 한계로 시행하지 못했음을 밝힌다.

여러 한계에도 이 글은 2000년대 한국 사회에서 분가가구의 자가 취득 기회가 분가가구 단위의 소득수준과 더불어 출신가구의 소득·자산수준과 연관된다는 점을 밝힘으로써 한국 사회의 주거 불평등이 한편으로 소득 불평등의 연장선상에서, 다른 한편으로는 부의 세대 간 이전에 의해 유발되고 있음을 보여주었다는 점에서 그 의의가 있다.

참고문헌

강민규·최막중·김준형. 2009. 「주택의 자산효과에 의한 가계소비 변화: 자가가구 미시자료를 이용한 실증분석」. ≪국토계획≫, 제44권 5호, 163~173쪽.
김란우. 2010. 「자가거주율 분석을 통한 주거안정성 변화 연구. 1985~2005년 서울시 사례를 중심으로」. ≪서울도시연구≫, 제11권 1호, 43~59쪽.
김준형·최막중. 2010. 「소득계층별 자가소유의 자산증대 효과」. ≪주택연구≫, 제18권 1호, 5~26쪽.
남상호. 2009. 『저소득층의 자산 실태 분석』. 서울: 한국보건사회연구원.
마강래·강은택. 2011. 「최초 주택구입 기간에 영향을 미치는 요인에 관한 연구: 생존분석을 중심으로」. ≪대한국토계획학회지≫, 제46권 1호, 51~63쪽.
신진욱. 2011. 「국제비교 관점에서 본 한국 주거자본주의 체제의 특성」. ≪동향과 전망≫, 제81호, 112~155쪽.
이상영. 2012. 「지속가능한 민간임대 주택시장에 대한 대안적 검토」. ≪동향과 전망≫, 제86호, 321~353쪽.
이채성. 2007. 「가구주 특성에 따른 주택점유형태 차이」. ≪대한건축학회논문집≫, 제23권 2호, 119~127쪽.
진미윤. 2011. 「국제 비교적 관점에서 임대주택 시스템 변화와 향후 정책 방향」. ≪국토연구≫, 제71권, 87~113쪽.
최열·김영민·조승호. 2010. 「생애주기에 따른 주거이동 특성 분석」. ≪대한토목학회논문집≫, 제30권 3호, 313~321쪽.

최열·이고은. 2013. 「사회경제적 특성에 따른 생애최초 자가주택 구입연령 분석」. ≪대한 국토계획학회지≫, 제48권 2호, 107~120쪽.

Antón, Fernando, Antonio Barroso, Eva Lidón, Elisa Rodriguez, and Óliver Soto. 2007. *Vivienda y opinión pública en España.* Madrid: Centro de Investigaciones Sociológicas.

Blossfeld, Hans-Peter. 1986. "Career Opportunities in the Federal Republic of Germany: A Dynamic Approach to the Study of Life-Course, Cohort, and Period Effects." *European Sociological Review*, 2(3), pp. 208~225.

Clausen, John A. 1993. *American Lives: Looking Back at the Children of the Great Depression.* New York: Free Press.

Doling, John and Richard Ronald. 2010. "Home Ownership and Asset-based Welfare." *Journal of Housing and Built Environment*, 25, pp. 165~173.

Elder, Jr., Glen H. 1994. "Time, Human Agency, and Social Change: Perspectives on the Life Course." *Social Psychology Quarterly*, 57(1), pp. 4~15.

_____. 2009. "Perspectives on the Life Course." in Walter R. Heinz, Johannes Huinink and Ansgar Weymann(eds.). *The Life Course Reader: Individuals and Societies across Time.* Frankfurt/M. and New York: Campus, pp. 91~110.

Elder, Jr., Glen H. and Janet Z. Giele. 2009. "Life Course Studies: An Evolving Field." in Glen H. Elder, Jr. and Janet Z. Giele(eds.). *The Craft of Life Course Research.* New York and London: The Guilford Press, pp. 1~24.

Elder, Jr., Glen H., Monica Kirkpatrick Johnson and Robert Crosnoe. 2004. "The Emergence and Development of Life Course Theory." in J. T. Mortimer and M. J. Shanahan(eds.). *Handbook of the Life Course.* New York: Spring, pp. 3~19.

Elder, Jr., Glen H. and Angela M. O'Rand. 2009. "Adult Lives in a Changing Society." in Walter R. Heinz, Johannes Huinink, and Ansgar Weymann(eds.). *The Life Course Reader: Individuals and Societies across Time.* Frankfurt/M. and New York: Campus, pp. 430~455.

Ermisch, John and Brendan Halpin. 2004. "Home Ownership and Social Inequality in Britain." in Karin Kurz and Hans-Peter Blossfeld(eds.). *Home Ownership and Social Inequality in Comparative Perspective.* Stanford: Stanford University Press, pp. 255~280.

Forrest, Ray. 2008. "Globalization and the Housing Asset Rich: Geographies, Demographies and Social Convoys." *Global Social Policy*, 8(2), pp. 167~187.

George, Linda K. 1993. "Sociological Perspectives on Life Transitions." *Annual Review of Sociology*, 19, pp. 353~373.

Guillemard, Anne-Marie and Martin Rein, 1993. "Comparative Patterns of Retirement: Recent Trends in Developed Societies." *Annual Review of Sociology*, 19. pp. 469~503.

Heinz, Walter R. 2009. "Status Passages as Micro-Macro Linkages in Life Course Research." in W. R. Heinz, J. Huinink and A. Weymann(eds.). *The Life Course Reader: Individuals and Societies across Time*, pp. 473~486.

Hitlin, Steven and Glen H. Elder, Jr. 2007. "Time, Self, and the Curiously Abstract Concept of Agency." *Sociological Theory*, 25(2), pp. 170~191.

Kemeny, Jim, Jan Kersloot and Philippe Thalmann. 2005. "Non-profit Housing Influencing, Leading and Dominating the Unitary Rental Market: Three Case Studies." *Housing Studies,* 20(6), pp. 855~872.

King, Rosalind Berkowitz. 2005. "Globalization and the Transition to Adulthood in an Individualistic Regime: The Case of American Women." in Hans-Peter Blossfeld, Erik Klijzing, Melinda Mills, and Karin Kurz(eds.). *Globalization, Uncertainty and Youth in Society.* London and New York: Routeledge, pp. 305~325.

Kurz, Karin. 2004. "Home Ownership and Social Inequality in West Germany." in K. Kurz and H.-P. Blossfeld(eds.). *Home Ownership and Social Inequality in Comparative Perspective.* Stanford: Stanford University Press, pp. 21~60.

Kurz, Karin, Nikolei Steinhage and Katrin Golsch. 2005. "Case Study Germany. Global Competition, Uncertainty and the Transition to Adulthood." in H.-P. Blossfeld, E. Klijzing, M. Mills, and K. Kurz(eds.). *Globalization, Uncertainty and Youth in Society*, pp. 51~81.

Levy, René. 2009. "Toward a Theory of Life Course Institutionalization." in W. R. Heinz, J. Huinink and A. Weymann(eds.). *The Life Course Reader: Individuals and Societies across Time*, pp. 178~199.

Masnick, George S. 2004. "Home Ownership and Social Inequality in the United States." in K. Kurz and H.-P. Blossfeld(eds.). *Home Ownership and Social Inequality in Comparative Perspective.* Stanford: Stanford University Press, pp. 304~337.

Mayer, Karl Ulrich and Urs Schoepflin. 1989. "The State and the Life Course." *Annual Review of Sociology*, 15, pp. 187~209.

Mills, Melinda and Hans-Peter Blossfeld. 2005. "Globalization, Uncertainty and the Early Life Course: A Theoretical Framework." in H.-P. Blossfeld, E. Klijzing, M. Mills, and K. Kurz(eds.). *Globalization, Uncertainty and Youth in Society*, pp. 1~24.

Leal Maldonado, Jesús. 2010. "La formación de las necesidades de vivienda en la España actual." in Jesús Leal Madonado(ed.). *La política de vivienda en España.* Madrid: Editorial Pablo Iglesias, pp. 15~50.

O'Rand, Angela M. 2004. "The Future of the Life Course: Late Modernity and Life Course Risks." in J. T. Mortimer and M. J. Shanahan(eds.). *Handbook of the Life Course*, pp. 693~702.

Pareja Eastaway, Montserrat. 2010. "El régimen de tenencia de la vivienda en España." in J. Leal Madonado(ed.). *La política de vivienda en España*, pp. 101~128.

Schwartz, Herman M. and Leonard Seabrooke(eds.). 2009. *The Politics of Housing Booms and Busts.* New York: Palgrave Macmillan.

Settersten, Jr., Richard A. and Karl Ulrich Mayer. 1997. "The Measurement of Age, Age Structuring, and the Life Course." *Annual Review of Sociology*, 23, pp. 233~261.

Simó Noguera, Carles, Teresa Castro Martín and Asunción Soro Bonmatí. 2005. "The Spanish Case. The Effects of the Globalization Process on Transition to Adulthood." in H.-P. Blossfeld, E. Klijzing, M. Mills, and K. Kurz(eds.). *Globalization, Uncertainty and Youth in Society*, pp. 375~402.

Szypulski, Anja. 2008. *Gemeinsam bauen-gemeinsam wohnen: Wohneigentumsbildung durch Selbsthilfe.* Wiesbaden: VS Verlag für Sozialwissenschaften.

Uhlenberg, Peter and Margaret Mueller. 2004. "Family Context and Individual Well-Being: Patterns and Mechanisms in Life Course Perspective." in J. T. Mortimer and M. J. Shanahan(eds.). *Handbook of the Life Course*, pp. 123~148

4장

과잉노동사회와 고학력 기혼여성의 일-생활 불균형

생애과정 접근으로 본 젠더화된 대응*

우명숙

1. 들어가며

한국의 1990년대 이후는 그 이전 시기와는 또 다른 의미에서의 급격한 정치사회적·경제적 변동의 시기였다. 이 시기는 민주화 이후 정치적 자유가 확대되고, 동시에 금융시장의 자유화와 같은 본격적인 세계화 시대가 시작되는 역사적 전환점이었다. 이러한 한국의 또 다른 격동의 시기에 개인들의 삶은 이 역사적 시간과 어떻게 조우하게 되었는가? 이 글은 1990년대 이후 대학에 다니고, 이후 취업과 결혼을 하고, 아이를 낳은 여성들의 삶이 그 이전 시기의 여성들과 동시대의 남성들과는 어떤 다른 방식으로 역사적 시간과 만나게 되는지에 주목해보고자 한다. 구체적으로 이 연구는 1990년대 이후 고학력화의 본격적 세대인 현재 30·40대 초반 여성들이 직장, 결혼, 출

---

* 이 글은 ≪가족과 문화≫, 제23집 제3호(2011), 127~160쪽에 게재된 논문을 수정·보완한 것이다.

산, 양육 등의 일련의 생애단계에서 세계화에 노출된 노동시장의 장시간 노동을 경험하면서 일과 가족관계의 재조정에 어떻게 '대응'하고 있는지를 생애과정의 관점에서 심층면접을 통해 분석한다. 궁극적으로 이 글은 세계화에 급속히 침윤되어온 한국의 노동세계가 한국의 특정 역사적 시기에 성장한 특정 연령대의 특정 학력 소지자인 여성들의 삶을 어떤 방식으로 구조화하고 있는지, 그 여성들은 이러한 구조화된 힘에 어떻게 대응함과 동시에 사회구조의 모순성을 어떻게 드러내고 있는지를 보여주고자 한다. 이것이 한국의 특정 역사적 시기에 태어나 성장한 전체 여성들의 삶을 모두 조망하는 것은 아니지만, 이들 중 특정 집단을 중심으로 깊숙이 들여다봄으로써 특정 여성집단의 삶을 좀 더 구체적으로 이해하고, 동시에 이를 통해 우리는 한국 사회구조 변동의 단면을 더욱더 정확하게 이해할 수 있을 것이다.

현재 30·40대 초반 여성들이 고학력화의 급속한 성취를 보이며 경제활동을 하고 가족을 형성하게 되는 1990년대 이후 시기는 무엇보다 세계화의 영향력이 한국 사회에 본격적으로 드러나는 시기이다. 세계화는 무엇보다 국가 간, 기업 간, 그리고 개인 간 경쟁을 강화하는 체제로 작동하게 되었으며, 이것은 한국에서 '과잉노동사회'를 지속시키는 맥락이 되었다. 장시간 노동사회가 더욱 불평등한 사회임이 OECD 국가 비교 연구(김유선, 2010)에서 드러나듯이, 노동시장에서의 임금 불평등이 높은 장시간 노동사회에서 개인들은 더 높은 성취의 가능성을 얻었다고 하더라도 성공과 실패에 대한 책임을 더욱더 '개별적으로' 떠안게 됨으로써, 실패로 인한 실제적인 타격과 실패에 대한 두려움은 무척 커졌다.

이렇게 개인들은 더욱더 스스로의 높은 성공과 성취를 갈구하거나 추구하도록 압박을 받게 되었으나 남녀가 동일한 방식으로 이러한 변화에 노출되거나 반응하지는 않는다. 1990년대 이후의 고학력 세대의 여성들은 자신들의 교육자원을 크게 늘렸지만, 이 시기 동안 여성들의 고용률은 1990년의

46.2%에서 2009년의 47.7%로 정체되었다(통계청, 1990, 2009). 여성들은 남성과 동일하게 노동시장에 남아 있지도 못하며, 동시에 개인주의적 가치관이 공고해지면서 과거의 전통적인 성역할을 계속 떠안고 가려 하지 않는다. 그들의 강한 노동자로서의 '노동 정체성'은 이와 공존하는 어머니로서의 '가족 정체성'과 '불편한' 관계에 놓이게 되고, 둘 관계의 재조정은 남성과 다른 '젠더화된' 방식으로 나타난다. 장시간 노동사회에서 기혼여성들은 어떤 선택을 해도 노동자이자 어머니로서의 삶을 동시에 만족시키기 어려운 상황에 처해 있으며, 이러한 상황은 결국 한국 사회구조의 모순성과 그 변동의 필요성을 보여주는 것이기도 하다.

'생애과정 접근(The Life Course Approach)'은 유사한 시기의 성장 경험과 대격변의 역사적 시간대를 공유하는 사람들의 집단적 특성들, 그리고 동시에 이들의 개별적 차이들을 분별해내는 데 유용한 이론적 지향이자 방법론이다. 생애과정 접근은 그동안 외국 학계에서 적지 않게 젠더와 가족의 연구 주제에서 많이 활용되었다. 또한 국내 학계에서도 생애과정 분석은 뒤늦게 시작되었지만 꾸준히 진행되어왔다. 이러한 연구들은 다양한 세부 주제별로 여성의 생애단계별 선택의 궤적을 추적하고, 앞선 선택이 이후의 선택에 어떤 방식으로 인과적 영향을 미치고 있는지를 보여주었다(박경숙·김영혜, 2003; 은기수·박수미, 2002; Bruening and Dixon, 2008; Moen and Smith, 1986). 기존 연구에서 아쉬운 점은 거시적인 역사적 시간과 여성의 생애과정이 어떻게 상호교차하는가에 의식적으로 관심을 기울이면서 이를 다룬 연구가 많지 않다는 것이다. 이 연구는 개인사가 어떻게 개인이 살고 있는 역사적 맥락과 맞닿아 있는지에 주목할 것이다.

이 글은 다음의 순서로 구성되어 있다. 우선 전체 분석틀의 주요 내용으로 이론적 논의와 연구방법론을 논의한다. 그다음으로 심층면접을 분석해 그 결과를 보여주고자 하는데, 크게 두 부분으로 나눠진다. 첫째, 1970·1980

년대 초에 출생한 대졸 여성 코호트의 성장 경험을 보여주면서, 이들이 초기 성인기 이전에 노동 정체성과 가족 정체성을 어떻게 형성했는지를 논하고 자 한다. 둘째, 초기 성인기 이후 과잉노동사회에서의 취업과 결혼의 생애단 계에서 이들이 어떻게 정체성의 재조정 과정을 경험하게 되었는지를 남성 들과 대조해서 보여줄 것이다. 마지막 결론에서는 이 연구의 결과를 요약하 고, 그 사회적 함의를 제시해보고자 한다.

2. 분석틀

1) 이론적 논의

(1) 세계화, 과잉노동사회, 생애과정

선진자본주의의 '세계화와 생애과정(Life Courses in the Globalization Process)'이라는 테마로 거대 세계화 프로젝트를 수행해온 브로스펠드 등(Blossfeld et al., 2006, 2008; Buchoholz, 2009)은 세계화가 노동시장에 가져온 변화가 성별·연령별로 어떻게 다른 방식으로 개인들의 생애과정을 바꾸어놓았는지, 그리고 국가별로 어떤 제도들이 개인들의 생애과정에 미치는 영향을 다르게 만드는지를 분석해왔다. '세계화와 생애과정' 프로젝트가 말하는 세계화는 핵심적으로 세계적 차원에서 정보화와 시장질서의 강화를 말하는데, 세계화 과정은 넓은 범위에서 시장 행위자들에게 불확실성과 유연성을 증대시킨다. 불확실성과 유연성이 어떻게 제도적 차원에서 조정되는가에 따라 개인들의 노동생활, 더 나아가 개인사적 삶의 패턴이 달라진다(Hofmeister et al., 2006: 9)는 것이 '세계화와 생애과정' 프로젝트의 주된 발견이자 주장이다. 증대된 불확실성에 개인들이 어떻게 대응할 것인가를 상당 정도 구조화하는 것이 바로 '제도(규제와 정책)'이다. 시장경쟁 강화에 대한 제도의 완충작용이 부재할수록 개인들은 시장에서 좀 더 '자유로운' 선택을 하는 것으로 보일 수 있다. 그러나 '자유로운' 선택은 역설적으로 세계화 과정에 의해 강화되는 경쟁적 시장의 원리에 더욱 구속된다. 더욱이 이는 남성과 여성의 선택지를 서로 다르게 구조화하는 효과를 낳게 된다. 여성들은 여전히 자본주의사회에서 남성과는 다른 성불평등의 구조적 제약에 직면하고 있기 때문이다.

세계화로 인한 경쟁적 시장질서의 강화가 일상생활에 미치는 영향 가운데 가장 직접적인 것 중의 하나는 '노동시간'의 문제이다. 왜냐하면 노동시간은 개인들의 '일-생활' 균형과 불균형에 지대한 영향을 미칠 수밖에 없기 때문이다. 한국은 경쟁적 시장에 대한 완충장치로서의 여러 정부 규제가 부재하며, 이것은 장시간 노동시간이 개인들의 삶에 미치는 부정적 영향을 통제할 수 있는 정책들도 매우 미비하다는 것을 말한다. 이 결과 한국은 OECD 국가에서 최장 노동시간을 가진 국가가 되었다. 한국 근로자의 연간 평균 근로시간은 2008년 2,255시간으로서 OECD 국가들 중 2,000시간을 넘는 유일한 국가이며, 근로시간이 가장 짧은 네덜란드의 1,389시간에 비해서 무려 1,000시간 정도나 길다(OECD, 2011). 동시에 한국은 OECD 국가들 가운데 임금 불평등이 최상위인 국가에 속한다(김유선, 2010: 10). 세계화 시대에 한국인들은 매우 불평등한 사회에 살면서, 이 불평등을 만회하기 위해 '과잉노동'을 수용하고 있는 셈이다. 더욱이 이러한 장시간 노동은 개인적 성공과 성취의 전제조건으로 '정당화'되기도 한다. 장시간 노동을 개인들이 어떻게 경험하며, 이런 경험이 어떻게 특정 코호트 여성들을 통해서 이들의 일-가족 관계 설정에, 그리고 한국 사회의 일-가족관계의 구조변동에 영향을 미치고 있는가가 이 연구의 경험적 질문이 된다.

(2) 구조와 개인의 상호작용에 대한 생애과정 이론(Life Course Theory)

① 개인 생애과정의 맥락적 이해

생애과정 이론은 개인사가 어떻게 사회구조와 역사에 배태되어 상호작용하는가를 보는 하나의 이론적 지향(Theoretical Orientation)이다. 이것은 '맥락적 관점(Contextualist Perspective)'을 견지하며, 특히 사회변동의 시기에 사회변동이 어떻게 개인들에게 영향을 미치며, 개인들은 이 시기에 어떻게 대응하면서 사회변동의 구체적 내용을 구성하는가를 보고자 한다(Elder, Johnson and Crosnoe, 2003).[1]

생애과정 이론의 주요한 개념들 중 하나는 코호트(Cohort)이다. 세대(Generation)라는 개념이 주로 생물학적인 재생산을 의미하면서 개인들의 재생산에 초점을 맞추는 개념이라면, 코호트는 같은 출생 연도로 묶이는 사람들을 말하는 것으로서 개인들을 같은 역사적 시간과 공간에 위치시킨다. 따라서 이 코호트 개념은 시간과 나이를 연결해주는 주요 개념이라고 생애과정 이론은 규정한다. 한 개인의 나이가 의미하는 것은 인생의 특정 단계를 말하는 것임과 동시에 그 개인의 '역사적 시간'을 말해준다. 특정 연령대를 공유하는 개인들은 그들이 성장해온 시기 동안의 역사를 공유함과 동시에 나이가 들어가면서 인생의 특정 단계를 유사하게 경험하는 사람들이라는 독특

---

1) 생애과정 이론에 근거한 초기의 선구적 업적(Thomas and Znaniecki, 1918~1920)이 이른 시기에 있었음에도 생애과정 이론은 미국에서 1960년대에 들어서야 몰역사적인 설문 연구에 대한 하나의 '비판적' 지향으로서 널리 관심을 받기 시작했다. 이후 생애과정 연구는 장기 분석 데이터들이 완성되면서 양적 분석을 중심으로 한 더욱 확고한 연구영역을 구축하게 되었다(Mayer, 2009). 그러나 생애과정 이론의 질적 연구들, 즉 엘더(Elder)의 『Children of the Great Depression: Social Change in Life Experiences』(1974)와 같은 대표적 질적 연구들은 양적 연구들에 비해서 '호황'을 맞이하지는 못했지만, 생애과정 이론의 발달에 크게 기여했음은 분명하다(Hiltin and Elder, 2007).

한 의미를 부여받는다. 따라서 출생 연도와 나이가 중요한 개념으로 생애과정 분석에서는 자리 잡고 있다. 이렇게 함으로써 개인들은 개별적으로 고립된 추상화된 존재로 취급되지 않고, 같은 역사적 시간을 공유하는 어떤 동질적인 집단으로서 분석될 수 있다. 우리는 역사적 맥락에 접목된 개인들, 그들의 삶들을 들여다볼 수 있게 된다.

생애과정 이론이 코호트 개념에 주목하는 것은 역사적인 시각에서 바라볼 때 사회변동과 개인사를 접목시킬 수 있기 때문이다. 특히 특정 코호트가 중요성을 가질 수 있는 것은 이 코호트가 급격한 사회변동에 놓여 있을 때이다. 생애과정 분석의 주요한 흐름의 하나는 미국의 '대공황(the Great Depression)'이나(Elder, 1974), 중국의 '문화대혁명(the Cultural Revolution)'과 같은 거대한 역사적 사건(Zhou and Hou, 1999)이 특정 출생 연도의 코호트에게 어떤 영향을 미쳤는가를 연구하는 것이다. 이런 종류의 연구들은 거대한 역사적 사건이 발생했던 특정 연도에 태어난 개인들이 그 사건 전 또는 후 출생자들에 비해서 질적으로 다른 삶의 경로를 밟게 되었음을 보여주고자 했다. 거대한 역사적 사건은 전체 사회구성원들에게 보편적으로 영향을 미칠 수 있음과 동시에 특정 연령대(또는 특정 출생 연도)의 개인들에게는 더욱 강력한 영향을 미친다. 그리고 그 영향은 사건이 발생한 시기에 국한되는 것이 아니다. 특정 역사적 사건에 특정 연령대의 개인들이 연루되면서 그 사건은 '경로의존적'으로 이후 개인의 삶에 영향을 미치게 된다. 특정 역사적 사건은 특정 연령대 개인들의 인생경로를 송두리째 바꿔놓는 결정적 역할을 하게 된다. 그런 점에서 생애과정 연구는 역사와 개인사를 코호트 개념으로 연결해주는 중요한 이론적 틀이자 방법론이라고 할 수 있다.

생애과정 이론은 역사적 사건이 개인사에 미치는 결정적 영향에 주목하지만, 그것은 개인사를 더 넓은 역사적 시간과 공간 속에 둔다는 의미이지 개인들의 대응을 간과하지는 않는다. 또한 같은 코호트라고 하더라도 성별,

계층별로 역사적 사건에 노출되는 정도와 방식이 다르다. 따라서 이에 대한 개인들의 경험과 반응은 달라진다. 이 때문에 생애과정 연구는 개인들을 분석단위로 하고 있으며, 개인들이 역사적 제약과 사회적 상황 속에서 어떤 선택을 하는지를 분석하는 것을 주요한 이론적 원칙으로 두고 있다(Elder, Johnson and Crosnoe, 2003: 11). 여기에 덧붙이자면, 특정 시기의 역사적 사건이 서로 다른 코호트 간의 삶의 구성을 질적으로 단절시키는 것은 아니며, 개인들은 앞선 코호트나 세대의 삶의 구성을 학습하고 자원으로 활용해나가기도 한다. 따라서 독특한 역사적 상황과 사건에 노출된 코호트의 삶이 앞선 코호트와 질적으로 달라지는 측면만이 아니라, 변형되었지만 지속적으로 이어지는 것은 무엇인지도 함께 살펴보는 개방적인 태도를 취할 필요가 있다.

② 사회변동과 여성의 생애과정: 젠더화된 대응과 변동

우리는 남성과 여성이 구조화된 특정한 방식으로 사회변동에 대응할 것으로 기대할 수 있으며, 또한 특정 코호트가 구조화된 특정 대응을 할 것이라고 기대할 수 있다. 따라서 생애과정 접근은 개별 개인들의 '선호'와 '자유로운 선택'을 강조하는 관점과는 달라질 수밖에 없다. 생애과정 연구자는 구조를 인식하고, 개인의 대응을 구조화된 특성으로 이해하면서 동시에 똑같지 않은 개인들의 반응들에 주목하고, 이를 통해서 역으로 다시 사회구조의 모순성과 그 모순성에서 새로운 사회변동의 흐름을 의식적으로 밝혀낼 필요가 있다.

여성 개인들의 대응을 강조하면서도 그러한 대응의 맥락, 기준, 선호/가치의 변화를 생애과정 관점에서 연구한 대표적인 사람은 캐슬린 거슨(Kathleen Gerson)이다. 거슨(Gerson, 1985)의 연구는 어린 시절 사회화 과정에서 학습된 선호와 태도가 안정적으로 재생산된다기보다는 사회조건이 변함에 따라 여러 사회제도가 역시 변하면서 애초의 선호와 태도가 바뀔 수도 있음을 보여준다. 선호는 분명 고정된 것이 아니고 특정 사회조건과 제도에 따라 변하는 '가변적'인 속성을 가지며, 그래서 선호의 변화에 영향을 미치는, 개인을 둘러싼 역사 사회적 환경과 제도는 분명 중요하다. 여성들의 선호와 자유로운 선택을 강조한 하킴(Hakim, 2000)의 선호 이론과는 달리 거슨의 연구는 생애과정의 관점으로 구조와 제도가 어떻게 개인들의 선호와 가치를 구체화하고 있는지를 잘 보여준다. 거슨이 코호트 사이의 변이를 추적하는 이유도 그러한 구체화 과정을 보기 위해서이다. 이것은 단순히 개인들이 구조에 다양하게 반응한다는 것이 아니라, 개인들의 다양한 대응을 통해서 구조가 구체적인 역사적 실체로서 존재하는 것임을 관찰할 수 있게 한다. 이러한 관찰로 구조와 제도가 다양한 방식으로 개인들의 행위를 통해 구체화되고 있음을 알 수 있다. 즉, 생애과정 관점은 구조가 개인의 대응을 맥락화한다는 것, 그리고 개인의 대응이 구조의 모순성과 사회변동을 초래(압박)한다는 이중적인 측면에 주목한다.

2) 일-가족관계의 기존 연구와 이 연구의 의의

다양한 학문 분과의 여성 연구자들은 오랫동안 한국의 산업화 이후 '일-가족관계'를 둘러싼 문제와 씨름해왔다. 크게 보면, 신경아(2007: 9~10)의 지적대로 기존 연구들은 크게 두 가지 흐름으로 나눠볼 수 있다. 첫째, 개인을 단위로 한 일-가족관계를 둘러싼 갈등관계 또는 여성들의 육체적·정신적 스트레스의 경험, 둘째, 역사적·구조적 관점에서 일-가족관계의 맥락적·역사적 형성과 변화이다. 하지만 이 두 연구 경향이 대립될 필요는 없다. 가령 후자, 즉 역사적·구조적 관점은 구조만을 보는 것이 아니라, 개인이 놓여 있는 맥락으로서의 구조를 이해함으로써 개인 행위에 대한 설명을 좀 더 풍부히 해낼 수 있다. 또한 성역할에 대한 개개인의 가치관과 그에 따른 특정 선택을 특정 시점에만 고정해 관찰할 경우, 우리는 그것을 충분히 이해하기 어려울 것이다. 그동안 일-가족관계 영역에서 이루어져온 '생애사(Life History)' 연구들이야말로 개인 행위의 구조적·역사적 맥락을 밝혀주는 큰 장점을 가졌다(김혜경, 2007; 이재인, 2005).

이 연구의 '생애과정 접근'은 기존의 여성 생애사 연구방법론과 다르지 않다. 생애과정 이론은 질적 방법론에서 개인사(Individual Biographies) 또는 심층면접(In-depth Interview) 방법론에 주로 의존하고 있다(Elder, Johnson and Crosnoe, 2003: 6). 하지만 생애과정 연구는 '코호트' 개념에 주목하며, 같은 세대의 개인들이 공유하는 좀 더 '집단적인' 성장 경험의 역사성에 의식적으로 주목한다. 본 생애과정 연구는 개인사를 통해서 어떻게 개인의 주관적 세계(정체성, 가치, 의미)가 창출되는가 하는 측면을 보는 생애사 연구(이재인, 2005)에 비해서, 그러한 개인의 주관적 해석이 어떻게 그 개인이 살았던, 살고 있는 시간과 공간에 의해서 형성되고 제약되는가를 의식적으로 관찰하고자 한다. 그런 점에서 생애과정 연구는 일-가족관계 연구의 두 가지 연구 경향 중 의식적으로 역사적·구조적 관점을 견지하고 있다. 그러나 다시 말하자면 구조는 추상적인 것이 아니라 개인 경험의 실체로 드러나며 그것은 우리가 개인들의 주요 결정들에서 관찰할 수 있다는 점이 강조될 필요가 있다. 생애사 연구는 아니지만 조주은(2008)의 연구는 '압축적 시간성'으로 경험되고 있는 '바쁜' 현대사회에서 시간 부족을 경험하는 기혼 취업여성들이 어떤 방식으로 일터와 가족의 양립을 위해 시간을 관리하고 이에 대한 의미화를 진행해왔는지를 보여줌으로써 현대사회 구조의 특징과 그 변화를 잘 보여주었다.

이 연구는 일하는 여성들과 일하지 않는 여성들을 분화시키는 구조적 원인들이 무엇이냐를 밝히려는 것을 직접적인 목적으로 하지 않는다. 이 연구가 주목하고자 하는 것은 그렇게 분화되어가는 '과정'에서 여성들이 일-가족관계를 조정해나가는 방식이 사회구조를 마냥 수동적으로 경험하고 수용하는 것이 아니라 이에 저항하거나 또는 독특하게 적용해나가는 대응방식임을 보여주고자 한다. 따라서 이 글의 생애과정 접근은 크게 두 가지 점에서 일-가족관계 연구의 확장에 기여할 수 있을 것이다.

첫째, 이 연구는 기존 일-가족관계 연구에서 반복적으로 지적해온 여성의 '노동 정체성'과 여성의 '가족 정체성'이 같은 역사적 시간과 공간을 공유하는 코호트 여성들의 사회화 과정을 통해서 어떻게 형성되는지, 즉 그것이 어떻게 개인이 경험하는 사회적 구조(사회화 과정, 노동의 경험과 가족관계의 경험)를 통해 실제로 구체화되어 가는지에 주목한다. 우리는 일반적이고 추상적인 개별 여성이 아니라 한국의 특정 역사적 시간대를 공유하는 코호트 여성들에 주목함으로써 개인이 경험하는 구조의 구체성을 더 잘 알 수 있으며, 그들의 특정 가치관과 행위 양식의 '의미'를 좀 더 구체적으로 이해할 수 있다. '노동 정체성'은 노동자로서의 정체성을 의미하며(이재인, 2005: 153), '가족 정체성'은 "돌봄에 적합한 가정적 존재", 주로 '어머니'로서의 여성의 자기 정체성(김혜경, 2007: 45)을 의미하는 것으로 본다. 쉽게 말해 자기 정체성과 삶의 패턴을 일이나 가족(모성)에 얼마나 연결시켜 생각하는가로 '노동 정체성'과 '가족 정체성'을 말할 수 있을 것이다. 개인이 가지는 선호와 가치가 어떻게 행위와 연결되는지를 알기 위해서는 시간 개념에 의해 이 둘이 매개되어야 한다. 즉, 가치가 행위에 영향을 미치는지 보고자 한다면 그 가치가 행위에 선행해서 어떻게 형성되었는지에 대한 분석이 필요하다. 기존의 생애사 연구의 장점도 이러한 가치형성의 맥락을 생애사를 통해 검증해보는 것이었다. 이 연구는 기존 생애사 연구의 장점을 살려 이를 1970ㆍ1980년대 초에 출생한 코호트 여성들에게 확장시켜보려 한다.

둘째, 여성의 일-가족관계에 대한 기존의 생애사 연구들에서는 '큰' 구조로서의 '젠더질서' 또는 '가부장적 규범'이 여성들의 행위 결정에 중요한 것으로 이해되었으나, 추상적으로 남아 있었다. 이 연구는 '큰' 구조에 대한 인식을 견지하면서도, 1970 · 1980년대 초에 출생한 대졸 여성 코호트가 적극적으로 '부부 중심의 핵가족'을 지향한다는 점에서 '가부장적 규범'은 어떤 추상적인 실체가 아니라 여성들에게는 그들 남편들의 삶의 패턴이라는 구체성으로 존재한다는 것에 주목한다. 따라서 이 연구는 남성들이 어떻게 구체적인 젠더관계의 영향 요인으로 개입해 들어오는지에 주목하고자 한다. 남성들은 개인으로서가 아니라 그 시대의 특정 구조와 가치를 구체화하고 있는 하나의 영향 요인으로 작동한다. 그런 점에서 남성들의 삶의 패턴은 가족생활 또는 여성의 삶의 패턴에 '개입'하게 되는데, 이것이 여성들로부터 어떤 반응을 초래하는지에 대해서 구체적으로 분석할 필요가 있을 것이다. 기존 연구에서 남성들의 분석이 부재했다면, 이 연구에서는 이들을 더욱 적극적으로 고려함으로써 여성들의 행위와 가치 형성/변화라는 젠더화된 대응을 좀 더 객관적으로, 역동적으로 이해하고자 한다. 다만 이 글에서는 남성들의 삶의 패턴이 여성 피면접자들을 통해서 '간접적'으로만 파악된다는 점에서, 남성들의 삶의 패턴이 여성들의 삶의 패턴과 '갈등'되는 부분만을 우리가 관찰할 수밖에 없음을 밝혀두고자 한다.

3) 연구방법론: 자료수집 방법과 연구대상

이 연구에서는 심층면접 방법론을 통해 여성들의 개인사를 수집했다. 자료는 자유로운 구술방법이 아니라 심층면접 질문지의 질문 문항 순서에 따라 일-가족관계에 집중해서 자기 경험을 진술하는 방법으로 수집되었다. 연구대상은 30 · 40대 초(전후) 여성들로 1970년 이후 출생해 1990년대(전후) 대학을 다녔고, 현재 기혼/유배우 여성들이다. 무작위 표집이 아닌 눈덩이 표집(snowball sampling) 방법으로 인터뷰 대상을 선정했다. 주변의 아는 기

〈표 4-1〉 면접 대상자의 기본 특성

사례	출생 연도 (나이)	학력	현재 직업	일한 기간	결혼 연도	자녀 수
1	1973년 (39)	대학원	전업주부 (전 사회복지사)	7년	2000년	2명
2	1981년 (30)	대학	직장인 (제약회사)	6년	2005년	0명
3	1980년 (31)	대학	직장인 (사회복지사)	8년	2008년	1명
4	1973년 (39)	전문대	전업주부 (전 일반 사무직 직원)	9년	1999년	2명
5	1977년 (35)	대학	전업주부 (전 보육교사)	3~4년	2002년	2명
6	1971년 (41)	대학원	직장인 (공무원)	19년	2000년	2명
7	1970년 (42)	대학원	프리랜서 (학원강사)	10년 이상	1994년	1명
8	1972년 (40)	대학	프리랜서 (독서지도강사)	10년 이상	1996년	1명
9	1972년 (40)	대학	직장인 (방송 아나운서)	15년	1997년	2명
10	1977년 (35)	대학	직장인 (방송 기자)	9년	2006년	임신 중

주: 나이는 2011년 현재, 세는 나이를 말한다. 일한 기간은 인터뷰 시점까지 여성들이 경제활
동을 한 총기간을 말한다.

혼여성을 먼저 인터뷰하고, 그 사람에게서 다른 기혼여성을 소개받는 방식
으로 인터뷰 대상자를 결정했다. 단, 전업주부와 직장인, 그리고 연령대를
고려해 어느 정도 골고루 다양한 여성들이 인터뷰 대상이 될 수 있도록 가용
한 인터뷰 대상자들 중에서 일부를 의도적으로 선택하는 의도적 표집(pur-
posive sampling)도 활용했다. 주요 인터뷰는 2010년 12월부터 2011년 3월에
이루어졌다. 〈표 4-1〉에는 선정된 인터뷰 대상자들의 출생 연도를 포함한
기본 정보들이 정리되어 있다.

3. 성장 경험: 일-가족관계의 경험을 중심으로

1) 성장 경험의 일반적 특성 - 1970년대에서 2000년대까지

연구대상 코호트 여성들의 동질적인 특징은 이들이 이전 어느 세대와 비할 바 없이 급속한 고학력화를 경험하게 되었다는 사실이다. 1990년대 이후 대학 진학률에서 남녀 차이는 거의 사라졌으며, 놀라울 만큼 여성들의 고학력화는 빠르게 진전되었다. 4년제 대학 진학률만을 따져보면, 여성의 대학 진학률은 1990년에 19.4%(남성 22.1%)에서 2008년 58.6%(남성 59.2%)로 급상승했다(교육과학기술부, 1990, 2008). 이 연령대부터 고등교육의 보편화가 성에 구분 없이 빠르게 확산되었다는 점이 다른 연령대와 구분되는 상대적으로 동질적인 특징이다. 물론 고학력화는 같은 연령대 여성들 모두의 경험이 아니라는 것은 분명하다. 따라서 같은 연령대의 대졸 이상 여성과 고졸 이하 여성들은 분명 적지 않은 성장 경험의 변이를 보일 것이다. 이 연구의 결과는 대졸 여성 코호트의 상대적 동질성에 초점을 두고 있다는 점에 주의할 필요가 있다.

사례 여성들은 초등학교 시기를 주로 1970년대, 1980년대에 보냈고, 중·고등학교는 1980년대, 1990년대에 보냈으며, 대학은 1990년대 초반에서 1990년대 후반 이후에 보냈다. 현재 훨씬 소비주의적이고 정보화된 도시풍경과는 다르게 대체로 물질적으로 '가난한' 한국에서 좀 더 궁핍하거나 좀 더 여유 있는 가정에서 어린 시절을 보냈다. 이들은 대학 진학을 할 만큼 대체로 아주 궁핍하게 자라지는 않았지만 대부분 사교육은 거의 받지 않았고, 그 대신 획일적인 학교교육을 통해 공부를 하면 성공할 수 있다는 확신을 가지고 자랐다. 다만 이들이 모두 여성들이어서 그렇겠지만, 1980·1990년대의 청소년기, 그리고 학교생활은 그렇게 폭력적이거나 억압적이지는 않았다. 이들은 대부분의 성장 시기 동안 공부를 잘하면 인정받을 수 있는 분위기에서 생활했기 때문에 남성들과 끊임없이 대비되고 차별받는 경험은 별로 없었다고 기억하고 있었다. 이들은 청소년기에 여중·여고를 다녔거나 남녀공학을 다닌 경우에도 가족이나 학교에서 그 안의 자원을 활용하는 데서 남성과의 차이와 차별을 별반 의식하지 않고 자랐으며, 대학을 가서 자기 직업을 가질 것이라는 공통된 미래 계획을 준비했다.

대학에 들어가서도 마찬가지이다. 이들이 대학에 다닌 1990년대 초반과 후반 이후는 한국 민주화 이후의 시기로, 이들은 대학 캠퍼스에서의 학생운동이 점차 약해지면서 사회적 이슈의 공론화는 많이 사라진 시대적 배경을 공유하고 있다. 1990년대 초반 이후 사회적 이슈로부터 상당히 차단된 캠퍼스 공간에 여성들이 대거 진입하게 되었고, 수적으로 불리하지 않은 여학생들은 남학생들과 크게 다르지 않은 대학생활을 하게 되었다. 중·고등학교와 대학 시기 동안 여자이기 때문에 남자와 다른 선택을 해야 한다는 사회적 압박은 매우 약해졌음을 알 수 있다. 아이러니하게도 이 코호트 여성들은 여성과 남성은 동등하다는 전제를 당연한 것으로 받아들이고 있었던 반면, 사회구조 속에 강고하게 작동하는 성불평등의 문제에 대해서 대체로 의식적으로 관심을 기울이지는 않았다. 상대적으로 사회 불평등과 여성 차별에 민감했던 1970년대 초의 출생 여성들조차도 "민중을 생각했지, 여성을 생각하지는 않았다"고 대학생활을 회고하거나, "여성이 절대로 차별을 받지 말아야 한다는 강한 신념을 가지고 살았다"고 떠올리면서도 한국 사회의 성불평등의 구조 또는 가족관계의 성불평등이 어떤 식으로 자신의 생애과정에 개입해 들어오게 될지에 대해서는 별로 생각해보지 않았다고 진술했다. 이들이 자신의 삶이 남성들과 달라지고 있음을 구체적으로 의식하게 되는 시점에서 그들의 고민들을 들여다보면 결혼을 하고, 아이를 낳고, 육아를 전적으로 담당해야 할 때로 보인다. 바로 이 시점이 그들이 자신의 삶을 한국의 구조화된 일-가족관계와 남성들의 삶에 비추어 갈등적이고 모순적인 것으로 인식하게 될 때이다. 이 시점에서 이들은 한국의 구조화된 일-가족관계를 구체적으로 의식하기 시작하고, 남성의 삶의 패턴이 이러한 일-가족관계의 구조화에 개입되는 행위자임을 의식하기 시작한다. 거기에 대한 이들의 대응방식은 각자가 처한 상황과 가진 자원들의 차이로 다양하게 나타나지만, 남성들과는 대비되는 '젠더화된' 특징을 공통적으로 보여준다. 이 젠더화된 대응을 묘사하는 것은 이들이 자기 어머니들의 삶이 보여주는 과거 한국의 산업화 시기에 구조화된 일-가족관계를 체험하면서 어떤 노동 정체성과 가족 정체성을 가지게 되었는지, 그리고 이들이 1990년대 이후 세계화 과정에서 경쟁의 완충제도의 부재가 촉진시키는 과잉노동사회의 직장인으로서, 동시에 가부장적 질서의 기혼여성으로서 자기 정체성을 실체화하는 과정에 대한 분석을 요구한다.

2) 일-가족관계의 경험
- 1970·1980년대 한국 산업화 시기의 어머니의 삶과 딸의 경험

기존 일-가족관계 연구에서는 1990년대 이후 기혼여성의 취업은 좀 더 '긍정적으로' 인식되었고, 여성의 유급노동이 무급노동과는 독자적인 영역으로 '인정'되면서 여성의 일과 가족의 분화가 뚜렷해졌다고 본다(김혜경, 2007; 신경아, 2007). 바로 이 1990년대 이후 한국의 노동시장에 들어온 (대졸) 여성들이 이 연구가 주목하는 코호트이다. 여기서 먼저 '신세대' 여성들이 자신들의 '어머니의 삶'이 보여준 여성들의 일-가족관계 구조를 어떻게 대면하고, 이를 통해 어떻게 자신들의 노동 정체성과 가족 정체성을 형성하게 되었는가에 관심을 가져볼 필요가 있다. 이는 1980년대와 1990년대에 10대로 성장한 여성들이 자신들의 일과 가족에 대한 이미지를 어떻게 구체화시켜 나갔는가의 문제이다.

사례 여성들의 어머니들은 이들이 기혼여성인 시점에서 일을 했다면, 대체로 농민, 식모, 무급가족종사자로서 경제활동을 했으며 초등학교 교사가 유일한 전문직 종사자였다.[2] 1980년대에 들어 공식적으로 기혼여성들의 노동시장 참여가 확대되었으나 일하는 기혼여성에 대한 부정적 시각이 이 시기에 여전히 강했기 때문에(신경아, 2007: 24), 사례 여성들의 어머니들 경우, 남편의 소득이 어느 정도 안정적이면 일을 하지 않았다. 사례 여성들 대부분은 자기 어머니 또래의 여성들이 일하는 것이 사회에서 말하는 부정적인 것, 즉 '나쁜 것'은 아닐 수 있으며, 소위 이 시기의 '신여성'의 모습을 보여주는 것이기도 했지만, 궁극적으로는 '가난한' 삶을 보여주는 것(그런 면에서는 부정적인 현상)으로 기억했다. 사례7의 어머니는 전문직종인 교사였으나, 딸의 회고에 따르면 어머니는 자기 직업에 대한 자부심이 부족했고 자기 일을 주로 '생계수단'으로 여겨 힘들어했으며, 그래서 상대적으로 일찍 은퇴했다. 이 시대 여성들에 대한 기존 연구에서도 우리가 알 수 있듯이(김혜경, 2007), 사례 여성들의 어머니들 가운데 일하는 어머니는 시어머니, 또는 큰아이 등의 도움을 받아 육아 문제를 해결하려 했다. 또는 어느 정도 아이들이 크고 나면 아이들 스스로에게 맡길 수밖에 없었다.

일-가족관계에 대한 딸들의 유년 시절의 경험은 어머니의 삶을 통해서이다. 전업주부 어머니들의 삶의 경험과 일하는 어머니들의 삶의 경험은 딸들에게는 한국 사회의 일-가족관계의 사회구조를 대면하는 일이었다. 그러나이들은 급속한 산업화·도시화와 함께 대중교육의 빠른 확산을 통한 '성공주의' 이데올로기를 당연시하게 되는 1970년대 이후 성장사회의 물질적 혜

---

2) 한국의 1960·1970년대 공식 산업 부문의 노동자는 미혼여성들이 주축이었다(강이수, 2007: 9~11).

택의 본격적 세대로서, 어머니 세대를 통한 일-가족관계의 경험은 '신세대' 여성들의 노동 정체성과 가족 정체성의 형성에는 주로 '반면교사'로서 영향을 미쳤다.[3] 물론 그렇다고 하더라도 이것이 '신세대' 여성들이 이후 어머니의 삶과 완전히 다른 삶을 살게 되었다는 것을 말하지는 않는다. 이어지는 절들에서 볼 수 있겠지만, 오히려 그들은 어머니 세대와 크게 달라지지 않은 삶을 지속하고 있기도 하다.

소위 '고도 산업화' 시기에 성장한 딸들에게 어머니들은 교육을 통한 성공을 강조했으며, 자신의 삶과는 다른 삶, 즉 가족이 아닌 개인적 성취를 강조했다. 전업주부이든, 일을 했든, 어머니 세대에 기혼여성은 가족중심적으로 살 수밖에 없었다. 그것을 벗어나는 길은 '공부'라 여겼고, 자연히 여자들도 대학을 가고 전문적인 자기 일을 갖는 것이 중요하다고 생각했다.

시집살이를 하면서 여자가 이렇게 집 안에만 있는 게 썩 좋은 건 아니다. 나는 그냥 하지만 내 자식들은 (그러지 말아야지). 좀 대학은 무조건 가야지, 엄마 입장에서는 무조건 가야 되는 거였지.

-사례1, 전업주부 어머니

---

3) 사례 여성들의 아버지들도 '반면교사'의 역할을 한 것으로 보인다. 대부분 사례 여성들은 생계부양자로서의 아버지의 역할(그 역할을 해내고 있었다면)에 대한 '불만'은 크게 없었으나, 상당수 사례 여성들은 어머니와 자식들과의 관계에서 정서적으로 무감각하고 독선적이고 인색했던 아버지에 대한 기억을 가지고 있었다. 아버지와 정서적 교류가 잘되었던 딸들은 그런 정서적으로 따뜻한 가정을 자신도 이어가길 원했고, 정서적 교류가 부족했던 딸들은 고리타분한 규범에 얽매이지 않으면서도 친밀한 관계로 맺어진 가족에 대한 이상을 가지게 되었다. 그러나 사례 여성들 대부분은 가족 내 성별 분업구조에 따른 '남성의 역할'에 대해서는 깊이 생각해보지 않은 것으로 나타났다.

본인이 직장을 다니시지 않으셨기 때문에 직장을 안정적으로 다녔으면 하는
마음은 항상 있었던 거 같아요. 제가 아이를 낳고 힘들고, 아이 봐줄 데를 구
하지 못하고, 그럼 엄마가 다 봐주시겠다고. 너 일하라고 말씀하시거든요, 지
금도.

-사례3, 농사일/가게 일 한 어머니

딸들은 이런 어머니들의 생각에 동의했고, 그런 점에서 오빠나 남동생과
다른 성차별을 받았다고 생각하지는 않았다. 공부를 통한 개인적 성취가 강
조되었던 사회적 맥락, 그리고 이를 강조한 부모들은 주로 1980년대 또는
1990년대에 청소년기를 보내면서 딸들이 강한 노동 정체성을 학습하게 되
는 주된 환경적 요인이었다. 가족 내에서, 학교에서 공부를 통한 사회적 성
공은 이 세대의 여성들에게는 남성들 못지않게 강한 선호가 되었다. 한편 노
동 정체성에 비해서 유년 시절과 대학 시절까지 '신세대' 여성들은 가족 정
체성을 뚜렷하게 발전시키지 않았으나, 이들은 분명 핵가족의 어머니로서의
역할이라는 '성별분업구조'를 수용하고 있었다. 즉, 이들은 핵가족을 '양성평
등이 실천되는 공간'보다는 '정서적이고 친밀한 공간'의 측면에서 바라보고
있었다. '엄마의 자리'를 '희생의 자리'가 아니라 '따뜻한 자리'로 대체하고 싶
은 딸들의 바람을 어머니와의 관계에서 많이 떠올렸다.

지혜로운 건 필요하다고 봤지만, 무조건 희생하고, 왜 그런 거는 싫다고 생각
했었어요.

-사례8, 전업주부 어머니

어렸을 때는 커서 일하지 말아야겠다는 생각을 했었어요.

-사례2, 가게 일 한 어머니

이제 엄마에 대한 약간의 반작용으로, 나는 되게 따뜻하고 싶다, 나는 뭔가 조금 따뜻한 엄마가 되고 싶다라는 거는 있었어요.

-사례9, 전업주부 어머니

저도 엄마가 항상 일하는 모습을 봤기 때문에. 집에서 아이들 키우고, 꼭 그런 건 아니지만, 그래도 그런 단란한 가정에 대한 환상은 있었어요.

-사례5, 장사한 어머니

'헌신적' 어머니상을 거부하면서, 이들은 어머니로서의 자리와 역할을 거부하기보다는 정서적이고 친밀한 어머니상의 가족 정체성을 발전시켰다고 볼 수 있을 것이다. 그러나 이 여성들은 현실적으로 불평등한 가족구조를 거부하거나 이를 양성평등적으로 바꿔가야겠다는 생각을 별다르게 하지 않았다고 회고했다. 이들은 남성들의 정형화된 역할이 변화되는 데 별반 관심을 기울이지 않았는데, 가족 내 성별분업의 문제점을 명확하게 인식하지 않았기 때문이라 할 수 있다. 그런 점에서 이들의 가족 정체성은 가부장적 한국의 가족규범이 지배적이었던 가족관계에 결핍되어 있었던 개인적 자율성과 친밀감을 지향하고 있었던 것으로 짐작해볼 수 있다. 그런데 개인적 자율성과 친밀감의 가족 정체성은 가게 일로 바빴던 어머니를 보면서 "어렸을 때는 커서 일하지 말아야겠다는 생각을 했었어요"라고 말했던 여성의 말에서 드러나듯이, 노동 정체성과는 모순적일 수 있는 부분이다. 왜냐하면 가족 내 성별분업구조의 변화 없이는 '일을 하는' 어머니의 가족 내 부재가 만들어내는 여러 공백들은 결국 이들이 원하는 따뜻한 가정의 모습과는 충돌하기 쉽기 때문이다.

4. 과잉노동사회의 노동 정체성: 젠더화된 패턴과 대응

인터뷰에 응한 모든 여성들은 자기 일을 가지려는 노동 정체성에 대한 강한 욕구가 있었다. 일단 대학에 들어간 초기 성인기에 이들은 우선 취업하는 것을 당연한 것으로 받아들였다. 1970 · 1980년대 초 출생 대졸 여성 코호트의 경제활동이 본격화되는 1990년대 중반 이후 시기에는 세계화가 개별 개인들의 경쟁을 강화시키고, 노동시장의 불안정성을 키워나가고 있었던 만큼, 이 여성들에게 일은 더욱 필수적인 것으로 여겨졌던 것으로 보인다. 이들의 생애단계에 따른 인생의 계획을 추적해보면, 이들이 자기 일을 해야겠다는 생각이 처음부터 얼마나 강했든 강하지 않았든 시간이 지나면서 자기 일을 하고 싶어 하는 선호 자체가 크게 변화지는 않은 것으로 보인다. 1997년 외환위기 이후 남편의 실직과 사업 실패 등이 현실적인 가능성으로 떠오르면서 맞벌이에 대한 여성들의 선호도 지속되었다.

여성들의 강한 노동 정체성에도 불구하고, 노동시장의 경험을 성별로 보면 여성들에게만 육아로 인한 경력단절이 두드러진다는 점이 연구 사례들의 경험에서 발견된다. 물론 인터뷰에 응한 '신세대' 여성들은 육아로 인한 경력단절의 위기만이 아닌 한국 노동시장 전반의 유동성과 여성고용의 취약성을 고스란히 안고 있다. 초기 노동시장 진입 후 높은 노동강도 또는 부실한 보상체계/기회구조 등으로 여러 번의 직장이동을 경험하거나 중단하는 경우도 많았고(사례6, 사례9를 제외한 나머지), 비정규직의 차별을 경험한 후 최근에야 전문직 정규노동자로 전환된 사례도 있었으며(사례10), 세계화와 대학 간 경쟁 강화 추세로 국내 대학 출신의 여성 박사로서 정규직 채용의 높은 장벽을 경험한 경우(사례7)도 있었다. 또한 전통적인 여성지배 직종에 종사하는 일반 노동자로서 또는 프리랜서로 불리는 특수고용직 노동자로서 여성들이 당면한 고된 노동 현실도 이 여성들의 직업 경험(사례1, 사례

3, 사례5, 사례8)의 주요 내용이다.

노동시장 경험에서 남녀 간 두드러진 차이는, 여성들은 육아로 인한 경력 단절(위기)을 경험하는 반면, 남성들은 좀 더 나은 직장 또는 좀 더 나은 기회를 얻기 위해 직장을 자주 옮기고 장시간 노동을 수용하고 있다는 사실이다.

결혼이나 출산 전, 사례 여성들의 직장생활 어려움(어려움을 경험한 경우)은 주로 낮은 보수, 불안정 고용, 학벌 차별, 직장 비리 등의 경험으로 기억된다면, 출산 후 직장생활의 어려움은 주로 일-가족 양립의 어려움으로 기억되었다. 이는 일과 생활의 불균형에 대한 문제가 바로 기혼여성들의 노동 문제에서 핵심적인 부분을 차지하고 있음을 말해준다. 특히 장시간 노동이나 불규칙한 출퇴근 시간 등 노동의 현실 문제는 노동자로서 자신의 노동환경과 노동권에 관여된 문제이지만, 동시에 직접적으로는 일과 생활의 불균형을 악화시키는 문제로 기혼여성들에게는 체험되고 있는 것이다.[4]

> 사회복지사라는 일 자체가 일단 출퇴근이 정확하지가 않고. 재능을 인정받았었는데, 일의 강도에 비해서 급여가 정말 적었어요. 경제적으로 급여나 이런 게 막 빵빵해서 내가 일을 하면서도 막 만족감이나 그런 것도 있으면 모르겠는데 그런 것도 없었고. 처음에 가졌던 열정이 제가 많이 식었던 거 같아요. 처음에는 그러면서 내가 자꾸 이걸 꼭 해야 할 의미가 뭔가 이런 생각도 했었던 거 같고. 뭔가 내가 결혼을 해서 직장을 다니면서 내가 얻을 수 있는 게 뭔가. 자식까지 이렇게 하면서. (아이가) 어린이집 적응을 계속 못했기 때문에

---

4) 이 여성들 모두 자신을 '가족의 생계를 책임지는 사람'으로 규정하지는 않았다. 이에 비해 이들 남편은 전반적으로 생계부양자의 역할을 부정하지 않고 있는 것으로 나타났다. 맞벌이를 하는 경우에도 남편들은 자신만이 생계부양자라는 인식을 강하게 유지하고 있기도 했다. 이러한 인식 차이로 인해 직장생활에서의 '일과 생활의 균형'을 남녀가 다르게 경험할 수 있을 것이다.

더 그랬던 거 같아요.

반면, 사례 여성들의 남편들에게서 두드러지게 나타나는 것은 평생직장의 개념이 분명 약해졌고, 성과와 성취에 대한 압박감이 매우 높다는 점이다. 따라서 젊었을 때 가능한 한 열심히 일을 해야 한다는, 그리고 특히 여러가지 기회들을 적극적으로 만들고 그 가능성들을 최대한 활용해야 한다는 의식이 매우 강한 것이 장시간 노동사회에서 기혼남성들의 일에 대한 의식의 특징이기도 하다. 잦은 직장이동은 노동시장의 관행처럼 나타나며, 현재하는 일에서의 성과, 그리고 미래의 성취에 대한 압박감과 집착이 사례 여성들의 남편들에게서 분명 강하게 드러난다. 그리고 이러한 남성들의 일에 대한 의식과 경험은 장시간 노동에 대한 구조적 압박감, 장시간 노동의 '자기 내면화'와 밀접하게 연결되어 있다.

(남편의) 교수님이 나오라고 그러면 대학원을 주 7일을 나갔어요. 아침 6시에 갔다 밤 12시에 왔었어요.

저희 남편도 제가 얘기를 들어보면 상당히 좀 일리가 있는 게, 자기는 오랫동안 일을 하고 싶다는 거예요. 근데 오랫동안 일을 하기 위해서는 오랫동안 할 수 있는 일들에 대해서 자기가 지금 갖춰줘야 되는 것도 있기 때문에 자기가 꼭 돈을 벌기 위해서가 아니라. 노년은 정말 일이 있어야, 그래도 그 시간 안에 일이 있어야 즐겁게 노년을 보낼 수 있으니까. 그래서 지금은 오래 할 수 있는 일에 대한 거를 찾기 위해서, 뭔가 준비하는 기간이 그렇게 또 필요하다(고 말하죠).

남녀 모두 자신의 장시간 노동이 개인생활과 갈등한다고 느끼는 것은 결혼 후이다. 그러나 결혼 후 여성들이 장시간 노동의 문제점을 직접적으로 강하게 체험할 수밖에 없다면, 남성들은 장시간 노동이 개인생활에 초래하는 문제점을 간접적으로만 또는 덜 느낄 수밖에 없다. 오히려 남성들에게는 장시간 노동이 개인적 성과·성취가 강하게 연결되는 것으로 체험됨으로써 이는 한국의 과잉노동사회가 '정당화'되는 기제로 작동한다고 볼 수 있다. '생활시간'의 부족은 장시간 노동에서 오고 있음에도 생활시간 부족과 정면으로 부딪히는 것은 우선 기혼여성들이다. 이 점에서 기혼남성들은 개별적 시장경쟁을 옹호하는 '신자유주의적' 노동규범을 개인 경쟁을 통한 성공루트로서 더 적극적으로 수용하고 있다고 볼 수 있다. 기혼여성들은 일과 생활의 불균형, 그로 인한 생활시간의 부족을 직접적으로 체험하기 때문에 신자유주의적 노동규범을 적극적으로 수용하지 않거나 적어도 이와 불편한 관계에 놓여 있다.

5. 과잉노동사회의 젠더화된 일-가족관계의 재구성

1) 일-생활 균형 제도의 부재와 여성 노동 정체성의 재조정

1990년대 이후 한국에서 '보육의 사회화'는 민간시장에 거의 전적으로 의존하게 되었다. 신경아(2007: 38)의 지적대로 공보육시설이 아닌 민간보육시설이 주도적으로 확충됨으로써 장시간 근무에 대한 규제는 사회적으로 전혀 논의되지 못했고, 이로 인해 육아로 인한 근로시간 조정과 휴직에 대해 부정적으로 바라보는 조직문화는 존속되었다. 어린아이를 돌보기 위해 활용할 수 있는 육아휴직은 한국에서 공식적으로 최대 1년으로 짧은 데다가,

사례 여성들의 인터뷰에 따르면 대부분 3개월(길면 6개월) 정도 활용하는 것도 최근에 이르러서야 가능한 일이고, 대체로 직장 규모에 상관없이 모든 직장에서 육아휴직은 "눈치가 보여서" 활용할 수 있는 제도가 아니었다. 육아휴직을 1년 신청한 후 퇴사하는 직장동료에 대한 보고도 있었다. 게다가 장시간 근무를 당연시하는 조직사회에서 형편에 따른 근무조정은 고용주 입장에서의 대체인력 투입에 따른 비용부담뿐만 아니라 남녀 동료 직장인들 간의 형평성을 침해하는 것으로 인식된다는 사례 여성들의 진술도 있었다.

김혜경(2007)의 연구에서 지적한 대로, 여성들의 '수정확대가족'(특히 모계 수정확대가족)의 활용은 이 연구 사례 여성들이 일을 할 수 있는 수단으로 두드러졌으며(현재 일하는 6명의 여성 중 4명), 수정확대가족이 한계에 이르면 육아와 가사노동에 대한 전폭적인 시장화(외주화)가 주요 전략이 되었다(사례9). 일부 근무시간 조정이 가능한 선에서는 핵가족의 형태로 여성들이 일을 계속해나갔다(사례7).[5] 한편 가족지원 체계의 부재는 여성들의 일 포기로 이어진다(현재 전업주부들인 사례1, 사례4, 사례5).

여기서 주목하고 싶은 부분은 여성들의 노동 정체성이 결혼, 출산, 육아에 이르는 생애과정에 따라 어떻게 재구성되는가이다. 이 과정은 같은 코호트 내 여성들이 초기 성인기에 가진 노동 정체성의 '강도'의 차이가 사회구조적 요인들과의 상호작용을 통해 드러나는 과정이며, 노동 정체성과 가족 정체성이 갈등적 상황을 만들면서 양자 사이의 관계가 여성들 사이에서 서로 다르게 재조정되는 과정이다.

---

5) 김혜경(2007: 51)은 '수정확대가족'을 "인구센서스상의 가족형태를 넘어서 맺어지는 친족관계를 포함"한 가족형태로서, "친족적 접촉과 도움의 교환이 지속"되는 가족형태로 보고 있다. 이는 부계 수정확대가족일 수도 있고, 모계 수정확대가족일 수도 있다. 모계 수정확대가족이 확산되는 것이 그동안의 전반적인 한국 사회의 경향이었다.

일을 지속하는 데에 강한 노동 정체성은 매우 중요한 요인 중의 하나임이 틀림없어 보인다. 강한 노동 정체성을 가진 여성에게는 '일의 포기'가 하나의 선택지가 아니기 때문이다. 이에 반해 가족의 지원이 있더라도 노동 정체성이 (강한 여성들에 비해서) 상대적으로 덜 강할수록 장시간 노동이 초래하는 생활시간의 결핍은 여성들의 노동 정체성의 약화를 초래한다. 이렇게 성인 초입기에 가졌던 노동 정체성은 자신들이 당면한 일-생활의 불균형 구조 속에서 재조정된다.

경제적 자립의 노동 정체성이 모든 여성들에게도 나타나지만, 얼마나 이러한 지향이 강한가는 차이가 있다. 어느 시점에서 누가 더 강한 노동 정체성을 가지고 있다고 말하기는 물론 어려워 보인다. 다만 현재 일을 계속하고 있는 여성들은 초기 성인기 이후 '사회생활' 또는 '직장생활'을 당연시하는, 아래의 진술과 같은 강한 의지를 보여주었다.

결혼을 일찍 해야겠다는 생각은 전혀 없었는데요. 이 사람이 나의 그 사회생활에 전혀 방해가 안 될 것 같다는 확신이 있었어요. 이 사람이랑 결혼해서, 앞으로 인생에서 나의 발목을 잡거나, 내가 뭐 사회생활을 하는 데 있어서 뭐 방해가 될 만한 요소가 전혀 아니다(라는 확신이 있었어요).

-사례9, 현재 방송 아나운서

일단은 좀 왕창 벌어서 부모님한테 좀 효도하고 싶은 그런 마음. 아주 그 가난이 지긋지긋하니까. 그래서 좀 그런 마음이 또 되게 컸어요. 나도 직장생활 하니까, 둘이 맞벌이하면 뭐 지금 없더라도, 출발할 때 이제 돈이 없더라도, 좀 둘이 모아서 좀 열심히 살면 뭐 되지 않을까? 그런 생각을 했었거든요.

-사례6, 현재 공무원

일에 대한 지향을 강하게 발언한 여성일수록(사례2, 사례6, 사례7, 사례8, 사례9) 일과 가정의 양립 문제로 고민할 때, 이들은 '심각하게' 일의 포기를 고민하는 단계로 바로 넘어가지는 않는다. 즉, 생활시간의 결핍이 이들의 노동 정체성 자체를 '위협'하지 않으며, 이들은 지속적으로 강한 노동 정체성을 유지한다.

그러나 현재 전업주부이거나 일하고 있는 몇 여성들의 경우(사례3, 사례10)에는 출산과 양육의 경험이 장시간 노동규범과 강하게 충돌하면서, 직업을 당연히 가지고 "돈을 벌어 부모도 도와드리려고" 했던 이들의 노동 정체성이 흔들리게 된다. 이들이 애초에 상대적으로 얼마나 더 약한 노동 정체성을 가졌는지는 확인하기 어렵지만, 초기 성인기 이후 직장생활과 결혼, 출산의 생애단계에서 이들의 노동 정체성이 어느 정도 약해졌고, 약해지고 있음이 확인된다. 이렇게 노동 정체성이 약해질수록 생활시간을 확보하는 가능한 선택으로 '일의 중단'을 고려하게 된다.

과연 낳았을 때 누가 키워줄 사람이 있나? 내가 직장을 그만둬야 되나 이런 생각들. 여러 가지가 좀 아직 정리가 안 됐기 때문에 (둘째를 낳을) 결정을 못 내리고 있는 거고요. (잠시 일을 포기하더라도) 근데 일을 계속 안 한다는 건 아니고요. 언젠가는 또 일을 해야 한다는 생각은 항상 갖고 있어요. 아님 재테크를 하든지, 어쨌든 해야 한다는 생각을 ······.

-사례3, 현재 15개월 첫아이를 둔 직장인

2) 젠더관계의 영향: 젠더화된 대응과 갈등

사례 여성들은 그들의 남편들과 마찬가지로 초기 성인기 이후 강한 노동 정체성을 가지고 있었다. 그리고 부모 세대와 관계를 맺는 방식에서, 특히 시부모-며느리의 전통적 가족질서를 수용하는 데서 '고루한' 남편들과 여전히 대립되는 면이 있었지만, 확실히 '부모의 영향권에서 벗어난' 부부 중심의 핵가족을 규범으로 받아들이는 점에서는 남편들과 공유하는 점이 많았다. 그러나 남녀의 강한 노동 정체성과 부부 중심의 핵가족 규범의 공유가 이들 부부간의 갈등을 제거하지는 못했다.

육아 등 가사노동에서 남성들의 부재는 부재로만 그치는 것이 아니라, 남성들의 삶의 패턴에 신자유주의적 노동규범이 강화되면서, 이것이 일-가족관계의 구조에 새로운 영향 요인으로 전환되고 있음이 사례들에서 발견되었다. 사례 여성들의 남편들은 대체로 전통적인 가족의 남편 또는 아버지의 역할을 이전 세대의 아버지와 크게 다르지 않게 수용해 '생계부양자'로서 역할을 강고하게 받아들이고 있으며(또는 받아들이도록 '압박'을 받고 있으며), 이 생계부양자로서의 역할을 다하기 위해서 일 중심적 삶의 패턴을 따라가고 있다.

하지만 이 남성들이 모두 동일하지 않으며, 일-가족관계 재설정에서 사뭇 다른 반응들을 보여주고 있다. 한 부류의 남성들은(공무원인 사례6을 제외한 현재 일을 하고 있는 여성들의 남편들) 자신의 아내들이 일을 포기하지 않고 적극적으로 자기 일들에서 성취해가기를 원한다. 이 남성들은 생계부양자로서의 남성의 역할을 버리지 않으면서도 동시에 여성들의 일도 당연시한다는 점에서 전형적인 남성생계부양자 가족 모델로부터는 벗어나 있다.

그런 거(일하는 거)에 태클이 들어올 거라고 생각을 했으면 (결혼) 못했을 텐데 그런 게 없었으니까 아주 자연스럽게. (남편은) 일하는 거 되게 좋아하던데요.

-사례10, 직장인

남편은 육아에 거의 한 0%. 다 네 마음대로 해라. 다 좋아, 서포터는 해주는데. 의외로 가정에 관심이 없는 거예요. 그러니까 또 살아보니, 또 여러 가지 문제가 있겠더라고요. 그래서 저희 남편은 지금도, 그때도 마찬가지지만, 애를 낳고 나서, 아줌마를 들이고 나서도 "야 아줌마가 있는데, 네가 굳이 일찍 가야 될 필요가 뭐가 있니? 학원에 갔다가 공부도 좀 하고 그리고 와" 이렇게 얘기를 해주던 남편이에요.

-사례9, 직장인

이 분류의 남성들은 육아의 책임으로부터 벗어나 자신들의 일에만 몰입하길 원하기도 한다. 이들 중 일부(사례2, 사례7, 사례8, 사례9)는 매우 강하게 아이를 거부하거나 원하지 않았으며, 다른 일부(사례3, 사례10)는 출산과 자녀 수에 매우 신중한 태도를 보였다.

경제적인 자립심이 너무나도 강해서. 근데 그게 약간 병적으로 강해요. 그러다 보니까 약간 일 중독 같은 것도 있고. 일을 많이 하고, 그리고 일을 해야 그런 여러 가지 자기가 돌아보기 싫은 것들로부터 끊을 수가 있어요. 부인과의 관계도 똑같죠. 내가 너 남편인 거 분명한데, 더 이상 무슨 관계가 필요해. 그냥 나는 이 가정을 위해 열심히 일하겠다. 끝. 그러고 끝이죠.

-사례9, 직장인

경제적인 것도 있고. 네가 지금까지 한 게 있는데. 이제 시작이고 또다시 또 다른 환경변화도 있고 이러니까. 지금까지 해봤던 게 다 아깝지 않느냐. 공부를, 그러면 해서 대학원을 가든가. 좀 더 뭐 이런 쪽으로 계속 이야기를 하는 편이에요. 그러니까 둘째 생각을 잘 안 하게 되죠.

-사례3, 직장인

이 연구를 넘어서 일반화하기는 어렵겠지만, 적어도 이 사례들에서는 경쟁적이며 장시간 노동시장에 개인들이 '효율적'으로 대처할 수 있도록 가족의 규모와 기능이 축소되길 원하는 남성들의 가족전략이 드러난다. 이 분류의 남성들은 '아이가 없거나 자녀 수가 적은 가족'을 원하거나 가족의 기능이 외주화를 통해서 대체되는 데에도 매우 적극적이다. 이렇게 시장에서의 경쟁을 내세우는 신자유주의적 노동규범을 적극적으로 수용하는 상당수 남성들은 가족관계에서 단순한 '부재'가 아니라 가족규모와 기능을 최소화하려는 '가족 최소화' 전략을 추동하는 행위자가 되었다.6)

이 분류 남성들의 일-가족관계 재설정은 물론 이 코호트 여성들도 대부분 보이는 개인주의적인 성취적 삶의 지향과 공유되는 부분이다. 그러나 남성들의 '가족 최소화' 전략은 여성들의 일-가족관계 설정에 모순적이다. 대부분의 여성은 노동 정체성과 가족 정체성이 현실적으로 모순적 관계로 드러날 수 있음을 의식하면서도, 그 모순적 관계를 남성들처럼 '일 중심적'으로 풀어내는 과정에 저항한다. 이 연구에서는 여성들이 아니라 오히려 남성들

---

6) 이 분류 남성들의 가족에 대한 태도를 무엇이라 불러야 할지에 대해 답하기가 쉽지는 않다. 이를 "부모로서의 책임보다 개인적 자기실현을 우선시하는 포스트모던 가치"(Esping-Andersen, 2010: 81)에 가까운 것으로 볼 수 있을까? 이 연구에서 사례2의 경우, 이 여성은 바로 이 '포스트모던한 가치'를 자기 부부가 아이를 갖지 않기로 한 이유로 들었다. 그러나 '두 아이 규범'에 연연하지 않는 남성들의 가족규범이 기존의 남성 생계부양자 모델로서의 가족규범과 어떻게 같고 다른지를 연구자는 쉽게 파악하기 어려웠다. 물론 그 이유는 우리가 어렵지 않게 짐작할 수 있으며, 아내들도 그 이유를 잘 설명해주기도 했다. '가장'으로서의 경제적 부담감, 자기 일에 대한 몰두, 양육 책임 회피(돌봄노동으로서의 아이 돌보기 회피) 등을 들어볼 수 있을 것이다. 그래서 여기서는 이러한 남성들의 태도를 '규범'으로 보기보다는 하나의 '전략'으로 보고자 했다. 자신들의 노동시장에서의 삶의 패턴과 가장 친화적일 수 있는 '가족 최소화' 전략을 이 남성들이 추구하고 있다고 이 연구에서는 잠정적으로 보고자 한다.

이 더 적극적으로 아이가 없거나 자녀 수가 적은 가족을 지향하고 있음이 나타난다. 여성들은 자기 일을 계속하는 것과 사실상 양립하기 어려운 '아이가 (둘) 있는 가족'을 원한다. 그런데 서구 복지국가에서도 '두 아이 규범(Two-child Norm)'이 여전히 지지가 되고 있다는 점에서(Esping-Andersen, 2010: 82), 한국 여성들이 특별히 '보수적'이기 때문에 '두 아이 규범'이 존속되는 것은 아닐 것이다. 단 조심스럽게 여기서 말해볼 수 있는 것은 한국 남성들에게서 '두 아이 규범'을 거부하려는 경향이 분명 강하게 존재한다는 점이다.

사례2 여성을 제외하고는 모두 '아이가 둘 (정도) 있는 가족'을 원했다. 그러나 남편들이 아예 아이를 거부하거나 신중할 경우, 또 둘째를 거부할수록 자녀 수가 줄어든다. 남편이 아이에 대해 연연하지 않거나 원하지 않을수록 자녀 수가 줄어들기 때문에(0 또는 1), 이때 여성들이 계속 일을 할 가능성은 커진다.[7] 그런 점에서 여성들의 노동 정체성은 사실상 남성들의 '가족 최소화' 전략과 어긋나지 않으며 현실적으로 도움 받는다는 역설을 우리는 보게 된다. 그러나 동시에 이 여성들 자신의 가족 정체성은 수정되거나 실현되지 않은 채로 남겨지게 된다. 이러한 가족 정체성의 수정과 포기는 이 여성들에게는 남편과의 갈등 또는 일-생활 불균형의 갈등을 지속적으로 불러일으킨다.

한편 경쟁주의적 시장규범을 아내에게까지 적용하기를 거부하는 다른 일군의 남성들(사례1, 사례4, 사례5)은 기존의 남성생계부양자 모델에 충실하려

---

7) 사례6과 사례9는 두 아이를 두고도 계속 직장을 다니고 있다. 사례6은 시부모(남편)가 '아들'을 원해서(자신도 '두 아이 규범'에 대한 선호는 가짐), 사례9는 남편이 아이를 강하게 원치 않았는데도 남편을 설득해 불임클리닉에 다녀 첫째를 낳았고, 더 이상 아이를 낳을 수 없는 것으로 알고 피임을 하지 않아서 둘째를 낳은 경우이다. 여기서 말하고자 하는 것은 '두 아이 규범'에 대한 남편들의 태도와 실천이 자녀 수 조정에 영향을 미칠 수밖에 없고, 이것이 결과적으로 여성들이 일을 지속하느냐의 여부에 영향을 미치게 되는 '경향'이 있다는 점이다.

한다. 이들은 '가족 최소화'가 아니라 남성생계부양자에 근거한 '전형적인' 핵가족 규범을 추구한다. 이들은 자신의 아내가 아이들을 키우면서 일까지 해서 힘들게 사는 것을 원하지 않는다는 면에서 분명 가족을 '위하는' 남편들이다.

> 근데 이 남편은 나름대로, 전혀 아닐 거 같은데 가부장적인 그런 게 있었던 건지. 아니면 나를 너무 사랑했었던 건지, 아니면 자기 딸을 너무 사랑했었던 건지. 안 했으면 좋겠다. '자긴 쉬었으면 좋겠다' (그렇게 말했어요).
>
> -사례1, 직장 포기 사례

> 시어머님이 보험 일 하시고, 아기 아빠 어렸을 때 엄마가 항상 집에 없었어요. 그랬기 때문에 자기는 집에 왔을 때, 그 아무도 없는 그 찬 기운, 그 기분이 너무 싫대요. 그래서 우리 애들은 안 그랬으면 좋겠다고 하죠.
>
> -사례4, 직장 포기 사례

이 연구 사례 여성들의 가족 정체성은 부부 중심 핵가족으로서 정서적이고 친밀한 가족관계와 함께한다. 이는 이 여성들의 노동 정체성과는 독립적으로 존재하는 영역이다. 한국에서 정서적이고 친밀한 가족관계는 엄마의 시간과 존재를 전제한다. 아이를 돌봐야 하는 엄마의 입장에서 엄마의 부재는 여성들의 가족 정체성을 실현하기 어려운 것이다. 일을 포기한 사례의 여성들은 결혼과 출산 전까지는 노동 정체성에 비해 상대적으로 약하게 존재했던 가족 정체성을 일과 가족관계의 재설정에서 강하게 드러낸다.

> (둘째를 낳아서) 잘해보고도 싶고 둘째는. 처음부터 잘해봐야겠다.
>
> -사례1, 직장 포기 사례

엄마랑 같이 많이 못 있는 시간, 그게 뇌리에 있나 봐요. 그래서 애들이 막 안쓰럽고. 이렇게 딱 독립시켜서 떨어뜨려 보내고 그걸 못해가지고. 내 품에서 벗어나면 불안한 거예요.

-사례5, 직장 포기 사례

따라서 남편들이 '아이가 둘 있는 가족'을 원하거나 자연스러운 것으로 여성의 생각과 일치할 때나 여성에게 이 문제를 맡겨둘 때, '아이가 둘 있는 가족'은 실현되며, 여성들은 일을 그만둘 가능성이 커진다. 여성들의 '두 아이 규범'에 대한 선호가 연구대상 여성들이 자신이 직장을 포기하는 상황을 단순히 '합리화'하기 위해 동원한 논리는 아닌 것으로 보인다. 그러나 그들이 '자발적으로' 일보다는 가족을 선택했다고 보기도 어렵다. 이들이 일을 포기하게 된 이유를 너무나 분명하게 '육아'(그리고 부분적으로 직장 문제)라고 말하고 있기 때문이다.

난 100% 육아. 아니 80% 육아, 플러스 나머지는 복지관에 대한 불만. 뭐 그런 것들.

-'왜 일을 그만뒀는가'에 대한 사례1의 답변

지금까지의 이 사례들에 나타난 젠더화된 반응과 갈등을 보건대, 여성들의 일-가족관계의 재설정은 남성들의 일 중심적 삶의 패턴과 크게 충돌하며, 그러는 과정에서 여성들의 노동 정체성과 가족 정체성은 또한 충돌하고 있다. 그런데 이러한 남성과 여성의 삶의 충돌, 여성의 노동 정체성과 가족 정체성의 충돌은 한국 사회의 구조적 모순성이 드러나는 방식이기도 하다. 우선 이 생애단계에서 여성들 스스로 남녀의 서로 다른 삶의 방식을 목격하는 것이다.

어떻게 생각하면 (남편의) 근본은, 근본은 정말 변한 게 없고. 그냥 약간 예전에 부모님보다는 가정에 조금은 더 (하죠). 가정에도 한 70%를, 많이 가정에 하라는 게 아니라, 회사에 70%를 주면 30%는 가정에 줬으면 좋겠고.

-사례1, 전업주부

여자들은 그렇잖아. 어떻게 할 수가 없잖아. 남편이 하는 것도 아니고, 어떻게 비빌 언덕이 없으니까. 예를 들어 내 힘의 30%는, 최소한 30%는 놔두고 일을 맡게 되잖아. 나도 본능적으로 좀 안 맡게 되거든.

-사례7, 직장인

더 일반화된 논의를 해본다면, 이 연구의 사례들에서 드러나는 젠더화된 반응들은 신자유주의적 노동규범이 얼마나 강력하게 생활시간의 부족을 초래하고 있는지에 대한 구조적 모순성을 드러낸다. 남편과 함께 아이를 갖지 않기로 합의한 사례2의 여성처럼 '여가의 확보'라는 '탈물질주의적' 가치를 지향하는 여성들도 등장하고 있지만, 아직까지 상당수 여성들은 '두 자녀 규범'을 가지고 일-가족의 양립을 원하지만 일이 생활시간의 결핍을 초래한다는 현실에 좌절하고 있다. 그것이 일하는 여성이나 일하지 않는 여성이나 모두 여성들이 아이와 가족에 대한 (자신과 남편 모두의, 또는 남편의) '구조적인' 생활시간의 결핍 문제를 거듭 언급하고 있는 이유일 것이다.

3) 선택의 역설: 여성들의 분화, 그리고 공통된 노동 정체성과 가족 정체성의 불편한 공존

사례 여성들은 결국 전일제 노동자냐, 전업주부냐로 노동패턴이 분화되어 나가게 되는데, 이러한 과정에서 우리는 이 코호트 여성들에게 노동 정체성과 가족 정체성이 불편하게 공존하고 있음을 알게 된다. 사례 여성들의 남편들이 강한 노동 정체성을 가지고 신자유주의적 노동규범을 좀 더 적극적으로 수용하면서 자기의 일 중심적 생활양식에 친화적인 '가족 최소화' 전략이나 남성생계부양자 모델의 강화를 추구한다면, 여성들은 전일제 노동자와 전업주부로 분화되지만, 모두 공통적으로 일-생활 불균형으로 인한 노동 정체성과 가족 정체성의 불편한 공존을 경험한다. 이 사례 여성들은 일과 가족 관계의 균형을 요구하지만 둘을 만족시키는 삶을 구성하지는 못한다.

일하고 있는 여성들은 일단 일을 계속할 수 있음에 만족해한다. 우선 일은 이들에게 경제적 자립을 통해 자기 삶의 선택 폭을 넓혀주고, 가족 내에서 당당한 위치를 부여해준다. 또한 일은 다음 세대 여성들에 대한 배려이기도 하다. 지난 세대까지 경험하지 않은 길을 걸어감으로써 이들은 자신의 자녀들과 후배 여성들에게 길을 터주는 역할을 하는 것에 자부심을 갖는다.

그래서 저는 일을 하면서는, 아이를 키우면서 일을 하는 거는, 제가 딸이 있기 때문에 내 딸에게 길을 만들어준다는 게, 되게 있어요. 저는, 솔직히는 많은 여성들이 일을 했으면 좋겠다는 생각을 갖고 있어요. 왜냐하면 제가 만약에 일을 안 했더라면, 저도 마찬가지로 제가 가지고 있는 것들을 뭔가 발휘하면서, 나누면서 살고 싶은데 그 장을 잘 못 만났을 경우에는 지나치게 아이 문제나 교육 문제에 신경을 쓰거나 (하면서 살겠죠).

-사례9

다만 이들은 중단될 수 없는 직장과 가정에서의 노동에 육체적으로 너무나 피곤해하며, 다른 한편으로 정서적이고 친밀한 공간으로서의 핵가족이 전제해야 한다고 생각하는 '엄마의 존재'를 어떤 것도 대체하지 못하는 현실에 안타까워했다. 또한 수정확대가족과 외주화에 의존하면서 부부 중심 핵가족의 정서적이고 친밀한 공간을 이루지 못할 것 같은 예측으로, 한편으로 는 원했던 바로 그 친밀한 공간으로서의 핵가족을 얻지 못하고 있다는 두려 움을 가지고 있다.

> 어떤 분이 저한테 그러더라고요. 불쌍하다고 그러는 거예요. 왜요? 그랬더니, 한참 예쁠 때, 아이를 키우는 즐거움을 모르니, 아 넌 참 불쌍하다, 딱 이렇게 얘기를 하시는 거예요. 한편으로는 그 생각도 들더라고요.
>
> -사례3

> 지금도 제 시간의, 거의 대부분의 시간은 제 일 때문에 보내는 시간이기 때문 에요. 그래서 제가 지금 고민하는 문제는, 아이들을 새로운 방식으로 교육시 키려고 해도, 직장 엄마한테는 너무나 큰 벽이구나. 그냥 대안학교로 쭉 보내 야 되겠다는 생각을 했는데, 여기서도 막히는 부분이 엄마의 시간과 노력. 내 가 이때 이후에 어떤 삶을 살아갈 때, 준비가 필요하겠다 싶어서, 지금 일을 하고 있을 때, 내가 이것도 같이 준비를 하려니까 또 시간이 없는 거예요. 그 래서 또 그러다보면 아이들은 커져 있죠. 그래서 중요한 시기에 아이들과 관 계를 맺는 그 시기에 또 해줘야 할 걸 못해주는 그런 어려움은 있네요.
>
> -사례9

반면 일을 하지 않은 모든 여성은 생활시간을 확보함으로써 가족 정체성 을 강화할 수 있었으나, 가족(아이들)이 노동 정체성의 포기에서 오는 자기 정체성의 부정을 보상해주기 힘들다고 말하고 있다. 사례 여성들 어머니들 의 삶을 돌이켜볼 때, 헌신적 어머니상에 대한 사회적 규범이 얼마나 강했든 지 간에, 상당수 전업주부 어머니들은 경제적 의존성과 사회생활에 대한 갈 망으로 가족만으로 만족해하지 못했다. 더욱이 맞벌이에 대한 선호가 더욱 커지고, 개별적 성공이 사회적으로 더욱 부추김을 받는 현 상황에서 일을 포기하고 나서야 생활시간을 확보한 전업주부 여성들은 노동 정체성을 유지하지 못한 데에 대한 심경을 "지옥 같았다", "뒤떨어지는 것 같다", "형편없는 사람이 되는 것 같다"라는 표현으로 강하게 드러냈다.

> 내가 집에 있어 보니까. 육아는 내 체질이 아니구나, 알게 됐지. 벌어다 주는 돈을 받아 쓰면서도. 내가 너무, 내가 자꾸 도태된다고 느낀다고 할까. 그냥 아무것도 하는 거 없이.
>
> -사례1

> 내가 4년제 대학까지 나오고, 나도 나름 생각이 있었는데. 집에서 물론 육아나 이런 것도 중요하지만 내가 꼭 이렇게 묻혀 지내야 하나, 항상 그런 갈등이, 항상 있었죠. 그러니까 집에 있었던 8년이 막 너무 지옥이었던 거예요.
>
> -사례5

그러나 이들은 다시 노동시장으로 복귀하는 것은 생활시간의 결핍 상황으로 다시 빠져드는 것이고, 노동 정체성을 여전히 놓지 않으면서도 이것이 가족 정체성과는 매우 불편한 관계를 가질 수밖에 없을 거라는 확신을 하고 있었다.

> 내가 엄마한테 받지 못했던 것들을 생각하면서 내가 내 애들한테, 그걸 나는 그렇게 하지 말아야지, 하면서 하는 거 있죠.
>
> -사례5

6. 결론

이 연구의 사례 여성들이 고민하는 것은 결국 "무엇이 잘 사는 것인가"라는 문제이다. 세계화의 과정이 경쟁주의를 완화하는 제도 부재나 미약으로 인해, 한국에서는 매우 강하게 촉진하고 있는 일 중심적 생활양식은 여성들을 더욱 일과 생활의 불균형 문제에 노출시키고 자신들의 노동 정체성과 가족 정체성을 불편하게 재조정하도록 만들었다. 과잉노동사회는 남성들의 일 중심적 일-가족관계 구조를 강화하며, 여성들의 선택지를 제한했다.

이 연구에 참여한 1970 · 1980년대 초에 출생한 대졸 여성 코호트는 어머니 세대를 통해 어머니의 삶으로 경험된 한국 사회의 일과 가족관계 구조를 벗어나려는 가치들을 형성했다. 그러나 이것은 초기 성인기까지는 유동적인 채로 남아 있었고, 취업, 결혼, 출산, 육아로 이어지는 생애과정의 단계에서 과잉노동사회의 장시간 노동, 그리고 그로 인한 생활시간의 결핍으로 특징지어지는 사회구조 변동의 맥락에서 초기 성인기까지 형성된 가치들은 다양한 모습으로 갈등적으로 재조정되었다.

연구 참여 코호트 여성들은 모두 대학을 졸업한 고학력자로서, 직업을 가져야 한다는 강한 노동 정체성 욕구를 가졌으며 동시에 친밀한 공간으로서의 부부 중심 핵가족에 대한 가족 정체성을 성장 과정에서 형성했다. 이들이 성장한 고도산업화 시기에는 경제사회적 기회와 가족구조는 남성 중심으로 구성되어 있었고, 이 여성들은 그러한 구조적 틀에서 벗어나고자 했다. 하지만 이 여성들은 초기 성인기에 진입한 이후 경쟁주의적 노동규범을 부추기는 노동시장 구조, 그리고 한편으로는 '가족 최소화' 전략, 다른 한편으로는 남성생계부양자 핵가족 규범을 내세우는 남편과의 젠더관계 구조에서 자신들의 노동 정체성과 가족 정체성의 불편한 공존을 체험하게 되었다. 이 여성들의 선택지는 남성들이 확고한 일 중심적 생활양식 위에서 '가족 최소화'를 통해 친시장주의적 생활양식을 택하느냐 아니면 "여성을 가정으로!"라는 성별분업구조를 강화하는 생활양식을 택하느냐로 갈리는 것과는 사뭇 다르게 나타났다. 이 여성들은 신자유주의적 노동질서와도 불편한 관계에 놓여 있으며, 남성생계부양자 핵가족 규범과도 불편한 관계에 놓여 있었다.

그런데 역설적으로 일-가족관계의 재설정 과정에서 드러난 그들의 노동 정체성과 가족 정체성의 불편한 공존과는 달리, 그들의 구체적인 선택은 한편으로는 생활시간의 결핍을 전제한 친시장적 생활양식을, 다른 한편으로는 성별분업구조를 공고히 하는 생활양식을 강화함으로써 자신들이 거부하려는 것을 자신들이 선택하게 되는 결과를 초래했다. 전업주부의 선택이 전통적인 성별분업구조를 유지한다는 것은 그 생활양식에 대한 주관적 의미 부여와 자발적 선택과는 상관없이 논란의 여지가 거의 없다. 한편 가사노동과 돌봄노동의 시장화를 통한 맞벌이 가구, 즉 이인소득자 가구나 수정확대가족에 의존한 이인소득자 가구는 어느 형태든 남성들이 아닌 여성들의 더 많은 가사노동과 돌봄노동을 필요로 하되, 남녀 모두의 생활시간 결핍을 전제로 하고 있기 때문에 결국 신자유주의적 노동규범을 따르게 된다. 어느 쪽이든 여성들의 노동 정체성과 가족 정체성이 공존하기는 어렵다.

그러나 결국 여성들의 모순적 대응과 역설적 결과는 생활시간 결핍을 초래하는 경쟁주의적 과잉노동사회와 남성의 일 중심적 생계부양자 가족규범에 근거하는 생활양식이라는 구조적 실체들을 드러내준다. 이 연구의 코호트 여성들이 거의 모두 바라듯이, 높은 수준의 경쟁주의적 노동규범이 노동시간 규제와 노동시장 불평등 완화 등의 제도적 완충장치로 '걸러져' 가정을 위해 내줄 수 있는 시간이 남성과 여성 모두에게 지금보다 동일하고 충실하게 확보될 수 있다면, 이 코호트의 바람이 다음 코호트에게는 조금 더 이루어질 수 있을 것이다. 여성이든 남성이든 사회인으로서 당당히 살아갈 수 있는 사회제도적 지원이 교육체계에서부터 노동시장에 이르기까지 충실해지고, 이들이 2세를 원한다면 아이들을 낳아서 자녀가 성인이 될 때까지는 경쟁사회로부터 보호하고 충분한 시간을 할애해서 키울 수 있는 여건이 갖추어지지 않고서는 현재 1970ㆍ1980년대 초에 출생한 대졸 여성 코호트가 결혼 이후의 생애단계에서 보여주었던 일-가족관계 설정에서의 모순적 대응과 역설적 결과 등은 앞으로도 계속 다음 코호트의 개별 여성들(결국, 개별 남성들)에게 남겨질 것이다. 이는 일-생활의 불균형이 저출산, 여성의 경제적 의존, 맞벌이 여부에 따른 가구별 소득격차, 사교육의 증가, 부모 시간의 결핍, 사회적 스트레스의 증가라는 부정적 측면들을 초래해 한국 사회의 삶의 질을 낮추는 큰 요인으로 작동할 것임을 의미한다. 따라서 개인들의 삶의 만족을 위해서는 일-생활의 불균형을 초래하는 원인에 대한 심층적 분석과 이 불균형 해소에 대한 고민이 매우 절실하다.

참고문헌

강이수. 2007. 「산업화 이후 여성노동시장의 변화와 일-가족 관계」. ≪페미니즘 연구≫, 제7권 2호, 1~35쪽.
교육과학기술부. 1990. 교육통계연보.
_____. 2008. 교육통계연보.
김유선. 2010. 「경제위기와 노동조합의 대응」. ≪노동사회≫, 제152호. 한국노동사회연구소.
김혜경. 2007. 「여성의 노동사를 통해 본 일과 가족의 접합: 60년대 산업화 이후 친족관계의 변화를 중심으로」. ≪페미니즘 연구≫, 제7권 2호, 37~82쪽.
박경숙ㆍ김영혜. 2003. 「한국 여성의 생애 유형: 저출산과 M자형 취업곡선에의 함의」. ≪한국인구학≫, 제26권 2호, 63~90쪽.
신경아. 2007. 「산업화 이후 일-가족 문제의 담론적 지형과 변화」. ≪한국여성학≫, 제23권 2호, 5~45쪽.
은기수ㆍ박수미. 2002. 「여성취업이행 경로의 생애과정 씨퀀스(sequence) 분석」. ≪한국인구학≫, 제25권 2호, 107~138쪽.
이재인. 2005. 「노동자정체성과 결혼생활의식: 30, 40대 기혼여성들의 생애사 분석」. ≪가족과 문화≫, 제17집 1호, 147~189쪽.

조주은. 2008. 「압축적 시간성을 통한 '바쁨': 서울지역 중간계급 유배우 취업여성을 중심으로」. ≪한국여성학≫, 제24권 3호, 211~240쪽.

통계청. 1990. 경제활동인구조사.

_____. 2009. 경제활동인구조사.

Blossfeld, Hans-Peter and Heather Hofmeister(eds.). 2006. *Globalization, Uncertainty and Women's Careers: An International Comparision.* Cheltenham, UK/ Northampton, MA, USA: Edward Elgar.

Blossfeld, Hans-Peter, Erik Klijzing, Melinda Mills, and Karin Kurz(eds.). 2008. *Globalization, Uncertainty and Youth in Society: The Losers in a Globalizing World.* London: Routledge.

Bruening, Jennifer E. and Marlene A. Dixon. 2008. "Situating Work-Family Negotiations within a Life Course Perspective: Insights on the Gendered Experiences of NCAA Division I Head Coaching Mothers." *Sex Roles*, 58, pp. 10~23.

Buchoholz, Sandra, Dirk Hofäcker, Melinda Mills, Hans-Peter Blossfeld, Karin Kurz and Heather Hofmeister. 2009. "Life Courses in the Globalization Process: The Development of Social Inequalities." *European Sociological Review*, 25(1), pp. 53~71.

Elder, Glen H. Jr. 1974. *Children of the Great Depression: Social Change in Life Experiences.* Chicago: University of Chicago Press.

Elder, Glen H. Jr., Monica Kirkatrick Johnson and Robert Crosnoe. 2003. "The Emergence and Development of the Life Course Theory." in Jeylan T. Mortimer and Michael J. Shanahan(eds.). *Handbook of the Life Course.* New York: Kluwer Academic/ Plenum Publisher, pp. 3~19.

Esping-Andersen, Gosta. 2010. *The Incomplete Revolution: Adapting to Women's New Roles.* Cambridge, UK/Malden, MA, USA: Polity Press.

Gerson, Kathleen. 1985. *Hard Choices: How Women Decide about Work, Career, and Motherhood.* Berkeley/Los Angeles/London: University of California Press.

Hakim, Catherine. 2000. *Work-Lifestyle Choice in the 21st Century: Preference Theory.* Oxford: Oxford University Press.

Hofmeister, Heather, Hans-Peter Blossfeld and Melinda Mills. 2006. "Globalization, Uncertainty and Women's Mid-career Life Courses: A Theoretical Framework." in Hans-Peter Blossfeld and Heather Hofmeister(eds.). *Globalization, Uncertainty*

and Women's Careers: An International Comparision. Cheltenham, UK/
Northampton, MA, USA: Edward Elgar, pp. 3~31

Hiltin, Steven and Glen H. Elder, Jr. 2007. "Time, Self, and the Curiously Abstract Concept
of Agency." *Sociological Theory*, 25(2), pp. 170~191.

Mayer, Karl Ulrich. 2009. "New Directions in Life Course Research." *Annual Reivew of
Sociology*, 35, pp. 413~433.

Moen, Phyllis and Ken R. Smith. 1986. "Women at Work: Commitment and Behavior over
the Life Course." *Sociological Forum*, 1(3), pp. 450~475.

OECD. 2011. Data extracted on 21 Jun 2011 01:30 UTC (GMT) from OECD.Stat.

Thomas, William I. and Florian Znaniecki. 1918~1920. *The Polish Peasant in Europe and
America.* Eli Zaretsky(edited and abridged). 1984. Urbana and Chicago: University
of Illinois Press.

Zhou, Xueguang and Liren Hou. 1999. "Children of the Cultural Revolution: The State and
the Life Course in the People's Republic of China." *American Sociological Review*,
64(1), pp. 12~36.

5장

생애전이(life transition) 과정으로서 남성생계부양자의 부재

김경희

강은애

1. 시작하는 글: 생계부양자의 의미와 쟁점들

이 글은 여성생계부양자의 삶의 궤적을 생애과정 관점에서 분석하는 것을 목적으로 한다. 생애과정 관점은 시간, 장소, 맥락에서 가족과정을 역동적으로 파악할 수 있는 통찰력을 제공한다(Elder, Johnson and Crosnoe, 2003; Elder, 1994). 생애과정 관점은 개인이 사회구조적 맥락과 상호작용을 하면서, 그 영향이 개인적 삶의 특성을 사회적으로 유형화하고 지속하는 생애과정 형성에 관심을 둔다. 생애과정 연구에서는 사회적 역할과 변화를 포착할 수 있는 시간 개념이 주요하게 다뤄진다(Macmillan and Copher, 2005: 858~859). 개인이 사회제도 내에서 점하고 있는 지위인 역할은 사회적으로 규정된 자원에 관한 기대와 연관되며, 개인이 수행하는 역할과 타인의 역할들은 상호 연관되어 매트릭스를 구성한다. 예를 들어 개인의 사회적 역할은 일하는 부모 혹은 학생, 노동자와 같은 다중적인 사회적 역할을 수행한다. 이런 역할들이 만들어내는 궤적이 생애과정을 형성하는데, 사회제도에서 지속적으로 유지되지만, 생애과정의 구분되는 단계로의 이행을 의미하는 생애전이(life transition)에 의해 생애과정의 변화를 수반한다. 생애전이는 한 단계로만 보면 분절적이지만, 그 단계는 이전 단계의 개인적이고 사회문화적인 맥락에서 형성된 과정이라고 본다면 연속적이고 변화의 내용을 포함하고 있다. 이 글에서는 남성생계부양자가 지배적인 사회에서 여성생계부양자라는 사회적 특성을 가진 집단들의 생애전이 과정을 질적으로 탐색하고자 한다.

우리 사회에서 여성생계부양자는 여성가구주라는 용어와 등치되어 사용되며, 한국의 대표적인 빈곤집단으로 인식된다. 통계청의 정의에 따르면 여성가구주는 사별 혹은 이혼 등으로 인해 남성 배우자가 없는 가구, 배우자가 부양자로서의 기능을 하지 않는 유배우자 가구, 미혼 가구에서 여성이 세대주인 가구를 의미한다. 그동안 여성생계부양자에 대한 연구나 사회적 관심이 없었던 것은 아니나, 대부분 빈곤이나 가족 생계유지와 같은 경제적 측면에 초점을 둔 경향이 있다. 특히 1990년대 말 경제위기 과정에서 여성가구주 가구의 빈곤은 그 어느 때보다 높은 사회적 관심을 불러일으켰다.[1] 무엇보다 여성가구주에 주목하는 이유는 최저생계비 이하의 빈곤가구의 여성 비율이 점차 높아져가는 빈곤의 여성화 현상과 연관되어 있다. 많은 연구가 이런 상황에 주목하면서 여성가구주의 빈곤 추이와 특성을 밝히는 양적 분석을 수행하고 정책 대안을 제시했다(김수정, 2007, 2008; 김안나, 2007; 석재은, 2004; 윤홍식, 2004). 또한 일부 연구들은 여성가구주의 생애사를 통해 빈곤화 과정을 분석하기도 했다(박미은·신희정, 2010; 정미숙, 2007).

---

1) 한국의 여성가구주인 가구는 2000년 전체 가구의 18.5%에서 2013년 27.4%, 2020년 30.8%, 2030년 34.0%로 증가할 것으로 예상하고 있다(통계청, 2013). 외환위기 이전인 1995년 여성가구주의 빈곤율은 8.3%였으나 2000년에 16.9%로 2배 이상 증가했고, 2010년에는 전체 빈곤층 중에서 여성가구주의 비율은 48.3%로, 비빈곤층 중 여성가구주 비율(20.8%)의 2배를 넘었다(통계청, 2012).

또 한편에서 여성생계부양자에 대한 다른 연구 관심은 전통적인 남성생계부양자 모델의 균열에서 나타나는 남성성 혹은 남성 정체성의 변화나 맞벌이 가구에서 부부관계에 관한 것이다. 특히 한국 사회에서 경제위기 시기에 남성의 노동시장 지위가 위협받을 때마다 남성성의 위기 혹은 부성의 위기에 관한 담론이 확산된 경험이 있다. 남성이 더 이상 가족의 주요 재정 제공자가 아니게 될 때, 남성의 이미지와 정체성의 변화에 대한 분석(Buzzanell and Turner, 2003; Seccombe, 1986)과 여성생계부양자의 젠더 정체성과 경험에 대한 연구(Meisenbach, 2010)가 있으며, 맞벌이 가구의 여성생계부양자 유형화와 특징에 관한 연구들도 있다(Drago, Black and Wooden, 2005: 345~346). 드래고 · 블랙 · 우든(Drago, Black and Wooden, 2005)은 맞벌이 가구 내에서 생계부양자 유형은 남성의 실업이나 해고와 같은 특정 시점에서만 여성의 소득이 높은 일시적 여성생계부양자, 남성의 장기적 실업이나 가구 소득의 최대화를 위한 전략으로서 여성의 소득에 의존하는 지속적 생계부양자, 그리고 전통적인 성역할에 규정되지 않는 여성생계부양자로 나누기도 한다. 일시적 여성생계부양자는 여전히 전통적인 남성생계부양자라는 이데올로기에 근거하고 있지만, 나머지 유형은 경제적 · 문화적 요인에 의해 다양하게 나타나는 새로운 현상을 포착했다는 점에서 주목할 만하다.

이 글에서는 여성가구주 대신 여성생계부양자라는 용어를 사용한다. 일반적으로 여성생계부양자는 남성을 대신해서 생계를 책임지고 있다는 정도로만 인식되고 있는데, 전통적으로 남성의 역할로 인식되고 실천되었던 생계부양자의 역할을 여성이 하게 될 때 어떤가라는 질문은 사회적으로나 학술적으로 활발하게 제기되지 못했다(Meisenbach, 2010). 이 글은 이런 질문에서 출발한다. 따라서 이 글은 여성의 생애과정에서 생계부양자가 된 맥락, 경험, 그리고 그것의 의미에 주목하면서, 여성생계부양자는 특별한 가족형태라기보다는 사회문화적 맥락과 그 여성들이 형성하는 가족관계와 의미

구조의 그물망 속에서 구성되었다는 점을 보일 것이다. 한부모 혹은 독신모에 대한 구성적 의미나 경험에 대한 질적 연구가 공백으로 남아 있다는 바네사 메이(Vanessa May)의 지적처럼(May, 2004: 390), 이 글은 그동안 여성생계부양자가 빈곤이나 특수한 혹은 비정형적 집단이라는 지배적인 인식을 보완하는 질적 연구를 시도한 것이다.

이 글의 초점은 어떤 생애전이 과정을 통해 여성생계부양자라는 생애경로를 걷게 되는가를 탐색하는 데 있다. 생애과정에 관한 많은 양적 연구에서 결혼, 노동시장 진입과 같은 주요한 생애사건을 통해 부모가 되거나 노동자가 됨으로써, 이전과 다른 단계의 생애전이를 가져오는 것으로 논의된다 (George, 1993). 흔히 여성생계부양자로의 역할전이도 남성생계부양자의 사망이나 이혼과 같은 주요한 생애사건을 통해 자동적으로 수반되는 것으로 인식된다. 그러나 이 글에서는 여성생계부양자라는 역할전이를 남성생계부양자 부재라는 전후 맥락과 의미 속에서 연속적으로 형성된 과정으로 파악하고자 한다. 이 과정은 성별분업과 젠더이데올로기에 의해 구성된, 젠더화된 사회구조의 맥락에 순응하거나 조정하는 방식으로 형성된다는 점을 보일 것이다. 여기에서 남성생계부양자의 '부재'는 크게 두 가지 상황이 있는데, 하나는 남성가구주가 존재하지만 생계부양자 역할을 하지 않을 때와 이혼 및 사별 등을 통해서 남성생계부양자의 부재를 물리적으로 경험하는 것을 포함한다.

다음에서는 이 글이 취하고 있는 생애과정 관점에 대한 이론적 쟁점과 연구방법을 논의한다.

2. 생애과정 관점 및 연구방법

1) 생계부양자에 관한 생애과정 관점 연구

기존의 생애주기(life cycle)적 접근은 가족발달의 규범적이고 정형적인 모습에 초점을 두기 때문에 한부모, 재혼가족, 미혼과 같이 가족발달의 비정형적인 측면을 배제하고, 정태적으로 가족을 분석했다는 한계를 지닌다. 반면에 생애과정 관점은 시간, 장소, 맥락 속에서 가족과정을 역동적으로 파악할 수 있다는 장점이 있다(Elder, Johnson and Crosnoe, 2003; Elder, 1994). 생애과정 연구는 인간 발달을 생애과정 전반에서 사회적 역할의 순서와 시간에 대한 개념에 근거해 탐구하는데, 여기서 주요한 세 가지 요소는 역할(role), 역할지형(role configuration), 경로(pathways)이다(Macmillan and Copher, 2005: 858~859). 역할은 개인이 사회제도 내에서 점하고 있는 지위로서 사회적으로 규정된 자원에 관한 기대와 연관되어 수행되는 행위를 말한다. 생애과정 관점은 한 역할의 의미는 다른 역할과 연관되어 있기 때문에 개별 역할들의 매트릭스에 의해 구성되는 일하는 부모나 학생 노동자와 같은 다중적인 사회적 역할에 주목하는데, 이것이 역할지형이다. 생애과정은 이런 역할들이 만들어내는 궤적을 말하며, 학업, 고용, 결혼, 부모 노릇과 같이 이전의 삶의 특성에 영향을 받아 형성되기 때문에 지속성을 띠며, 역할전이에 의해 생애과정 내의 변화를 수반한다.

생애전이는 생애과정의 구분되는 단계로의 이행을 의미하는데, 예를 들면 청소년기에서 성인기, 미혼에서 기혼, 부모 되기와 같은 단계를 말한다. 이런 단계의 전이는 시간적 순서를 반영하는데, 예를 들어 부모가 되려면 결혼이 전제된다고 인식하는 것이 보통이며, 한부모는 이혼이나 배우자의 사망과 같은 생애사건이 전제된다(Macmillan and Copher, 2005: Mayer, 2009).

생애과정의 한 단계만 놓고 본다면 분절적이지만, 그 단계는 이전 단계의 개인적이고 사회문화적인 맥락 속에서 형성된 과정으로 보기 때문에 생애과정 관점은 변화를 포착할 수 있는 통찰력을 제공한다. 이 글은 생애과정 연구에서 생애전이에 초점을 두는데, 여성생계부양자라는 삶은 남성생계부양자 부재라는 생애전이 과정에서 다양한 맥락과 의미를 통해 형성되었다는 점을 살펴보려고 한다. 그동안 이뤄진 생애전이에 대한 연구들은 생애전이를 전후 맥락을 가진 과정으로 파악하고 있다. 대표적으로 한경혜는 은퇴 경험에 관한 양적 분석에서 은퇴를 특정 시점의 생애사건이 아닌 과정으로 보면서, 은퇴 후의 삶을 은퇴 이전의 직업세계의 경험이 장기간에 걸쳐 일어난 결과물로 파악한다(한경혜, 2008: 90). 또한 맥밀런과 코퍼는 10대 미혼모의 생애과정에 관한 질적 연구에서 미혼모 증가 현상은 숫자 그 자체만으로 사회적 관심인 것이 아니라, 생애과정에서 청소년 부모의 의미와 그것이 사회에서 인식되는 방식을 형성하는 과정에 주목할 필요성을 보여줬다. 맥밀런과 코퍼는 더 나아가 생애과정에 관한 질적 연구를 통해 시간의 문제에서부터 생애과정에 걸친 사회적 역할의 맥락에서 위치의 문제에 대해 관심을 전환시킬 필요가 있다고 논의했다(Macmillan and Copher, 2005: 865). 이런 의미에서 보면, 질적 연구를 통해 생애전이에 초점을 두고 여성생계부양자의 사회적 역할 맥락과 위치에 대해 살펴보는 것은 의의가 있을 것이다. 그동안 생애과정 연구의 상당수가 전국적 규모의 대표적 표본 자료를 이용해 결혼, 이혼, 사별과 생애사건들을 주요 변수로 하여 시간적 경과에 따른 생애과정의 변화를 이해할 수 있는 분석들을 수행했다. 그러나 센서스 자료에서 도출된 이론적 모델들은 결혼, 이혼, 사별과 같은 유사한 사건에서 형성되는 생애전이 과정의 다양성과 질적인 변화를 포착하기에는 자료의 한계를 보였다(Allen and Pickett, 1987).

생애과정 관점에서 생애전이를 탐구하는 데는 전이의 맥락과 상호연계된 삶의 중요성이 강조된다. 맥락은 개인적 특성, 가족, 지역사회 및 거시 사회 문화적 환경 등 다양한 층위에서 형성되며 개인의 생애과정에 영향을 주고 받는 환경이다(한경혜, 2008). 그동안 여성가구주에 대한 양적 연구들은 주로 빈곤에 영향을 미치는 인구학적·사회경제적 변수들을 고려했지만, 사회 구조적인 환경을 변수화하기가 쉽지 않았다. 반면 질적 연구들은 개인의 생애에 대한 주관적인 평가와 개인적 맥락에 주로 초점을 둔 경향이 있다. 이 글에서는 남성생계부양자의 부재라는 생애전이 과정에서 여성생계부양자들의 배우자와 자녀와의 관계뿐 아니라, 사회문화적인 구조의 맥락에서 형성되는 전이의 전후 맥락에 주목한다. 이 글에서 주목하는 여성생계부양자들의 생애과정이 기반을 두고 있는 사회구조는 젠더화된 사회문화적 맥락이다. 생애과정은 젠더, 인종, 계급에 근거한 광범위한 사회구조와 상호작용하면서 형성되는데, 특히 젠더화된 사회구조는 가족에 수반되는 역할과 개인의 생애과정의 특징과 내용 형성에 영향을 미친다(Bruening and Dixson, 2008). 여성생계부양자들의 생애경로는 성별분업과 젠더이데올로기에 의해 구성된, 젠더화된 사회구조 속에서 다양한 방식으로 순응하거나 협상 혹은 저항하면서 형성된다. 젠더 혹은 젠더화된 사회구조는 생애과정 연구에서 그동안 간과되어왔던 거시적 맥락이기도 하다. 한경혜는 생애전이로서 그동안 은퇴 경험의 남녀 차이에 관한 연구에서 젠더가 소홀히 다뤄진다는 점을 비판하기도 했다(한경혜, 2008: 89). 또한 브루어닝과 딕슨의 스포츠 코칭 엄마들의 생애과정에 관한 연구에서는, 일-가정 양립의 상황이 젠더화된 스포츠 산업의 맥락에 큰 영향을 미친다는 점을 밝히기도 했다(Bruening and Dixon, 2008).

요약하자면, 이 글은 질적 연구를 통해 생애전이 과정으로서 남성생계부양자 부재에 대한 다양한 맥락을 살펴봄으로써 여성생계부양자들의 생애과정을 이해하려는 목적을 가진다. 구체적으로 이 글의 주요 내용은 첫째, 여성생계부양자들의 생애전이 과정에서 경험하는 남성생계부양자 부재의 맥락을 살펴보고, 둘째, 여성생계부양자라는 생애경로 형성의 구체적인 내용을 상호연계된 다중적 역할 궤적을 통해 탐색하는 것이다.

2) 연구방법

이 글은 남성생계부양자의 부재 속에서 다양한 역할을 수행하면서 여성생계부양자들이 어떻게 생애경로를 형성하는가를 살펴보는데, 생애전이 내에 존재하는 다양성과 관계의 질적인 측면을 심층적으로 분석하기 위해 생애구술사 자료를 활용한 질적 연구를 수행했다. 연구 참여자의 생애구술은 자신의 경험을 자신의 인식에서 해석한 것을 언어로 표현한다. 그래서 구술 자료는 연구 참여자의 '이미 해석된 세계'이며, 그 자체가 객관적이며 보편적인 경험이라 하기는 어렵다. 그렇기 때문에 연구자는 면접 내용을 통해 연구 참여자가 왜 그렇게 해석하고 있는가, 그러한 해석의 '의미'는 무엇인가를 '이해'하는 노력이 필요하다. 이 과정은 연구 참여자들의 생애과정에 대한 질적인 측면을 탐구하는 데 매우 유용한 과정이라고 생각한다. 이 글에서는 연구 참여자들에게 지금 하고 있는 일과 가족에 대한 이야기에서 출발해 자신이 생계부양자가 된 계기를 회상하고, 현재 자신이 가족을 부양한다는 것에 대한 의미를 말하도록 했다.

연구 참여자는 1950년대에서 1970년대까지 출생한 사람들로 현재 가족부양을 위해 경제활동을 하는 여성들이며, 노동시장 지위의 유사성을 확보하기 위해 가사, 간병, 청소, 식당 일 등 중장년 여성들이 밀집해 있는 서비스 부문에 종사하는 여성들로 한정했다. 또한 여성생계부양자가 된 맥락의 다양성을 위해 남편의 사망, 이혼으로 여성생계부양자가 된 경우와 남편과 동거하지만 실질적인 생계부양자 역할을 하는 여성들을 참여시켰다. 연구 참

<표 5-1> 연구 참여자

이름(가명)	나이(만)	직업	가구주	자녀 수	경제활동 시기 및 계기
홍순임	60	건물 청소원	본인	3	남편 사망 후
유경희	43	농부	본인	2	계속(남편 사망)
장현희	47	식당 조리사	본인	1	이혼 후
최미경	36	기간제 교사	본인	2	결혼 전, 이혼 후
박명숙	51	가사 및 간병 도우미	남편	2	가족경제 악화 이후
김성자	56	슈퍼 운영	남편	2	노후자금 마련 자영업

여자들은 지인을 통해 소개를 받는 편의 표집으로 구해졌다. 〈표 5-1〉은 연구 참여자의 기본적인 사항이다.

홍순임 씨(60세)와 유경희 씨(43세)는 남편의 사망을 계기로 생계부양자가 되었다. 최미경 씨(36세)와 장현희 씨(47세)는 이혼 이후에 생계부양자가 되었으며, 박명숙 씨(51세)와 김성자 씨(56세)는 남편이 있지만, 가계경제에서 이들이 주요 수입원이다. 연구 참여자들 중에서 남편의 사망이나 이혼을 통해 남성의 부재에 의해 경제활동을 하게 된 경우는 홍순임 씨(건물 청소원)와 장현희 씨(식당 조리사) 그리고 최미경 씨(기간제 교사)이며, 남성생계부양자가 있지만 지속적으로 경제활동을 했던 사례는 유경희 씨(농부)이다. 최미경 씨는 시어머니와 남편이 운영하는 편의점에서 무급가족종사자로 일한 경험이 있다. 박명숙 씨(가사 및 간병 도우미)는 가족경제가 어려워지면서 일을 시작하게 된 사례이며, 김성자 씨(슈퍼 운영)의 경우는 가정형편이 넉넉할 때에도 노후를 위해 슈퍼 운영을 시작했으나 현재에는 남편이 경제적 능력을 상실하면서 주된 수입원 역할을 하고 있다.

면접은 2시간에서 4시간 이상이 소요되었다. 면접은 가능한 한 편안한 분위기에서 진행될 수 있게 연구 참여자의 집을 방문하거나 일이 끝난 후 일터에서 진행되었다. 면접은 이야기의 흐름이 끊기지 않도록 연구 참여자가 요청하지 않는 한 쉬는 시간 없이 진행되었다. 면접 내용은 연구 참여자의 사전 허락을 받아 녹음되었고, 모든 면접 내용은 녹취록을 작성해 분석에 사용했다.

3. 생애전이 과정으로서 남성생계부양자 부재의 다른 맥락들

연구 참여자들의 남성생계부양자의 부재 상황은 남편의 사망과 이혼이 계기가 된 경우와 함께 살고 있지만 남성이 실질적인 경제력이 없어서 여성이 생계부양을 하는 경우로 나눌 수 있다. 유형적으로는 부재 상황이 확연하게 구분되지만, 부재 상황의 의미는 젠더화된 사회구조의 맥락에서 형성되고 있음을 보여준다.

1) 남성생계부양자의 물리적 부재

홍순임 씨와 유경희 씨는 남편의 사망으로 생계부양자가 된 경우인데, 남성생계부양자의 경제적 역할에는 큰 기대를 하지 않지만, 남성가장으로서의 상징적 의미의 중요성을 드러내주는 사례이다.

홍순임 씨에게 남성생계부양자의 부재는 전업주부로 '평범하게 살아가던' 삶에 크게 두 가지 변화를 가져왔다. 우선은 집안의 생계를 책임져야 하는 역할이 홍순임 씨에게 주어졌다. 더욱이 남편의 병원비 때문에 생긴 빚과 남편이 생전에 사업 실패로 진 빚을 대신 갚아야 했고, 세 아이를 돌보며 생활비까지 감당하는 것은 보통 어려운 일이 아니었다. 남편이 살아 있었을 때 비교적 '넉넉한 삶을 살았다'고 기억하는 홍순임 씨는 남편의 사업이 점차 기울고 갑작스럽게 남편이 암에 걸린 것을 알게 된 즈음에 예전과 달리 어려운 시기를 겪었다고 다음과 같이 회상한다.

> 이제, 사업을 하다가 갑자기라고 하기보다 서서히 그랬겠지 뭐. 애들 아빠가 아프고 또 사업도 자꾸 사행 길로 들어가고 그러니까 저기 하다가 사업한답시고 그러다가 돈도 빚을 많이 지고, 거의 부도 상태고 이러니까 또 아픈 사람이 더 아프고. 그때 가서야 아차 싶은 게. 애들 아빠가 몸도 엄청 아픈 것도 알았거든요. 그래 병원에 다니면서 일을 하면서 여러 가지로 겹치게 되었어요. 그래 가지고 애 아빠가 일도 제대로 할 수가 없게 되고 이런데도 놓지를 않더라고 자기 사업이다 보니까. 그래 자꾸 빚은 지고 병원 다니고 뭐하고 하려니까. 이거는 이제 도저히 어떻게 할 수가 없더라고. 그래 제가 뭐라도 해야 되겠다는 생각 때문에 닥치는 대로 아무거라도 내가 할 수 있는 건 해야 되겠다 그렇게 생각하고 나서기 시작한 게 우리 막내가 네다섯 살 그 무렵이고 둘째가 일곱 살 여덟 살? 다들 그때 어렸지요.
>
> -홍순임

홍순임 씨는 남편의 사망을 크게 가슴 아프거나 슬픈 일처럼 이야기하지 않았는데, 그녀는 자신의 결혼생활에 대해서도 '그냥 다 하는 거니까' 했던 것으로 회상했다. 그리고 면접 진행과정에서 계속 말을 고르거나 시간을 두고 이야기를 이어갔는데, 남편의 부재에 관한 경험을 가능한 한 객관화시켜 말하려는 노력으로 보였다. 이는 남편의 경제적 부양능력에 대한 기대가 그다지 크지 않았기 때문으로 해석된다. 그녀는 남편이 사망하기 직전인 1990년대 중반에 경제활동을 잠깐 시작했지만, 본격적으로 노동시장에 참여한 것은 아니라고 생각한다. 당시에 남편의 병간호와 어린아이들의 양육을 도맡아왔던 그녀로서는 본격적으로 일하기에는 시간적 제약이 있었기 때문이다.

그녀에게 남성생계부양자의 부재로 인한 가장 큰 변화는 '과부'라는 사회적 시선의 불편함과 이에 따른 심리적 위축이었다. 무엇보다도 그녀의 이야기 속에서 경제적 어려움보다는 '과부'라는 편견과 원통함이 곳곳에 나타났다. 그녀는 남편이 사망한 지 10년이 훌쩍 넘었지만 지금도 타인에게 남편의 부재를 나타내는 어떠한 표현도 하지 않는다고 했다.

그렇게 남편이 좋아서 뭐 이런 거는 모르고 그냥 살았는데. 내가 내 남편이 빨리 죽어서 내가 과부 소리를 들어야 한다는 그것만도 너무 억울하고. 과부 소리 남들 이렇게 얘기하고 그럴 때 보면 내 일이라는 생각을 못 해봤는데, 내 앞에 그런 게 닥쳤을 때 너무 절실한 거죠. 내가 왜 이런 소리를 들어야 해? 아닌데, 이건 아닌데. 내가 뭘 저기를 이런 말을 듣고 내 애들이 아버지 없는 삶을 살아야 할까. 너무 억울하고 분한 거예요 막. 그래서 나는 내 애들 아빠가 죽었다는 생각을 잘 못하겠더라고.

-홍순임

유경희 씨도 홍순임 씨와 마찬가지로 남편의 사망으로 생계부양자가 되었다. 그러나 그녀의 남편은 생전에 알코올중독 증세가 심해 거의 경제활동을 하지 않았다고 한다. 그녀는 결혼 전 서울의 작은 공장에서 직공으로 일했었다. 당시에 결혼을 하려고 잠시 서울에 올라온 농촌 총각이었던 남편과 결혼을 했고, 결혼 한 달 만에 그녀의 남편은 '시골로 내려가야 한다'며 그녀를 데리고 고향으로 내려갔다. 그녀는 이를 두고 '속아서 결혼했다'고 표현했다. 결혼생활에서 가장 힘들었던 것은 생전 처음 해보는 농사일이었다. 그녀는 남편의 고향에서 가축 사육, 하우스 농사, 밤 농사를 지었는데, 타산이 맞지 않아 부채가 계속 늘었고, 남편의 알코올중독은 더욱 심해졌다. 더욱이 소(牛)파동이 겹쳐서 소를 내다 팔 수밖에 없는 상황까지 몰렸다. 소를 내다 팔았다는 이유로 그녀는 시어머니에게 '집안 말아먹은 년'이라는 욕을 늘 들어야 했다. 그녀가 결혼생활의 괴로움을 이야기하는 과정에서 시어머니는 주된 인물로 종종 등장한다.

유경희 씨의 남편은 2005년 술에 취해 경운기를 운전하다 교통사고로 갑작스럽게 사망했다. 그러나 그녀는 남편이 죽은 후에 '마음이 더 편하다'고 표현했다. 남편 생전에도 농사일을 거의 도맡아 하고 양육 및 가사일도 모두 혼자 했기 때문에, 그녀에게 남편의 사망은 삶의 큰 변화는 아니었던 것 같다. 결혼생활이 불행해 자살하려고 농약을 마셨던 경험까지 있는 그녀에게 알코올중독에 걸린 남편의 죽음은 오히려 자신을 힘들게 하던 사람이 사라진 것을 의미했을 것이다. 그녀에게는 남편의 사망보다는 남편과의 결혼이 자신의 삶에서 가장 큰 변화를 가져온 계기였다. 유경희 씨는 남편이 사망하기 이전부터 가정의 경제뿐 아니라 자녀들과 관련된 모든 실질적 책임을 담당해왔다.

홍순임 씨와 마찬가지로 유경희 씨에게도 남편의 사망은 대외적으로 남성생계부양자의 부재를 드러내는 것이기 때문에 이로 인한 '과부'라는 사회적 인식이 그녀를 힘들게 하는 문제였다. 그녀는 작은 농촌 마을에서 '혼자 사는 여자를 깔보는 시선'이 그녀를 가장 힘들게 했다고 말했다.

제일 나쁜 것이 우리나라 사람들이 다 그런지는 몰라도 죽으니까 다 깔보고 우습게 알고. 그게 그러고 어디서 택배 같은 거 오잖아요. 길을 못 찾잖아요. 아기 아빠 죽고 한두 달 되니까 그게 제일 서럽데요. 과붓집을 물어보는데 왜 모르는지 안 가르쳐주는지 모르겠다고 그러데요, 오는데. 그러니까 저는 과부 살면 동네에서 다 알 텐데 안 가르쳐준다고 그 소리가 가슴 찡하게 눈물 나데요. 그러니까 아무리 내가 과부라도 그렇게 얘기하면 안 되는데. 이, 그게 제일 그러고. 또 한 1년 동안은 고생한 게, 아기 아빠 죽으니까 창문에서 남자들이 불러요. 아줌마, 아줌마 하고. …… 마음적으로는 얘기하면 아기 아빠한테 좀 미안하고 그러지만 아기 아빠가 밖에 나가면 세 살 먹은 애를 밖에 내보낸 것처럼 막 가슴이 불안하고 저녁에 안 들어오면 잠을 못 잤어. 불안해서. 근데 지금은 저녁때도 잠도 잘 자고, 남자들도 이제 1년 지나니까 안 오더라고.

-유경희

　두 사람 모두 남편의 사망을 그렇게 슬픈 일로 회상하지 않는 듯이 보인다. 그 이유는 남편 생전에도 생계부양자로서 실질적인 역할을 크게 하지 못해 남성생계부양자의 실질적인 경제능력에 대해서는 이미 그 전부터 별다른 기대를 하지 않았기 때문으로 조심스럽게 해석해본다. 그 대신에 남편의 물리적 부재는 자신들을 대외적으로 '과부'로 만든 중대한 사건이다. 즉, 이전부터 잦은 부업의 경험과 생계부양자의 생계부양능력 부족으로 인한 갈등, 그리고 여성이 실질적인 생계부양을 해왔기 때문에, 두 사람에게 남성생계부양자는 과부 소리를 듣지 않게 하는 상징적인 위치로서의 의미가 더 중요하다고 느끼는 것으로 보인다.

　장현희 씨와 최미경 씨는 단계적으로 별거를 거쳐 이혼함으로써 남성생계부양자의 부재를 경험한 경우이다. 두 사람 모두 결혼생활에서 이미 남편이 경제적으로 생계부양의 역할을 하지 않아 갈등이 시작되었고, 이로 인해 증폭되는 다른 갈등은 그녀들을 별거에서 이혼에 이르는 결정을 하게 만들었다. 장현희 씨는 농촌에서 생활을 한 데다 약간의 소아마비 증세를 지니고 있어 별거 전에는 전혀 경제활동을 하지 못했다. 그녀는 '(결혼 초기) 처음엔 건설 일용직이라도 하던 남편'이 자신의 부모와 함께 살면서 거의 아무런 경제활동도 하지 않고 밖으로 떠돌자 아들 손만 잡고 '빈손으로 서울로' 올라왔다고 당시를 회상했다.

내가 나올 때 아들 손만 잡고 나왔어요, 사실. 우리 아기 아빠가 무능력해요. 그래서 헤어져 산 거거든요. 사실 내가 싫어서 못 살았어요. 우리는. 왜 능력 이 없어서 벌이가 마땅치 않고 아프단 소리만 하고 멀쩡히 그러니까.

면접자: 원래 하시던 일은?

남편이 원래 하던 일은 없었어요. 별로. 시골 노총각한테 선보고 그냥 간 거 있잖아. (시부모님 모시고) 그렇게 살았거든요. 그니까 어른들이 계실 때는 사실 식구가 있으니 처자식이 있으니 공사판 같은 데 다니면서 일도 하고(해 야 하는데) 성격이 좀 별나서 저기를 못하더라고요. 직장생활을 못해요. 그니 까 집에서 맨날 지내다가 공사판 일이나 좀 다니고 이러는데 어른들이 계실 때는 그나마 (나갔어요). 근데 생활이 안 돼요.

-장현희

최미경 씨는 결혼생활 동안 무급가족종사로 시집에서 운영하는 편의점에 서 일했다. 시집에서 운영하는 편의점도 최미경 씨 친정에서 어느 정도 자금 을 지원해준 것인데, 지속적으로 경제상황이 나빠지는 시집과 남편의 일 때 문에 결혼 기간 내내 경제적인 어려움을 상당히 겪었다. 그녀의 남편은 한 회사에 적응하지 못하고 계속 이직을 했기 때문에 별다른 저축이나 생계에 크게 도움을 주지 못했다. 그래서 친정의 도움을 얻어 편의점을 차릴 수 있 도록 도와줬지만, 엄청난 양의 일을 자신에게만 떠넘기고 편의점 운영도 제 대로 하지 않아 갈등이 계속 쌓여갔다. 그래서 결국은 별거를 하다가 합의 이혼을 하게 되었다.

최미경 씨와 장현희 씨는 남편의 생계부양능력 부족과 갈등이 원인이 되 어 '부재'를 스스로 선택했다고 볼 수 있다. 이들은 자신이 이혼을 선택할 수 밖에 없었던 과정을 좀 더 주의 깊게 이야기했다. 이혼의 주된 원인은 남편 이 가장으로서의 책임을 다하지 못한 데서 오는 누적된 실망과 그로 인한 갈등이었다. 따라서 가사 및 양육뿐 아니라 경제적 부양은 자신들의 몫이었지만, 고부갈등을 비롯해 자신들을 존중하지 않는 가부장적 질서는 이혼을 선택하는 배경이 되었다.

2) 남성생계부양자의 잠정적 부재

박명숙 씨와 김성자 씨의 경우는 남편은 가족 내에서 가장의 위치에 있지만 실질적으로 가족의 생계부양은 여성들이 하고 있다. 이 경우는 남성이 경제적 부양능력만 부재할 뿐 가장으로서의 권위는 건재하다고 인식하고 있어 남성생계부양자의 잠정적 부재라고 칭할 수 있다.

박명숙 씨는 한 달에 200만 원 정도의 소득이 있는데, 대부분 빚을 갚는 데 사용하고 있다. 생활비는 딸이 버는 돈으로 충당하고, 남편은 사업을 유지는 하고 있으나 현상유지 수준이며 거의 수익이 나지 않는다. 김성자 씨의 남편은 오히려 그녀에게 용돈을 받아 쓰는 실정이다. 그녀의 경우도 다음의 구술이 보여주듯이, 마찬가지로 딸이 생활비를 충당하고 슈퍼 운영에서 나오는 수입은 그간의 카드빚을 갚는 데 사용하고 있다.

> 뭐 밑돌 빼고 웃돌 고인다고. (웃음) 그러니까 돈을 만지니까, 그치? 그렇게 하고 또 꼭 써야 되는 거는 안 쓸 수가 없잖아. 그렇게 해서 사는 거지. 생활하는 데는 저기 우리 아저씨는 나가는 게 많아. 그래서 뭐 예상을 못해. 생활비를. 한 달에 뭐 얼마 들어간다고 뭐 그런 것이 없고. 그렇게 생활을 하는 거지. 직업도 그런데다가, 생활비도 뭐 자식, 자식한테. 그러니까 딸내미 저기 등골 빼고 있어. 엄마가(웃음). 장사한다고(웃음). 그렇게 하고 사는 거지, 뭐.
>
> -김성자

박명숙 씨와 김성자 씨는 실질적인 생계부양자의 역할을 담당하고 있지만, 남편은 여전히 가족을 대표하는 권위를 가진 생계부양자라고 말한다. 그녀들은 자신이 수행하는 생계부양 역할은 남성가장을 돕는 것으로 인식하고 있다. 두 사람은 자신이 실질적으로 가족의 생계부양을 위한 책임을 도맡고는 있지만, 자신을 '가족을 먹여 살리는' 사람이라거나 '책임'을 가진 사람으로 표현하지 않는다. 단적으로 박명숙 씨는 지금껏 남편이 자신과 가족을 위해 열심히 일했기 때문에 이제는 자신이 일할 때라고 말한다.

> 우리 아저씨가요. 내가 그랬어요. 인제 내가 벌어서, 인제 앞으로 내가 벌어서 당신 살려줄게, 내가 그랬어요. 여태까지 내가 당신한테 얻어먹고 호강했으니까 앞으로는 내가 할 것이다. 그래서 막 더 힘이 나요. 나 있잖아요. 일하러 가면 절대 아무렇지도 않아요. 내가 벌어서 앞으로 먹고살고 할 테니까 당신이 건강만 지켜주면 나는 더 이상 바랄 게 없다고.
>
> -박명숙

박명숙 씨는 남편에게서 경제능력보다는 가부장으로서의 권위와 상징을 기대하고 있다. 그녀는 오히려 경제적으로 자신의 능력이 앞으로 가족경제에 더 큰 비중을 차지할 것이라고 생각한다. 또한 그녀는 자신의 남편이 앞으로 재기해 경제활동을 할 수 있기를 바라면서도, 무엇보다도 가족 내에서 가부장으로서의 역할을 해주기를 기대하고 있다.

잠정적인 생계부양자라고 스스로를 인식하고 있는 김성자 씨도 여전히 함께 살고 있는 남편이 남성생계부양자이자 가부장으로서의 역할을 다시 해줄 수 있을 것이라고 기대하고 있다. 현재 그녀의 남편은 아무런 경제활동을 하지 않지만, 그녀는 남편이 집안의 가장이라는 생각에는 변함이 없다. 즉, 박명숙 씨와 김성자 씨는 자신이 가족생계를 책임지고 있지만, 전통적 의미의 남성생계부양자라는 상징적인 권위가 존재하는 한 자신은 가족을 원조하는 존재이지 진정한 의미의 가장은 아니라고 인식하고 있다.

두 사람의 경우를 보면 남편의 실질적 생계부양능력의 부재가 여성들에게 생계부양자 부재로 곧바로 등치되지는 않는다는 것을 보여준다. 전통적 남성생계부양자의 위치는 가족 내에서 매우 상징적인 위치로서 의미를 갖기 때문에 기존의 성별분업구도가 여전히 유효한 것처럼 보인다.

전통적인 성역할 분업과 이데올로기가 지배적인 가부장적인 가족질서 속에서 남성들에게는 가장 혹은 생계부양자, 여성들에게는 가사와 양육 전담자라는 지위가 자연스럽게 주어진다(Joshi, 2002). 그러나 박명숙 씨와 김성자 씨의 사례를 통해 생계부양의 역할을 여성이 하게 될 때, 여성생계부양자의 위치는 기존 질서에서의 이탈이기도 하면서, 동시에 질서의 복원이기도 한 측면을 보게 된다.

4. 여성생계부양자 역할과 정체성: 어머니 노동자

앞서 논의했듯이 남편의 물리적 부재나 함께 살지만 잠정적인 남편의 생계부양능력의 부재라는 상황에서 공통적인 것은 여성들이 실질적인 생계부양의 역할을 한다는 점이다. 연구 참여자들은 모두 여성생계부양자이다. 일반적으로 남성이 주요 생계부양자인 가족 모델에서 성역할 분업은 남성이 경제적 부양능력과 가장의 권위를 행사하는 것이라면, 여성은 가사와 양육의 전담자라는 역할을 수행하는 것으로 인식된다. 그러나 여성생계부양자는 여성이 가계경제를 책임진다는 것 외에도 가사와 양육의 책임을 다하는 것을 포함하는 것이라는 점을 연구 참여자들이 보여준다. 남성 한부모 가족의 경우에 남성생계부양자들은 가족 내 돌봄의 역할을 부모나 친인척 등을 통해 대신하는 경향이 있지만, 여성들은 생계부양과 함께 어머니 역할을 함께 수행하는 경우가 많다. 이 글의 여성생계부양자들의 삶과 정체성은 어머니이면서 노동자라는 다중적 역할을 통해 형성되고 있음을 보여준다.

남성생계부양자 부재의 의미가 연구 참여자들의 상황에 따라 다르게 인식되지만, 공통점은 여성들에게 생계부양이 주된 역할로 주어진다는 점이다. 따라서 이 역할을 수행하기 위해 연구 참여자들은 적극적인 경제활동을 하며, 이 과정에서 노동에 새로운 의미를 부여하고 있다. 사망이나 이혼으로 남편의 부재를 경험한 연구 참여자들의 경우에는 남편이 부재하기 이전부터 경제활동을 통해 가족소득에 기여해왔지만, 남편의 부재로 자신을 가족의 부양을 책임지는 중요한 역할을 수행하는 주체로 인식하면서 경제활동을 통해 자신감과 자신이 일하고 있는 세계에 대한 폭넓은 시각을 얻어가는 과정을 경험하고 있다. 한편 자신이 가족생계를 책임지고 있지만, 진정한 의미의 가장은 아니라고 인식하고 있는 연구 참여자들도 노동시장에서 일자리를 구하고 노동을 수행하면서, 노동의 중요성과 자신의 일에 대한 자신감을 획득하고 있음을 보여준다. 연구 참여자들이 실질적인 생계부양자가 되는 과정에서 가장 중요하게 요구되었던 것은 돈을 벌 수 있는 경제활동이었다. 연구 참여자들은 1950년대에서 1970년대에 걸쳐 출생했지만, 남성생계부양자의 부재를 경험하면서 노동시장에 진입한 시기는 1990년대 중후반 이후라는 공통점이 있다. 경제위기와 노동시장 유연화가 가속화되면서 노동시장 상황은 여성뿐 아니라 남성에게도 악화되었고, 고용불안정이 일상화된 시기였다. 따라서 노동시장에서 경력이 없는 중장년의 저학력 여성들이 이른바 괜찮은 일자리(decent job)를 구하기는 쉬운 일이 아니었다. 연구 참여자들 중 농사를 짓는 유경희 씨를 제외하고는 모두 일자리를 구하는 데 어려움을 겪었다.

홍순임 씨는 남편이 사망한 이후 10년 동안 각종 일용직과 공장 일을 거

처 대학교에 용역업체로 들어가 있는 회사 소속으로 건물 청소원을 하고 있다. 다음의 회상에서 알 수 있듯이, 이 일을 구하기까지 겪었던 어려움은 전업주부로만 지냈기 때문에 노동시장에서 '할 수 있는 일을 찾을 수 없었던' 점이었다.

> 애들 키우고 사느라고 힘든 거 어쩌고 가릴 게 없는 처지였고 계속 일을 해야 먹고 살고 했었으니까. 이제 나이를 먹다 보니까 막상 또 할 만한 게 없더라고요. 사무직을 할 수도 없는 노릇이고. 그때 이미 오십 중반이 넘었었을 적이니까. 제가 뭐라도 해야 되겠다는 생각 때문에 닥치는 대로 아무거라도 내가 할 수 있는 건 해야 되겠다 그렇게 생각하고. 허겁지겁 그냥 그렇게 하면서 필요하면 일당 일이고 어디고 이렇게 막 다니다시피 하면서 저녁에 늦게까지 뭐 할 수는 없고, 저기 늦은 일은 해보지는 못했어요. 제가 뭐 할 수 있는 건 하고 저 뭐 경리도 보고 이렇게 하면서 밤에는 밤대로 집에서 할 수 있는 거 하고 애 셋을 데리고 막상 산다는 게 장난이 아니더라고요.
>
> -홍순임

백화점에서도 건물 청소 일을 한 경험이 있는 그녀는 당시에 월 60여 만 원의 낮은 임금에도 온종일 쾌적한 백화점을 유지하기 위해 힘들게 일했던 것을 회상하면서 '힘들고 어려운 일에 더 많은 임금을' 줘야 하는데 그렇지 못한 사회에 대해 불만을 언급하기도 했다. 일자리를 구하는 과정은 여성생계부양자의 위치를 절감하는 과정이었다.

남편의 사망을 큰 변화로 받아들이지 않는 것처럼 보이는 그녀는 일자리를 구하는 과정에서도 과부라는 사회적 인식 때문에 겪었던 심리적 위축에 대해 수차례 반복해 이야기했다. 그녀는 아직도 이력서 및 취업 관련 서류를 '반드시 봉해서 제출'한다고 했다. 하지만 그녀는 자신이 '과부'라는 것이 알

려지는 것을 원치 않고, 자신의 직업이 건물 청소원이라는 사실을 친척에게 조차 알리는 것을 꺼리지만, 일을 하면서 많은 사람을 만나고 노조활동에 앞장서 리더십을 발휘하는 경험을 통해 '여성도 뭐든지 할 수 있다'는 인식을 갖게 되었다. 특히 같은 작업장에서 일하는 여성 반장을 보면서 그녀는 많은 생각을 한다.

여자가 그런 열악한 상황에서 남보다 그렇게 우뚝 설 수 있다는 것은 자기 나름대로 보통 노력이 아니었겠지. 그래서 참 존경한다. 나 참 부러운 그런 마음을 가졌거든요. 그런 여성들이 많이 생겨야 되고 내가 그렇게 못하지만, 하하, 굉장히 부럽고 또 많이 여성들이 그렇게 되어야 된다고 생각하고. 지금은 우리 여자들이 많이 우수해지고 모든 거에 많이 남자보다 여자들이 그렇게 되잖아. 그런 거 아주 너무 좋은 거 같아.

-홍순임

　장현희 씨는 교회의 식당 조리사 일에 만족하며 종사하고 있는데, 식당 조리사를 하게 된 결정적인 이유는 유일하게 할 수 있는 일이 요리였기 때문이다. 그녀는 어렸을 때 앓았던 소아마비로 초등학교만을 졸업하고 교회 이외의 다른 사회적 관계를 맺을 기회가 없어서 다른 직종을 고려하기 어려웠다. 그녀는 청소나 요리 외에는 '배운 게 없고 할 줄 아는 게 없다'고 말한다. 그러나 그녀는 결혼생활을 하면서 바깥 활동을 전혀 하지 않다가 이혼 후에 사회적 관계를 만들어가는 경험을 했고, 그것이 자신을 변화시킨 큰 계기가 되었다. 그녀는 장애가 있어서 결혼생활 동안에는 경제활동을 하는 것이 쉽지 않았으나, 이혼 후에 식당 일의 경험으로 '사는 데 큰 자신감'을 얻었다. '어디든지 가도 이제 일할 수' 있을 것이라는 자신감은 예전 그녀의 삶이라면 상상도 못했을 일이다. 그녀는 이제 다 성장한 아들이 제 갈 길을 찾아가기를 기대하고, 자신의 노후를 위한 자금을 모으는 것을 삶의 목표로 삼는다. 앞으로 돈이 더 모이면 자신이 주인인 식당을 차릴 예정이다.

남편이 있지만 가계경제가 어려워 경제활동을 시작한 박명숙 씨는 일자리를 구하지 못해 '죽고 싶은 심정'이었다고 말한다. 그러나 인터넷 구인광고를 통해 우연히 알게 된 가사 및 간병 일자리는 그녀에게 커다란 기회였다. 그녀에게 적지 않은 임금을 보장하는 가사와 간병 일은 아무것도 할 줄아는 게 없다고 생각했던 자신에게 많은 자신감을 불어넣어 주었다.

조용하게 내가 죽는다고. 내가 진짜 그랬다니까요. 내가 이 나이에 내가 뭘 하나. 진짜 나는 인제 끝이다. 우리 다, 우리 앞으로 돼 있던 집 한 채 이거 팔았죠. 지금 사는 거 그거 하나 있는 거, 그것도 그냥 융자 그만큼 있지. 그래서 내가 어떻게 상처 안 내고 죽나. 진짜 그 생각만 했어요. 근데 일이 그렇게 많은 줄 몰랐어요.

-박명숙

박명숙 씨는 자신이 앞으로 남편과 자신의 삶을 책임질 것이라고 좀 더 분명히 말했다. 그녀는 여성이 나이가 들면 돌봄과 관련된 여성들이 할 수 있는 일자리가 많다는 사실이 매우 좋은 일이라고 생각하고 있다. 그녀는 일을 통해서 자신이 무언가를 할 수 있고 가계경제를 위해 큰 역할을 할 수 있다는 것을 느끼게 된 것을 가족에 대한 사랑으로 표현하고 있다.

난 앞으로 계획은요, 오로지. 내가 벌어서 우리 남편 즐겁게 해주는 거. 내 그거 희망이고 소망이에요. 우리 아저씨 즐겁게 해주는 거. 내가 너무 미안하고, 항상 미안하고 진짜. 너무너무 사랑하기 때문에. 그리고 있잖아요, 나 일하러 다니면서. 집에서 살림할 때는 남편을 그렇게 사랑하는 줄 몰랐어요.

-박명숙

그녀는 일을 하면서 '남자들이 밖에서 그렇게 고생하는지를 몰랐다'고 말한다. 그러므로 여성들도 일을 해야 한다고 주장하지만, 사회문제에 대한 인식이 높아진 것도 큰 변화라 할 수 있다. 그녀는 가사와 간병 분야에 외국인 이주노동자들이 많이 들어와 불법체류자로 인권의 보호를 받지 못하는 문제와 남성도 간병 노동을 해야 한다고 주장하는 등의 사회적 이슈가 되는 문제들에 대해서도 자신의 견해를 피력했다.

1990년대 이후 불안정한 노동시장 상황으로 맞벌이 부부가 늘면서 양육, 노인돌봄, 간병과 같이 가족 내에서 수행되던 돌봄노동이 시장화되면서 중년 여성들이 이 부문에 진출하고 있다. 이런 일자리는 중요성에 비해 여성이면 누구나 할 수 있는 일이라는 인식과 함께 저임금 직종으로 자리 잡고 있다. 홍순임, 박명숙, 장현희 씨처럼 생계부양에 책임을 다하기 위해 여성들이 가장 쉽게 접근할 수 있었던 일자리가 가사와 간병, 청소, 식당 일이었다.

연구 참여자 중 유일하게 대학원까지 졸업한 고학력 소지자인 최미경 씨는 전문직인 교사이나 기간제이기 때문에 고용불안에 시달리고 있다. 그녀는 이혼 후에 장기적으로 아이들과 먹고살기 위한 일자리가 절실하게 필요해서 친정아버지를 통해서 지금의 일자리를 얻게 되었다. 결혼 전에 교사를 하다가 그만둔 최미경 씨는 경력단절로 인해 안정된 정교사가 되는 것이 쉽지 않다는 것을 절감하고 있다. 최미경 씨에게 결혼생활은 별로 기억하고 싶지 않은 기억이지만, 살아가면서 기억에 남는 긍정적인 에피소드를 말해달라는 질문에 '일터에서의 경험'을 이야기했다. 자신이 현재 하고 있는 일을 아이를 낳았던 경험이나 자녀와의 관계에만 얽매이지 않는 일로 표현하면서, 일터에서의 경험을 가장 즐거웠던 일로 여기는 것은 주목할 만하다.

고등학교 그만둘 때 애들이 아쉬워했던 게 좀 그게 남학생 반이었어요. 파티
해준 반도. 호호호호. 걔네들이 아직도 갖고 있는데 두 장의 노란색 그런 불룩

한 미국 그 편지지 같은 거 있잖아요. 연습장 같은. 두 장에 걸쳐서 반 전체 애들이 한 30명밖에 안 되기는 했는데 다 한 마디씩 써준 거예요. 화분이랑 케이크랑 해갖고. 한 명씩 다 이름 하나하나 기억에 남더라고요, 저는.

-최미경

최미경 씨가 이혼을 계기로 본격적인 경제활동을 시작하지 않았더라면 경험하기 어려운 일이었을 것이다. 그녀는 자신의 이야기를 하면서, 아이를 데리고 혼자 살아가는 어려움과 결혼생활에서 겪었던 남편과의 갈등과 이혼의 고통을 벗어날 수 있는 원동력을 현재 하고 있는 일이라고 강조했다.

이 글에서 여성생계부양자들의 다중적 역할과 관련된 주요한 발견은 남편의 사망과 이혼으로 남성생계부양자가 부재한 경우에 이전에 비해 자녀에 대한 친밀성과 모성에 대한 강화된 인식이다. 연구 참여자들에게 자녀는 자신이 경제활동을 적극적으로 해야 하는 이유이기도 하면서 자신의 삶을 지탱하는 동인으로 인식되고 있다. 더욱이 남편의 부재로 사회적 관계를 맺기가 쉽지 않은 현실 속에서 자녀는 의지할 곳으로 인식되고 있다. 장현희 씨는 아들이 없었더라면 이렇게까지 열심히 살지는 않았을 것이라고 말했다. 홍순임 씨도 자기 자신조차 추스르기 힘든 상황에서 자신이 아니면 살아가지 못할 것 같은 아이들 때문에 힘을 낼 수 있었다고 말했다.

하루에도 막 링거를 여덟 병, 아홉 병 이렇게 맞고 그러면서 있는 상황이었는데, 이제 큰애가 막내를 데리고 병원을 왔더라고요. 근데 애들을 보는 순간, 아이고 갑자기 살아야겠구나, 그런…… 절박하지만 애들이 안된 거. 옷도 너무 지저분한 게 막 하루에도 난 두 번 씻기고, 동네에서도 소문나게 깨끗하고 좋은 옷 이러던 애들인데, 오니까 어쩌면 그렇게 후줄근하게 데려왔는데…… 너무 마음이 아프고 저기 했는데 저게 나 없으면 거지구나, 그런 생각을 하면

서 이제 다시 정신을 가다듬고 이제 입원을 하고 나와 가지고 별로 쉴 새가 없
더라고요. 내 애들이고 하니까 나 외에는 책임질 사람도 없고, 내 자식이니까.
그러고선 그냥 죽을 둥 살 둥 하면서 살다 보니까 살아지더라고요, 또.

-홍순임

자녀에 대한 책임감은 자신의 삶에 대한 애착보다 크게 나타나기도 한다.
홍순임 씨는 남편이 죽는 순간 '이제 여성으로서의 삶은 끝이다. 애들 엄마
로만 살겠다'는 마음을 먹었다고 말한다. 최미경 씨는 교사로서의 직업에 대
한 보람을 느끼지만, 여성으로서 느끼는 사회적 네트워크의 부족을 절감한
다. 그래서 아이들에 대한 책임으로 삶에 대한 책임과 미래에 대한 기대를
만들어간다고 말한다.

유경희 씨는 결혼생활 동안 남편 때문에 힘든 시기를 보냈지만, 남편이
사망한 후에 자녀들과 함께 사는 것이 자신의 삶에서 얼마나 기쁜 일인지를
강조했다. 결혼 전에는 아이를 좋아하지 않았다는 그녀는 자신이 살면서 가
장 잘한 일이 아이들을 낳은 일이라고 말한다.

다 내 자식이니까 그러겠지만, 굉장히 예뻐. 아주 흐뭇하고. 그러니까 내가 이
세상에 태어나서 최고 잘한 게 애들 낳은 거 같아. 진짜 그런 거 같아요. 그리
고 남편 있을 때는 너무 힘드니까 애들 키우는 게 좋은지도 몰랐어. 근데 지
금은 안 그래요.

-유경희

유경희 씨에게 남편의 사망은 '자신의 삶을 억누르고 있던 존재로부터의
해방'을 의미하는 것이다. 남편과 함께 살 때는 너무 힘들어서 아이들과 자
신의 삶에 대해서 생각조차 할 수 없었던 그녀가 이제는 자신과 아이들의 미

래를 설계할 수 있게 되었다고 말한다. 연구 참여자들은 남편의 물리적 부재 상황에서 자녀에 대한 책임감이 더 커지고 모성이 강화된 것으로 보인다. 그러나 한편에서는 남편의 부재 이전에 비해 자녀와의 관계에 대한 성찰성이 커진 것으로 보인다.

5. 맺는 글

이 글은 여성생계부양자들의 생애과정을 남성생계부양자의 부재라는 생애전이 과정에 초점을 맞춰 분석했다. 이 글에서는 생애전이 과정에서 여성들이 생계부양자가 된 맥락과 그것의 의미에 주목했다. 이 글의 주요 발견은 여성들의 생계부양자라는 역할전이는 노동자이면서 어머니라는 다중적 역할을 통해 성별분업과 젠더이데올로기에 의해 구성된, 젠더화된 사회구조의 맥락에 순응하거나 조정하는 방식으로 형성된다는 점이다.

이 글의 첫 번째 연구 내용인 여성생계부양자들의 생애전이 과정에서 경험하는 남성생계부양자 부재의 맥락에 대해서는 다음과 같이 결과를 요약할 수 있을 것이다. 이 글의 연구 참여자 사례에서 남성생계부양자의 역할은 크게 두 가지 의미로 이해되고 있다. 하나는 남성생계부양자의 경제적 부양능력이며, 다른 하나는 가족을 대표하는 가장이라는 상징성이다. 이는 여성생계부양자에게 남성을 대신한 경제적 부양 역할이 강조되는 것과는 다르다. 이는 젠더화된 사회적 맥락 속에서 남성과 여성생계부양자는 다른 사회적 의미가 있음을 보여준다. 남편의 사망을 계기로 공식적으로 여성생계부양자가 된 경우에도 남성의 사망 이전부터 가족의 생계부양 역할을 여성들이 수행하고 있었다. 이들에게 경제적 측면에서의 남성생계부양자의 부재는 결혼생활 동안에도 존재했던 경험이다. 오히려 이들에게는 남성생계부양자의 부재로 인한 '과부'라는 사회적 편견이 더 큰 영향력을 미쳤다. 이혼으로 남성생계부양자의 물리적 부재를 선택한 여성들도 결혼생활에서 남성생계부양자의 경제적 부양능력 부재를 연속적으로 경험해왔다. 경제력이 없는 남편과 함께 살고 있는 여성들은 남성의 경제적 생계부양능력의 부재는 경험하지만 여전히 남성에게 가부장이라는 권위를 부여하고 있었다. 따라서 이들은 자신을 잠정적 생계부양자로 정의하면서 가족부양은 여성들도 얼마든지 할 수 있는 것이며, 중요한 것은 남성이 가장의 권위와 지위를 복원해야 한다는 기대를 강하게 갖고 있다는 점이다. 이 글에서 생계부양자는 단순히 경제적 의미보다는 젠더화된 사회구조의 맥락에서 남성가장이라는 상징성이 핵심임을 보여준다. 즉, 과부라는 사회적 편견이나 경제능력은 없지만 가장의 권위는 건재해야 한다는 믿음과 실천, 그리고 가부장적인 결혼생활에 대한 종지부로서 이혼을 통한 남성생계부양자의 부재를 선택하는 것은 가부장적 젠더관계의 맥락에서 발생하는 것이다.

두 번째 연구 내용은 여성생계부양자의 삶을 구성하는 다중적 역할과 그 정체성에 관한 것이다. 일반적으로 남성이 주요 생계부양자인 가족 모델에서 성역할 분업은 남성이 경제적 부양능력과 가장의 권위를 행사하는 것이라면, 여성은 가사와 양육의 전담자라는 역할을 수행하는 것으로 인식된다. 그러나 이 글에서 여성이 생계부양자가 된다는 것은 가족생계를 책임진다는 것 외에도 가사와 양육의 책임을 다한다는 의미임을 보여준다. 이 글의 연구 참여자들은 모두 생계부양 역할을 수행하기 위해 적극적인 경제활동을 하며, 이 과정에서 노동에 새로운 의미를 부여하고 있다. 즉, 여성생계부양자로서의 자각과 실천은 자신을 가족의 부양을 책임지는 중요한 역할을 수행하는 주체로 인식하는 과정이며, 경제활동을 통해 자신감과 자신이 일하고 있는 세계에 대한 폭넓은 시각을 얻어가는 과정이다. 한편 일부 연구 참여자들은 자신이 노동자로서 가족생계를 책임지고 있지만, 전통적 의미의 남성생계부양자라는 상징적인 권위가 존재하는 한 자신은 가족을 원조하는 존재이지 진정한 의미의 가장은 아니라고 인식하고 있다. 그러나 노동시장에서 일자리를 구하고 노동을 수행하면서, 노동의 중요성과 자신의 일에 대한 자신감을 획득하고 있다는 점에서는 다른 연구 참여자들과 공통점을 보인다.

남편의 사망과 이혼으로 남성생계부양자가 부재한 경우에 나타나는 공통점은, 이전과 비교하면 자녀에 대한 친밀성이 높아지고 모성의 역할에 대한 강화된 인식을 보이는 것이다. 이는 단순히 아버지가 부재한 상황에서 나타나는 자녀에 대한 책임감의 강화 이외에도, 자녀와의 관계에 대한 성찰성이 강화되는 과정이라고 보인다. 이 글에서 노동자이면서 어머니인 여성들의 생계부양자 위치는 남성은 생계부양자, 여성은 양육 및 가사 전담자라는 기존 질서에서의 이탈이기도 하면서, 동시에 질서의 복원이기도 한 측면을 보여준다.

연구 참여자들은 어머니이자 노동자로서의 다중적 역할을 통해 여성생계부양자로서의 생애과정을 만들어가며, 그들의 생애과정은 젠더화된 노동시장 구조와 성별분업과 이데올로기로 구성된 사회문화적 구조 속에서 순응과 응전의 결과라는 점을 보여준다. 생계부양이라는 개념은 구조적이고 이데올로기적 수준에서 젠더 경계를 만들어왔고, 이동의 가능성들을 가지고 있다. 그래서 생계부양은 개인적 특성이라고 하기보다는 젠더관계에서 출현하는 실천이며 사회경제 구조와 얽혀 있다고 말할 수 있다.

그렇다면 소수의 여성생계부양자들의 생애과정에 대한 탐구가 가족 및 젠더관계 연구에 어떤 시사점을 줄 수 있을까?

생애전이에서 이혼 혹은 배우자 사망과 같은 생애사건들이 여성생계부양자 혹은 여성가구주가 되는 주요 원인변수이기는 하지만, 그것이 가진 미시적이고 사회구조적인 맥락의 다양하고 심층적인 측면을 질적으로 탐구했다는 점이 기존의 생애전이에 관한 연구를 보완하고 있다.

또한 이 글은 생계부양에 대한 사회문화적인 측면을 이해하는 데 도움이 될 수 있다. 비단 여성가구주 가족뿐 아니라 최근 증가하고 있는 맞벌이 가족에도 이러한 시사점을 적용해볼 수 있을 것이다. 가족 내에서 남성의 생계부양 역할은 여성의 노동시장 참여가 지배적인 경향이 되기 전까지는 도전받지 않았다. 이 글은 단순히 경제적 기여분만으로 생계부양의 젠더 경계를 흐리는 것은 가능하지 않다는 점을 보여준다. 젠더 라인에 따라 형성된 생계부양의 남성 중심성은 노동시장에서 여성노동에 대한 저평가를 일반화하거나, 남성의 노동시장 지위의 약화가 오히려 가족 내에서 젠더 경계를 강화하는 방식으로 나타나기도 하고 남성생계부양자의 위상을 변화시키기도 할 것이다. 생계부양은 남성과 여성의 경제적 관계에 의해 형성된 미시 수준의 구조이면서 문화적 현상이기도 한다. 생계부양에 관한 문화적 규범은 개인들이 타인의 기대를 충족시킬 수 있게 젠더를 행하게 만들어왔다. 그러나 변화하는 사회경제적 맥락에서 생계부양을 둘러싸고 그 의미와 젠더 경계가 이동할 가능성을 예측할 수 있으며, 앞으로 이에 대한 심층적 분석이 요구된다(Zuo, 2004: 814).

참고문헌

김수정. 2007. 「여성가구주 가구의 빈곤원인과 빈곤위험의 젠더격차」. ≪페미니즘연구≫, 제7권 1호, 93~133쪽.

_____. 2008. 「비교 국가적의 관점에서 본 한국 여성가구주의 빈곤」. ≪보건사회연구≫, 제28권 2호, 33~52쪽.

김순남. 2008. 「젠더화된 이혼의 내러티브: 이혼이후의 상실에 대한 이혼 남성, 여성의 해석방식의 차이와 '새로운 자아'의 정체화 과정」. 2008 추계 한국여성학회 발표논문.

김안나. 2006. 「한국사회 여성빈곤과 빈곤대책」. ≪보건사회연구≫, 제26권 1호, 37~68쪽.

박미은·신희정. 2010. 「생애사 연구를 통한 여성 가구주의 빈곤화 과정과 사회적 배제의 경험: 대전지역의 빈곤 여성 가구주를 대상으로」. ≪사회과학연구≫, 제36권 3호, 167~193쪽.

석재은. 2004. 「한국의 빈곤의 여성화에 대한 실증분석」. ≪한국사회복지학≫, 제56권 2호, 167~194쪽.

윤홍식. 2004. 「결혼해체를 경험한 여성의 소득수준 및 빈곤실태와 공사소득이전의 역할」. ≪한국사회복지학≫, 제56권 2호, 5~27쪽.

정미숙. 2007. 「저소득 여성가구주의 빈곤화 과정에 대한 연구」. ≪한국사회복지학≫, 제59권4호, 191~216쪽.

통계청. 2012. 「가계동향조사」.

_____. 2013. 「2013 통계로 보는 여성의 삶」. 한국개발연구원.

한경혜. 2008. 「라이프코스 관점에서 본 은퇴경험의 남녀차이」. ≪한국사회학≫, 제42집 3호, 86~118쪽.

Allen, Katherine and Robert Pickett. 1987. "Forgotten Streams in the Family Life Course: Utilization of Qualitative Retrospective Interview in the Analysis of Lifelong Single Women's Family Careers." *Journal of Marriage and the Family*, 49(August), pp. 517~526.

Bruening, Jennifer E. and Marlene A. Dixon. 2008. "Situating Work-Family Negotiations within a Life Course Perspective: Insights on the Gendered Experiences of NCAA Division I Head Coaching Mothers." *Sex Roles*, 58, pp. 10~23.

Buzzanell, P. M and Turner, L. H. 2003. "Emotion Work Revealed by Job Loss Discourse: Backgrounding-foregrounding of Feelings, Construction of Normalcy, and (Re)instituting of Traditional Masculinities." *Journal of Applied Communication Research*, 31, pp. 27~57.

Drago, Robert, David Black and Mark Wooden. 2005. "Female breadwinner families: Their existence, persistence and sources." *Journal of Sociology*, 41, pp. 343~362.

Elder, Glenn Jr., Monica Kirkatrick Johnson and Robert Crosnoe. 2003. "The Emergence and Development of the Life Course Theory." in J. Mortimer and M. J. Shanahan(eds.). *Handbook of the Life Course*. New York: Kluwer.

Elder Jr., Glen H. 1994. "Time, Human Agency, and Social Change: Perspectives on the Life Course." *Social Psychology Quarterly*, 57(1), pp. 4~15.

George, Linda K. 1993. "Sociological Perspectives on Life Transitions." *Annual Review of Sociology*, 19, pp. 353~373.

Joshi, Chitra. 2002, "Notes on the Breadwinner Debate: Gender and Household Strategies in Working-Class Families." *Studies in History*, 18(2), pp. 261~274.

Macmillan, Ross and Ronda Copher. 2005 "Families in the Life Course: Interdependency of Roles, Role Configurations, and Pathways." *Journal of Marriage and the Family*, 67(November), pp. 858~879.

May, Vanessa. 2004. "Meaning of Lone Motherhood within a Broader Family Context." *The Sociological Review*, 2004, pp. 390~403.

Mayer, Karl Ulrich. 2009. "New Directions in Life Course Research." *Annual Reivew of Sociology*, 35, pp. 413~433.

Meisenbach, Rebecca J. 2010. "The Female Breadwinner: Phenomenological Experience and Gendered Identity in Work/Family Spaces." *Sex Roles*, 62, pp. 2~19.

Seccombe, W. 1986. "Patriarchy Stabilized: The Construction of the Male Breadwinner Norm in Nineteenth-century Britain." *Social History*, 11, pp. 53~70.

Zuo, Jiping. 2004. "Shifting the Breadwinning Boundary: The Role of Men's Breadwinner Status and Their Gender Ideologies." *Journal of Family Issues*, 25(6), pp. 811~832.

6장

'조선족' 기혼여성의 초국적 이주와 생애과정 변동

시간성과 공간성의 교차 지점에서*

우명숙

이나영

1. 서론

이 글의 목적은 '조선족' 기혼여성들의 초국적 이주를 생애과정적 관점에서 맥락화하고, 이들의 이주 선택과 정주의 실천이 출신지와 정주지의 초국적 연결성에 놓여 있음을 분석하는 것이다.[1] 이를 통해 조선족 여성 이주자들이 놓여 있는 공간성이 조선족이라는 동북아의 한 '에스닉(ethnic)' 집단의 시간성 및 개인의 생애시간적 연속성과 긴밀한 관계를 맺고 있음을 보여주고자 한다.

---

* 이 글은 ≪한국사회학≫, 제47집 제5호(2013), 139~169쪽에 게재된 논문을 수정 · 보완한 것이다.

[1] 이 글에서는 '조선족'이라는 용어 자체가 재일동포나 재미교포라는 용어처럼 한국인 이주의 역사성을 드러내줄 뿐만 아니라 우리 스스로 지닌 편견을 역설적으로 반영하고 있다고 여기기 때문에 '중국동포'나 '한국계 중국인' 대신, '조선족'이라는 일상용어를 사용하고자 한다.

사회주의 경제에서 개방 경제로 전환한 중국의 변화는 중국의 둥베이 삼성(동북3성: 헤이룽장성[黑龍江省], 지린성[吉林省], 랴오닝성[遼寧省])에 주로 거주해온 조선족 사회에 큰 영향을 미쳤다. 중국의 변화로 조선족들은 중국 대도시로 이주를 시작했고, 특히 1992년 한·중 수교 이후 한국으로의 이주가 매년 급증해왔다. 등록외국인 중 한국계 중국인(조선족)은 1995년에 7,367명이었다가 2000년에 3만 2,433명, 2005년에 14만 6,338명으로 크게 늘어나기 시작하여 2010년에는 36만 6,154명에 이르게 된다(법무부, 1996, 2001, 2006, 2011). 2012년에는 국내 체류 조선족이 44만 7,877명이다(법무부, 2013). 대략 전체 조선족 인구 192만 명의 25% 정도가 한국에 거주하고 있다고 한다(윤영도, 2013: 89).

조선족 여성들은 초창기부터 이주에 적극적이었던 것으로 보인다. 법무부의 등록외국인 현황에 따르면, 2001년부터 조선족 이주여성은 조선족 이주자 전체의 50%를 넘어섰는데, 이는 다른 이주 외국인의 성비보다 10% 정도 높은 수치이다(법무부, 2002).[2] 따라서 이 글은 '이주의 여성화'라는 관점에서 조선족 여성들의 이주에 주목하고, 여성들이 정주해 있던 장소로부터 중국의 대도시로, 그리고 한국의 도시로 점차 멀리 이동하게 되는 과정을 생애과정의 구조변동 속에서 의미화하고자 한다.

지금까지의 조선족 연구들은 조선족의 정주국에서의 동화 과정과 정체성 형성(윤인진, 2004), 중국 내와 국외 인구이동에 따르는 조선족 커뮤니티의 변화, 이에 따르는 전통규범의 상실(권태환, 2005a)과 새로운 기회 창출(박광

---

2) 2009년에는 조선족 여성 비중이 다소 하락해 49%(17만 8,194명)였으며, 이후 50%에 약간 못 미치는 정도를 유지하고 있다(법무부, 2010). 한편 행정안전부의 2012년도 지방자치단체 외국인주민 현황 통계에 따르면(행정안전부, 2012), 전체 여성 결혼이민자 12만 4,584명 중에서 중국계 여성은 3만 1,015명이고, 조선족은 2만 1,626명으로, 중국계 여성 다음으로 조선족 여성의 비중이 높은 것으로 나타난다.

성, 2008), 조선족 이주의 초국적 가족연결망의 형성과 원거리 모성의 가능성(김현미, 2009; 이혜경 외, 2006) 등에 주목해왔다. 이 글은 기존 연구의 성과를 계승하면서도 조금 다른 각도에서 논지를 전개하고자 한다.

첫째, 이 글은 조선족 여성의 이주를 초국적 페미니즘(transnational feminism)의 관점에서 바라보고자 한다. 초국적 페미니스트들은 초국적 이주의 '젠더화된' 과정과 결과에 여성 주체들이 어떻게 관여되어 있는지를 행위자의 관점에서 해석하고 분석해왔다. 이 글은 초국적 페미니즘의 통찰을 계승하여 여성을 단순히 희생자 혹은 해방자로서가 아니라 이주 전후의 구체적인 삶의 실천들이 상호보완적으로 또는 모순적으로 연결되어 있는 지점에 주목하면서 여성들의 경험을 해석하고자 한다. 더불어 파레냐스(Parreñas, 2001)가 밝힌바, 떠나온 곳과 이주한 곳의 사회적 맥락의 차이, 그리고 이들 간의 상호작용에 따라 서로 다른 이주 경험이 초래될 수 있음에도 유의하고자 한다.

둘째, 이 글은 떠나온 곳과 이주한 곳의 연결성을 '초국가주의(transnationalism)'에서 말하는 출신지와 정주지라는 두 장소의 연결성, 그리고 이주자들의 생애시간적 연속성이라는 측면에서 이해해보고자 한다. 초국가주의가 주목하는 두 장소의 연결성은 초국적 페미니즘이 말하는 행위자가 놓여 있는 상황과 구조, 행위자의 실천이나 전략을 이해하는 데 핵심적이다. 본 연구자들은 이주자들이 놓여 있는 장소의 연결성(또는 장소의 이중성)이 이주자들의 생애시간적 차원과 긴밀하게 연결되어 있다고 보고, 생애과정 접근으로 초국적 이주 경험을 분석하고자 한다.

마지막으로 이 글에서 연구자들은 생애과정 분석을 통해 두 가지 측면을 강조하고자 한다. 하나는 노동의 경험에 주목해 이주의 선택과 정주의 실천을 이해하는 것이다. 노동이 중심이 되는 조선족 여성의 삶의 경험은 노동을 위한 이주를 정상적인 생애과정으로 받아들이고, 떠나온 곳과 머무는 곳 사이의 심리적·물리적 간극을 메워주는 역할을 한다. 다른 하나는 특정 세대에 주목하는 것이다. 생애과정적 관점은 개인사가 사회변동과 조우하는 지점이 세대별로 다르다고 보며, 특정 시기에 태어나 성장한 세대가 그 시기의 사회변동의 구조에 규정되면서 동시에 이에 대응하고 여러 가지 선택을 해나가는 점을 드러내준다. 이 글은 1960년대(전후)에 태어나 성장한 세대에 주목한다. 이렇게 특정 세대에 주목함으로써 생애과정 분석은 동북아시아의 특수한 역사적 상황이 특정 세대의 삶과 어떻게 맞물려 있는지에 대한 구체적인 이해를 가능하게 해준다.

이 글의 전체적인 내용은 다음과 같다. 먼저 기존 연구의 경향을 조선족 공동체의 변화와 이주여성 연구들을 중심으로 간략히 살펴보고, 초국적 페미니즘의 관점에서 기존 연구의 한계를 지적한 후, 이 글의 주요한 분석틀인 장소의 이중성과 생애과정 접근을 논의한다. 다음으로 연구대상과 방법론을 논한다. 이어서는 이 글의 주요 분석 내용으로 조선족 기혼여성들의 이주 경험을 장소의 이중성과 생애시간적 연속성의 축으로 이해해보고자 한다. 마지막 결론에서는 이 글의 주요 내용을 요약하고 연구의 기여와 함의 및 한계를 논한다.

2. 기존 논의 및 이론적 틀

1) 기존의 국내 조선족 연구 경향 - 조선족 커뮤니티의 변화와 이주여성 연구

국내 조선족 연구는 젠더중립적 연구와 여성주의 연구로 크게 나눠질 수 있다. 젠더중립적 연구들은 주로 남성연구자들에 의해 이루어졌는데, 대표적으로는 윤인진(2004)의 재외한인으로서 조선족의 사회문화적 적응에 관한 연구가 있다. 권태환 외의 연구(권태환, 2005a)는 조선족의 이주 문제에 본격적으로 천착한 국내 연구로서, 중국 내 이주 또는 주로 한국으로의 이주를 포함한 국내외 인구이동에 따르는 조선족 커뮤니티와 가족의 변화를 다루고 있다. 이 연구가 조선족 커뮤니티의 변화를 주로 '전통의 상실'로 바라보고 있다면, 박광성의 연구(2008)는 권태환 외의 연구를 초국적 영역으로 확장함으로써 조선족 이주의 적극적 의미를 분석해내고, 초국적 혈연연결망 형성에 주목하고 있다. 특히 초국적 영역으로의 조선족 연구의 확장은 그간 강제적 분산과 망명 등 비극적 서사에 묶여 있던 재외 '동포들'을 지구화 시대의 적극적 행위자로 부각시켰다는 점에서 의의가 있다(신현준, 2013: 35~36).

조선족 연구가 초국적 이주의 이슈로 점차 확장되는 과정과 더불어 '이주의 여성화(feminization of migration)'에 관심을 가져온 페미니스트 학자들은 젠더 관점에서 조선족의 이주를 분석하기 시작했다. 이들의 연구는 단순히 여성의 경험에 관심을 가지는 차원을 넘어서 전 지구적으로 여성의 일이 재배치되고 있는 국제노동분업의 재구축이라는 관점에서 조선족 여성의 이주에 주목했다고 말할 수 있다(김영옥 외, 2009; 김은실·민가영, 2006; 허라금 외, 2011; Amrith, 2011: 171; Koser, 2007: 6~7). 사센(Sassen, 2003) 등의 정치경제학적 관점이 여성이주에 따른 국제노동분업을 전 지구적 불평등구조의 재배치 속에서 잘 묘사했다면, '초국가주의' 관점의 페미니스트들은 신국제분업의 맥락에서 국경을 넘는 행위자들의 대응과 결과(예를 들어, 사회구조의 재구조화 등)에 초점을 맞춘다.

초국적 페미니스트 관점에서 여성의 이주화를 고찰하는 경향은 동북아시아 지역의 여성이주의 한 형태로서 한국으로 유입되는 조선족 이주에 대한 연구로도 확장되어왔다. 특히 이혜경 외(2006)의 연구는 조선족 여성들이 이주에 어떻게 적극적으로 개입하면서 초국적 가족의 연결망을 구성하는지, 이 과정에서 어머니, 혹은 아내로서의 정체성을 어떻게 재구성하고 있는지

잘 보여주고 있다. 좀 더 미시적 관점에서 이해응의 연구(2005)는 조선족 기혼여성들이 이주 과정을 통해 어떻게 정체성의 변화를 경험하는지 주목하고 있다. 이 여성들은 국제이주로 인한 '어머니의 부재'를 "무엇인가를 해줄 수 있는" 어머니의 능력(이해응, 2005: 125)을 갖기 위해 필요했던 것으로 해석하면서 모성의 의미를 재구성하게 되었고, 더 나아가 무성적인 어머니의 정체성을 약화시키고 "성별화된 개인"(이해응, 2005: 128)의 정체성을 획득하기도 한다. 김현미(2009)에 따르면, 2007년 방문취업제가 허용된 이후 조선족들의 초국적 연결성은 더욱 현실화되었다고 한다. 조선족 기혼여성들은 가족들과 헤어져 살아도 예전보다 왕래가 훨씬 용이해졌기 때문에 좀 더 적극적으로 '원거리 모성'을 실현할 수 있게 되었으며, '계절노동'이 늘어나면서 중국이나 한국이라는 특정 장소에 고착되지 않는 "장소를 이동하는 능력"(김현미, 2009: 65)을 증진시켜왔다고 한다.

이상의 연구들은 초국적 관점에서 이주의 여성화 문제를 살펴보고 있다는 데 공통점을 지니며, 조선족의 초국적 사회연결망, 초국적 가족, 초국적 장소 개념의 형성에 주목해왔다. 특히 기존의 많은 국내 연구자가 젠더중립적인(gender neutral) 관점에서 조선족의 국제이주 연구를 수행해왔음을 상기할 때, 페미니스트들의 연구들은 기존의 연구와는 사뭇 다른 관점에서 조선족의 국제이주를 분석했다는 데 의의를 지닌다.

초국적 페미니즘의 강점은 구조와 행위가 접목되는 층위에 초점을 맞추면서 이주여성들의 경험과 정체성이 출신국과 이주국의 다양한 사회문화적 맥락에서 어떻게 (재)구축되고 있는지를 '행위자'의 관점에서 분석한다는 데 있다. 따라서 초국적 페미니스트 관점은 지역과 국민국가의 경계를 넘는 주체들이 다른 공간에서 만나게 되는 가부장제, 인종주의, 민족주의 등의 문제들과 어떻게 갈등하고 협상하는지에 대한 논의를 가능하게 한다(이나영, 2008).

여기서 우리는 기존 국내 조선족 이주여성에 대한 연구들이 행위자적 관점에서 여성들의 이주 경험을 잘 드러내고 있지만, 행위자들이 처한 이중적이면서 모순적인 상황에 대한 이해가 충분치 않았음을 지적하려 한다. 이주한 조선족 여성들이 자신이 처한 상황에서 적극적인 선택을 하고 있음은 분명하다. 그러나 신현준(2013: 36~37)의 지적대로 초국적 이주자들이 글로벌 네트워크를 형성하고 살아간다고 하더라도, 특정 영토국가의 경계 내에서 살아갈 수밖에 없으며, 둘 이상의 장소에서 '소수자' 또는 '이주자'의 자격으로 살아가야 한다. 이런 점에 비추어보면, 기존 연구에서 분명하게 드러나지 않았던 것은 조선족 이주여성들이 지속적으로 이중적이면서도 때로는 갈등적인 상황에 놓여 있다는 점이며, 그러한 상황에서 이들의 선택이 이루어진다는 것이다. 이들의 상황은 어느 한 곳에, 어느 한 삶의 패턴에 정착되지 않기에 유동적일 수밖에 없다. 즉, 이주자들은 국가 정체성, 민족 정체성, 공동체 소속, 가족 유대, 성별분업 등에서 어느 하나에 고정되지 않고 이중적이거나 모순적인 상황에 동시에 놓여 있다고 볼 수 있다. 이러한 유동적 상황은 초국적 이주자들에게 혼란과 갈등을 유발할 것으로 짐작된다. 그러나 본 연구는 이주자들이 유동적 상황을 받아들이고 대응하는 방식에 좀 더 주목할 필요가 있음을 강조하고자 한다. 이주 경험은 다중적 장소와 과거와 현재, 미래라는 시간성이 교차되면서 상호연결되어 구성되게 마련이며, 이를 통해 이주자들은 스스로의 유동적인 삶을 수용할 수 있는 근거를 마련하기 때문이다. 그런 점에서 우리는 조선족 이주여성들이 분명한 경계를 긋기 어려운, 유동적이면서도 모순적으로 여겨지는 상황 속에 놓여 있음을 이해하고, 그러한 이해를 기반으로 초국적 이주와 정주에 대한 분석을 하는 것이 중요하다고 본다. 이 글이 초국적 이주의 장소성과 시간성에 주목하는 이유이다.

2) 초국적 이주의 장소성과 시간성

(1) 초국적 이주의 장소성: 두 장소의 연결성

초국적 이주 논의에서 최근 가장 흥미로운 부분의 하나는 지구화 시대의 이주에서 두 장소의 연결성이다. 초국적 이주에 대한 많은 연구는 이주자들의 경계넘기(cross-border)에 주목해, 국민국가에 묶이지 않고 출신국과 정주국을 가로지르는 공간이 창출됨으로써 물리적인 영토성을 넘어서는 탈영토화가 진행되고 있음을 강조해왔다(정현주, 2008: 900). 신현준(2013: 36)은 "치환된(displacement) 장소와 주체성의 혼종성, 복수적 소속감을 가진 디아스포라(가) '국민국가'의 타자로서 각광"을 받아왔다고 평가한다. 그런데 초국적 이주자들은 어디에서든지 영토국가 내에서 거주해야 한다는 점을 고려해볼 때, '경계넘기'만큼이나 '영토적 준거(territorial reference)'에 대한 지향성(Faist, 2010: 15)에 주목할 필요가 있다.

영토적 준거를 이야기하는 파이스트(Faist, 2010)는 초국적 이주가 탈영토화가 아니라 분명히 영토적 근거를 강하게 가지고 있다고 본다. 그렇다면 초국적 이주에서 영토적 준거라는 것은 무엇인가? 신기술 혁명과 지구화의 맥락에서 최근의 초국적 이주는 이주자가 떠나온 곳과 머무는 곳이라는 두 장소의 연결성이 과거보다 훨씬 도드라진다고 볼 수 있다. 과거 디아스포라가 흔히 모국(또는 상상의 공동체)과 정주국 사이에서 어느 곳에도 속하지 못하는 주변적 위치를 말하는 것이었다면, 현재의 초국적 이주자들은 어느 곳에도 속할 수 있는 연결망 속에 놓여 있다고 볼 수 있다(Bruneau, 2010: 43~47). 영토적 준거에 주목하는 초국가주의 연구자들은 지구화 시대의 이주자들이 과거 디아스포라가 함의하는 강제적 이산자로서의 비극적 삶, 즉 출신 영토나 사회로부터 뿌리 뽑힌 상황에 있는 것이 아니라, 떠나온 곳과 지속적으로 연결되어 살아가고 있다고 강조한다(Bruneau, 2010: 44). 떠나온 곳과 머무는 곳의 연결망에서 출신국 또는 본국은 이주자들의 유일한 근거지(base)로 기능하는 반면, 이주한 곳은 잠시 머무는 곳으로서의 경유지 또는 중간역(points of passage or way stations)으로 기능한다는 것이다(Bruneau, 2010: 46). 그렇다고 이주자들이 잠시 머무는 곳에서 '임시적으로' 삶을 산다거나, 출신국으로 돌아갈 준비가 '늘' 되어 있다는 의미는 아니다. 머무는 곳은 그들이 적극적으로 선택한 기회의 장소이며, 그래서 적극적으로 삶을 꾸려나가야 할 장소가 된다. 이주자들에 대한 기존 연구에 따르면, 소속감이 반드시 하나의 장소에만 강하게 연결되는 것 또한 아니다. 더 강한 초국적 정체성을 갖는 개인들이라고 해서 반드시 장소에 덜 통합된 개인들이라 볼 수 없으며, 장소에 덜 통합된 개인들이 반드시 더 초국적인 것도 아니다(Schunck, 2011; Vertovec, 2009). 한 장소에 대한 소속감이 안정적일수록 오히려 초국적 연결망에 더 적극적일 수도 있다는 경험적 연구들도 있다(Vertovec, 2009: 79).

한편 디아스포라의 관점에서 이루어진 기존 연구들은 모국으로 귀환하는 이주자들의 어려움, 주로 정주국과 모국 사이에서 느끼는 이질적 경험들, 어느 사회나 문화에 온전히 속하지 못하는 주변적 정체성 등에 주목하는 경향이 있었다(Parreñas and Siu, 2007).[3] 조선족의 한국으로의 이주는 '귀환동포'의 관점, 주로 디아스포라의 관점에서 연구되어왔고, 앞으로도 지속적으로 연구되어야 할 것이다. 그러나 행위자들에 초점을 맞춘 초국적 관점에서 한국에 들어온 조선족을 "동포와 외국인 사이"(구지영, 2011)로 보는 것이 한민족의 디아스포라 역사의 지속에서 조선족 이주 경험을 고찰할 수 있는 적절

---

3) 예를 들어, 이러한 관점의 한 연구는 브라질로 이민을 간 일본인들이 브라질에서 소수자인 일본인으로서 주류문화로부터 소외되는 경험을 겪었다면, 이들이(이민 1세대 또는 그 후손들) 본국인 일본으로 돌아와서는 순수한 일본인이 아니라는 이유로 일본 주류문화로부터 소외되는 경험을 분석하고 있다(Tsuda, 2007).

한 시각일 수 있다.

　물론 이민 2~3세대의 조선족들은 한국으로의 이주에서 강제적 이산의 역사적 경험이 없는 외국인 이주자들과는 다른 좀 더 복합적인 갈등과 딜레마를 안고 있다. 그럼에도 이들은 초국적 이주의 특징을 공유할 것으로 기대된다. 적어도 중국과 한국, 북한의 국가 간 경계가 아직은 분명하게 그어져 있고, 이민 1세대 동포로서 귀환이나 결혼이주의 사례를 제외하면 대부분 조선족들은 노동을 위해서 이주한다는 점에서, 장소의 이중성이나 연결성에 주목하는 초국적 관점은 이민 2~3세대 조선족들의 이주와 정주를 이해하는 데 분명 큰 기여를 할 것으로 보인다.

(2) 초국적 이주의 시간성: 생애과정(life course) 접근

　초국적 이주자들이 준거하는 장소의 이중성은 생애과정의 시간성과 중첩된다. 초국적 이주 경험에 대한 연구를 보면, 이주자들은 출신지를 떠난다는 '사실'을 아무런 저항 없이 받아들이기보다는 긴 생애과정 안에서 '일시적'인 것으로 수용한다(Bruneau, 2010). 이주에 따르는 가족분산을 수용하는 것도 조만간 다시 만나 살아갈 날을 기대하기 때문에 가능한 것이다. 이는 이주자들의 기대가 쉽게 이루어질 거라는 것을 말하는 것이 아니라, 이들이 가지는 이주에 대한 일시적·잠정적 관점이 실제 생애과정과 매우 밀접하게 관련되고 있음을 의미한다.

　많은 조선족이 중국의 조선족 집거구를 떠나 중국 내 대도시, 한국과 더 먼 타국으로 이동했다. 이들에게 한국으로의 이주는 세대별로 다른 목적과 의미를 가진다고 볼 수 있다. 이민 1세대가 혈연과 모국을 중심에 둔 '귀환'이라고 한다면, 이민 2~3세대는 특정 생애단계에서의 동기와 필요성이 중심이 된 이주라고 할 수 있을 것이다. 이민 1세대의 '귀환'이 좀 더 정치적이고 역사적인 의미를 띠고 있다면, 그 이후 세대의 이주는 중국과 한국 두 나라의 사회변동이 개인사와 독특한 방식으로 조우한 결과라고도 할 수 있다.

생애과정 접근은 바로 사회변동과 그 역사적 시간과 공간에 놓여 있는 개인사를 연결시키는 이론적 관점으로, 삶의 경험과 전환의 개인사를 개인이 놓여 있는 사회구조와의 상호작용의 관계 속에서 관찰하는 맥락적 관점(contextualist perspective)을 제시한다. 특정 사회변동은 그러한 변동이 일어나는 역사적 시간과 공간에 놓여 있는 개인들의 삶을 독특하게 주조할 수 있다. 또한 바로 그 개인들은 역으로 그러한 사회변동에 반응하거나 대응하면서 사회변동의 구체적 내용을 구성해나가게 된다(Elder, Johnson and Crosnoe, 2003). 이는 구조와 행위의 쌍방향적인 관계를 인식하는 것이다. 특히 생애과정이론은 특정 코호트(cohort, 비슷한 시기에 출생한 사람들의 집단)의 공유된 경험에 주목하는데, 개별화된 개인이 아니라 역사적 경험을 공유한 코호트들이 사회변동에 어떻게 독특한 방식으로 대응하고 있는가가 주요한 분석대상이다.

생애과정의 특정 단계에서의 초국적 이주는 초국가주의가 말하는 '일시적 이주와 정주'라는 장소적 의미와 함께 생애단계에서의 '일시적 이주와 정주'라는 생애시간적 의미를 함의한다. 생애과정 관점의 장점은 바로 개인의 선택을 시간적 차원에서 바라볼 수 있게 한다는 것이다. 이때 개인은 "개인사적 행위자(biographical actors)"(Wingens et al., 2011: 10)로서, 단순히 사회규범의 수동적 추종자이거나 주관적 효용의 극대화를 추구하는 합리적 행위자가 아니라 시간성을 가진 자기주도적 행위자이다. 즉, 개인은 과거의 경험(개인사적 경험의 유산들)과 미래 계획을 현재 행위의 결정과 평가에 구성요소로서 고려하게 된다. 이는 사회구조에 대한 개인의 반응을 이해하는 데 개인사가 핵심적인 요소가 된다는 것을 의미한다.

이주 연구의 관점에서 바라보자면, 이주가 개인들에게 "정상적 생애과정(normal life course)"(Wingens et al., 2011: 8)으로 받아들여질 것인가의 문제가 있다. 흔히 사회구조의 변화에도 개인의 오래된 습관과 태도는 그대로 지속되는 경향을 갖는다(Wingens et al., 2011: 11). 개인들은 이러한 변화에 빠르게 적응해나감으로써 생애과정의 변화를 '정상적인 것'으로 받아들일 수 있을 것이다. 만약 이주가 '정상적 생애과정'으로 여겨진다면, 이는 초국적 이주와 정주의 과정을 한층 용이하게 해줄 수도 있다. 물론 그 반대라면, 이주와 정주의 과정은 개인들에게 다른 방식으로 의미화될 것이다. 이주를 정상적 생애과정으로 받아들이는 방식은 세대, 젠더, 계급 간에 차이가 있을 것이다. 이 글에서는 특정 세대의 조선족 여성들에 초점을 맞춰 이들의 개인사가 사회변동에 어떤 방식으로 영향을 받으며, 이로 인해 이주와 정주를 단순히 '돈을 버는 것' 이상의 어떤 독특한 방식으로 경험하고 해석하는가를 주로 탐구해보고자 한다.

3. 연구대상 및 연구방법

본 연구의 주요 분석 자료는 심층 인터뷰 방법을 통해 수집된 개인의 구술 생애사 자료이다. 인터뷰의 주요 질문 내용은 인생의 주요 전환점을 중심으로 각 생애단계에서의 구술자들 경험이다. 면담자는 생애단계별 경험을 구술하도록 먼저 방향을 제시하고, 구술자가 구술하는 흐름에 맞춰 특정 맥락에서 제기된 구체적 주제나 상황에 대해 여러 질문을 덧붙여 나가는 방식으로 인터뷰를 진행했다.

심층 인터뷰 대상자는 현재 한국에 거주하고 있는 조선족 기혼여성 8명이다. 이들은 1960년대 초(전후)부터 1970년대 초(전후)에 태어났는데, 1960년대 출생자들이 연구의 중심을 이룬다. 결혼이나 단순 귀환이 아닌 노동을 위해 이주한 평범한 조선족 기혼여성들을 섭외하기 위해, 이주여성단체나 교

<표 6-1> 연구 참여 조선족 기혼여성 구술자의 일반적 특성

구술자	출생 연도	출신지	학력	현재 일	한국 거주 기간	국내 신분	자녀 수
사례1	1961년 (2세대)	지린성	고졸	파출부	8년	귀화	2명
사례2	1964년 (3세대)	지린성 (옌볜)	고졸	정육점	8년	취업비자	1명
사례3	1962년 (3세대)	지린성 (옌볜)	중졸	정육점	6년	취업비자	2명
사례4	1965년 (3세대)	지린성 (옌볜)	대졸	식당 (홀 서빙)	4년	영주권	1명
사례5	1965년 (2세대)	헤이룽장성	고졸	식당 (홀 서빙)	7년	영주권 신청 예정	1명
사례6	1959년 (2세대)	헤이룽장성	고졸	식당 (주방)	1995년 (2년 체류) / 2002년 이후 거주(왕래)	취업비자	2명
사례7	1973년 (3세대)	지린성 (옌볜)	전문대 (약사 자격증)	조립 공장 (조립)	7년	영주권	1명
사례8	1973년 (3세대)	헤이룽장성	고졸 (일본유학 -기술학교 입학 후 포기)	시간제 식당 (홀 서빙)	4년	영주권	1명

주 1: 구술자의 출신지는 중국 둥베이 삼성(헤이룽장성, 지린성, 랴오닝성) 중 태어난 곳의 성을 표기했다. 대학 입학이나 결혼 후의 거주지는 출신지와 약간의 변동이 있었다. 지린성에 속하는 옌볜조선족자치주 출신자의 출신지에는 '옌볜'으로 표기했다.
주 2: 이민 2세대는 2세대로, 이민 3세대는 3세대로 표기했다. 이민 2세대의 부모들은 어렸을 때(5~9세) 이주한 경우도 있었고, 어느 정도 커서(17~20세) 이주한 경우도 있었다.

회 등의 단체나 기관이 아닌 지인들을 통해 주변의 식당이나 가게에서 일하고 있는 여성들을 소개받았고, 이후 눈덩이 표집(snowball sampling) 방법으로 추가 구술자를 섭외했다. 이들은 2012년 인터뷰 당시 서울 서남부 지역,

인천, 안산 등에서 주로 일하고 거주하고 있었다. 더 많은 연구 참여자를 섭외하고자 했으나, 대상이 특정 연령대의 기혼여성으로 제한되었고, 의뢰한 조선족 여성들 상당수가 체류 자격 등의 문제로 신분 노출을 무척 꺼려 섭외 자체가 어려웠다. 사례 수는 많지 않지만, 섭외된 여성들이 자신의 생애사와 함께 비슷한 또래의 많은 여성 친인척들과 친구들의 삶을 같이 구술해주어 사례 부족을 보충할 수 있었다. 그럼에도 사례 수가 적은 질적 연구라는 점에서 이 글이 함의하는 바는 제한적이다.

한편 이주한 여성들의 초국적 삶의 장소적 의미를 맥락화하기 위해 연구자들은 2012년 봄에 중국 옌볜조선족자치주의 주도인 옌지시와 인근 도시 지역을 방문했으며, 연고를 통해 접촉이 가능했던 조선족 사회활동가들(옌볜 사회봉사단체 사단법인 대표들과 한인사회봉사자)을 만나 조선족의 역사와 현황, 거주공간과 환경 등을 직접 조사했다. 정주의 공간을 이해하기 위해 서울 가리봉동 조선족 거리를 방문했으며, 여기에 소재한 중국동포타운신문사로부터 조선족 이주여성들에 대한 전반적인 정보와 자료를 제공받아 분석 과정에 참고했다. 두 가지 차원의 현지 방문 조사는 연구자들이 초국적 이주를 두 장소 간의 연결성으로 이해하는 데 직간접적으로 많은 도움을 주었다. 또한 문헌자료를 활용해 거시적 역사와 사회구조를 이해하고, 이러한 맥락에서 개인 구술의 중요성과 의미를 배치시키고자 했다. 주요 연구 참여자의 일반적 특성은 앞에 나오는 〈표 6-1〉과 같다.

4. 조선족 기혼여성의 생애과정과 이주

1) 1980년대 중국의 개혁개방과 조선족 생애과정의 구조변동

(1) 유민에서 국민으로: 장소와 신분에 고착된 조선족 공동체

조선 말기인 1860년대부터 시작된 조선인들의 만주 이주는 일본의 만주 점령과 공산당 활동 감시정책에 기인한 조선인 농민 만주이주계획과 맞물려 일제강점기에 빠른 속도로 증가했다. 그리하여 1910년 강제병합 당시 약 22만 명으로 추정되던 만주 거주 조선인은 일제 패망 시기까지 지속적으로 증가해 1941년에는 간도 총인구 중 73.6%에 육박했다(한상복·권태환, 1993; 양영균, 2006: 81~82).[4] 조선족이라는 명칭이 공식 문서에 등장하는 것은 중화인민공화국 수립 이후인 1950년대에 이르러서이지만, 소수민족으로 인정받은 것은 훨씬 이전으로 거슬러 올라간다(양영균, 2006: 85). 당시 만주 지역은 조선 독립운동의 거점이자 중국 공산당의 항일운동의 교두보이기도 했다. 따라서 강제이주와 노동, 착취에 시달리던 많은 조선족이 민족평등과 민족단결을 촉진하는 정책을 입안하고 소수민의 자치권을 인정하는 중국 공산당 활동에 연루된 것은 어쩌면 역사적 필연이었는지 모른다(양영균, 2006: 84).

이주 조선인들이 중국의 소수민족으로 인정받게 된 결정적인 배경에는 1946년부터 중국 동북 지역에서 시작된 토지개혁이 있었다. 소작농이나 농업노동자로 힘겹게 살아야 했던 조선인들은 토지를 분배받아 소유하게 되었고, 중국 정부는 토지를 가진 조선인들에게 (조선 국적을 인정함과 동시에) 중국 국적을 부여했다(양영균, 2006: 86). 이후 하나의 조국과 하나의 공민권

---

4) 1910년부터 1945년까지 중국에 거주하는 조선인은 20여 만 명에서 160여 만 명으로 약 8배가 증가했다고 한다(양영균, 2006: 82).

만을 인정하되 소수민족의 구역자치를 허용하는 사회주의 중국의 민족정책에 따라 조선족은 옌볜의 조선족자치주를 얻었고, 주로 둥베이 삼성에서 집거구를 형성해 공동체 생활을 하게 되었다.[5] 이로써 중국에 거주하는 조선인들은 중국공산당 주도의 공산주의 국가 건설에 대한 기여를 공식적으로 인정받아 소수민족 신분으로 중국의 공민이 되었다(임계순, 2003: 256~257; 양영균, 2006: 87~88). 조선인의 입장에서 보면 중국인과 같은 권리와 의무를 누리려면 중국 공민이 되어야만 했던 필연적 상황에 직면했다고 볼 수 있다.

당시 조선족들의 생활양식은 농경문화(논농사, 수전농(水田農))를 중심으로 하는 공동체 생활이었다. 이주 조선족들은 혈연과 지연의 이민연결망에 따라 만주에서 주로 정착 생활을 했기 때문에 다른 민족들과 지리적으로 격리되어 살았으며, 이 때문에 '조선인'이라는 정체성을 비교적 안정적으로 지켜나갈 수 있었다(최우길, 2005; 허명철, 2003). 이들은 옌볜조선족자치주 밖의 지역에서조차 공동체 생활을 엄격하게 지켜나갔다. 조선족들이 자치주를 중심으로 집거구를 형성하고 민족 정체성을 유지해나갈 수 있었던 데에는 거주·이전을 엄격하게 제한하는 중국 사회주의 국가의 호구제도(戶口制度)의 영향도 컸다.[6] 호구제도는 중국 정부가 거주에 따라 국민을 관리하는 기본 제도인데, 사실상 도시로 집중되는 경제적 자원에 대한 접근을 도시 시민에게만 제한하는 기능을 했다. 즉, 호구제도는 거주 지역에 따라 사회적 신

---

5) 1952년 옌볜조선족자치구는 자치구 인민정부 수립을 선포했고, 이어서 1955년 12월에는 자치주로 바뀌었다. 옌볜자치주는 중국 전국에서 세 번째 민족자치 지역이 되었다(양영균, 2006: 87).

6) 도시로의 이동을 엄격하게 제한하기 시작한 것은 1958년 중국 공산당이 「호구등기조례」를 공포한 이후이다. 중국에서는 1958~1978년까지 거주·이전이 엄격하게 금지되었으며, 1978년 이후는 중국의 개혁개방정책에 따라 거주·이전이 조금씩 자유로워졌다(이민자, 2001: 66~67).

분과 경제적 수입을 차등화하는 '국민등급제도'로 볼 수 있는 것이다(이민자, 2001: 65). 따라서 농민들은 대규모 공동노동조직인 '인민공사(人民公社)'의 관리제도하에 도시로의 이동이 엄격히 제한되어 기본적으로 토지에 묶여 있을 수밖에 없었다. 도시로의 자유로운 이동은 '자본주의 경향'이라고 비판받았고, 이러한 경향은 1966년 이후 '문화대혁명'의 여파로 더욱 강화되었다. 거주·이전이 엄격히 제한되었던 시기 동안 거주지에 따른 식량의 배급제도가 실시되었는데(이민자, 2001: 68), 이 때문에 대부분의 농민들은 태어난 곳에서 살아가는 수밖에 없었다. 농촌 지역에서도 농민인 농업호구와 농촌의 학교 교사, 행정 직원 등의 비농업호구로 호구가 분리되어 있었고, 변경도 거의 불가능했다(이민자, 2001: 71).

이러한 거주·이전의 금지는 중국이 점진적으로 시장경제 도입을 허용하는 개혁개방정책이 본격화되는 1980년대 중반에 와서야 조금씩 완화되었다. 본 연구에 참여한 구술자들은 중·고등학교를 졸업하고 초기 성인기에 들어서게 되는 1980년대 중반까지 대체로 이동이 엄격히 제한된, 즉 사회적 신분의 변경이 거의 불가능한 삶을 당연시하고 살아갈 수밖에 없었다. 구술자들은 다들 "그렇게 사는" 줄로 알았고(사례5), "불만 같은", "개념"도 없이 (사례1) 살아왔다고 언급했다. 소수민족으로서의 집거구를 형성하고 살았기 때문에 한족과의 교류도 소원했고, 거주·이전의 금지로 인해 거주지를 벗어나기도 어려웠던 이들에게 돌아갈 조국마저 뚜렷하지는 않았다. 한국은 "자본주의 나라이기 때문에"(사례1), 북한은 "가난하기 때문에"(사례2) 돌아갈 조국이 되기는 어려웠다. 사실상 많은 조선족은 식민국가에서 이주 경험을 하고 중국 공민이자 소수민족으로 독자적 정체성을 유지하며 살아왔으며, 정주국인 중국과 정치적·물리적으로 가까운 북한, 1980년대 이후에야 부상한 한국 모두와 일정 정도 거리감을 유지해왔다. 여기에는 19세기 말부터 진행된 동아시아 디아스포라와 일본 제국주의의 확장으로 인한 강제 이주, 독립 후 조국이 분단되는 한반도의 독특한 맥락이 배경에 놓여 있었다 (양영균, 2006).

(2) 중국개혁개방의 의미: 초국적 이주의 계기

마오쩌둥(毛澤東)이 죽은 뒤, 덩샤오핑(鄧小平)의 지도체제하의 소위 '개혁 개방 노선'으로 중국은 시장경제의 도입을 본격화하게 되었고, 1978~2000년 기간 동안 연평균 국내총생산(GDP) 9.6%의 높은 경제성장률을 이어갔다(정 재호, 2000: 4~5). 이렇게 경제가 급성장하자 중국 사회에서 호구제도를 통한 자원배분은 점차 약화될 수밖에 없었다. 시장화·사유화가 어느 정도 허용 되자 농민들도 호구 없이 도시에서 생활할 수 있는 방법들을 찾을 수 있었 다. 중국 정부는 농민들이 스스로 식량을 해결하는 조건으로 호구 변경을 허 용하거나, 호구가 있는 거주지를 이탈한 소위 '농민공'들을 위해서 임시거주 증을 발급하기 시작해, 1995년 이후에는 중국 전체에 임시거주증 발급이 실 시되었다(이민자, 2001: 75~76).[7] 이에 따라 1980년 이래로 중국의 도시인구 는 급속하게 늘어나게 된다. 1982년과 1999년 중국의 공식 통계를 보면 농 업인구는 10% 감소하고 도시인구는 10% 증가했다고 하는데(이민자, 2001: 148), 실제로는 공식 통계 수치보다 더 많은 도시 이동 인구가 발생한 것으 로 추정된다. 1980년대에 중국의 농민들은 주로 주거 지역의 비농업에 종사 하는 경우가 많았으나, 1990년대에 들어와서는 본격적으로 대도시로 이동해 공업이나 서비스업에 종사하기 시작했다(이민자, 2001: 149~152). 조선족의 인구 이동도 1990년 이후에 활발해져 집거지인 둥베이 삼성의 인구는 감소하고 다른 지역의 인구가 빠르게 늘어났다(권태환, 2005b). 1990년대 이후에는 특

---

7) '농민공'이란 중국의 농민들 중 도시호구로 변경하지 못한 채 도시에 들어와 사는 농민 들을 말한다.

히 연해 지역으로 이동한 조선족 인구가 전체 조선족 인구의 20%인 40만 명에 이르는 것으로 나타났다(박광성, 2008: 27).

이처럼 1980년대부터 본격화된 중국의 사회변화는 거주 · 이전의 허용, 대학입시의 부활과 대학 자율화, 한국을 포함한 해외 자본투자로 인한 중국 내 산업단지 형성, 중국 대도시 서비스 산업의 팽창이 가져온 고용기회 확대 등으로 이어졌다. 이는 1960년대에 태어나 1980년대에 20대가 되고 생산활동을 하게 된 연구 참여자 코호트 여성들의 생애과정을 결정적으로 바꿔놓았다. 이들은 새로운 20세기 말의 중국 사회의 변화를 초기 성인기라는 생애단계에서 온전히 경험한 세대로, 어머니 세대, 더 나아가 할머니 세대가 중국 농민으로서 중국에 정착해 살아간 것과는 매우 상이한 삶의 경로를 밟기 시작했다. 연구 참여자들은 모두 장소에 고착되어 있는 삶, 부모로부터 대물림되는 삶이 변할 수 있다는 가능성과 더 이상 자신의 부모 세대와 유사한 사회적 신분을 당연시하지 않아도 된다는 희망을 보았던 것이다. 그 가능성은 기대했던 삶의 방식과는 사뭇 다른 것이었기에 생애과정에 결정적인 영향을 미칠 수밖에 없었다. 일거리를 찾기 위해서든, 자식교육을 위해서든 이동이 훨씬 자유로워졌기 때문에 무엇보다 자신이 사는 곳으로부터 떠남을 통해 조선족 여성들은 미래의 가능성을 훨씬 더 높일 수 있게 된 것이다(사례5).

살던 곳이 낙후되어 있을수록 다른 곳에서의 기회를 찾아 나서는 것이 현재 상황 개선에 중요한 방법으로 인식되었으며, 이에 따라 이동에 따른 삶의 변화가 '정상적 생애과정'으로 수용되기 시작했다. 특히 옌볜조선족자치주 밖의 조선족 아이들은 중 · 고등학교를 가려 해도 학교가 없어 시내로 나가야 하는 경우가 점차 많아졌고, 시내에 있는 기숙학교에 아이를 보내기 위해서는 많은 돈이 필요했다. 조선족 기혼여성들은 시내에 있는 학교에 아이들을 보내기 위해서라도 대도시에 나가 돈을 벌어야 했다(사례5). 그러기에 시장경제는 경제적인 차원에서 보면 '바람직한' 것이었다. 개인재산을 보유하고 어느 정도 자유롭게 활용하며, 도시에서 장사를 하거나 일자리를 구해 돈을 벌고, 번 돈으로 미래에 대해 계획할 수 있다는 가능성만으로도 시장경제 도입을 통한 중국의 변화는 새로운 기회의 조건이자 미래를 긍정적으로 설계할 수 있는 시발점이었다(사례4).

그러면 떠나는 이들은 다시 돌아오리라고 희망하는가? 흥미로운 점은 아래 고ㅇㅇ 씨(사례1)의 말처럼 개인이 소유한 땅이 "다른 데 가서 벌어먹을 수 있는" 최소한의 안전망이자 원거리 진출의 발판이 되었다는 점이다.[8] 언젠가는 자기 땅으로 '회귀'할 수 있다는 기대가 역설적으로 먼 곳으로의 '떠남'을 제공하는 기반이 된 것이다.

> 내가 못하면 남이 지주라도 (농사를 지어주어도) 내가 먹을 건 있잖아요? 그렇고 뭐 굶는 사람 없이. 무조건 뭐 다 같이할 때는 다 일을 잘해가지고 막 신체 좋아 일을, 뭐 건강하게 일을 해믄은(하면) 먹고살지마는 후에 다 분배했을 때는 내가 오늘 못하면 내일 하면 되잖아요? 내일 못하면 모레 하면 되고. 이러니까 이제 내 땅이 있어 좋아진 거지요. 그담에 이제 내 땅을 놔, 내 땅을 놔두고 나서는 그담에 다른 데 가서, 뭐, 뭐 다른 데 가서도 벌어먹을 수도 있고.
>
>   -사례1

특히 1992년 한·중 수교 이후 한국은 새로운 약속의 땅으로 부상하기 시작하면서 많은 조선족 여성이 한국으로 이주했다. 당시 대부분 기혼자들이

---

8) 농민들은 토지에 대한 소유 권리를 가지지만, 사실상 토지는 중국 정부로부터 장기임대(30~50년)받은 것이다. 개인은 자기 땅을 다른 이에게 임대할 수 있다. 많은 조선족이 한족에게 토지를 임대하고 있다고 한다.

었던 여성들에게 한국으로의 이주는 "천당에 오는 것, 진짜 아닌 게 아니라 큰 벼슬 하는 것"으로 여겨질 만큼 중국 대도시로의 이주와는 또 다른 삶의 기회를 열어준 듯 인식되었다. 흥미로운 점은 연구 참여자들이 중국에서의 어린 시절을 "순수하면서도 즐거운", "마음이 편한", "재밌는" 시절로 회고하면서도 중국에서의 삶을 '비참한 과거'로 위치시킨다는 점이다(사례8). 못 먹고 못사는 "짐승 같은" 삶이(사례5), 과거와 중국이라는 시공간에 설정되면서 미래의 희망은 시공간을 떠남으로써 실현가능한 것이 아닌가 하고 조심스럽게 짐작해볼 수 있다. 결국 과거는 중국과, 미래는 한국이라는 공간과 자연스럽게 등치된다.

2) 사회주의 체제의 여성의 노동과 생애과정

1980년대 중국의 변화와 1992년 한 · 중 수교를 가능하게 했던 1990년대 민주화된 한국의 변화는 예전에는 당연시되었던 조선족 공동체의 삶뿐만 아니라 개인의 '정상적인 삶'에 대한 의미 변화를 가져오게 되었다. 이런 점에서 조선족 여성들이 생의 전환점 이전에 가졌던 삶의 '기대'와 '계획'을 이해하는 것은 이들이 경험하게 된 삶의 전환의 의미를 이해하는 데 중요하다. 연구 참여자 대부분은 어머니 세대에 비해 고등교육을 받았음에도 어린 시절부터 조선족 집거구를 떠난 삶을 예상하지 못했기 때문에 변화에 대한 기대도 크지 않았다. 대학을 가지 않는 이상 농촌생활을 벗어나기 힘들었지만, 대학에 진학해 "최고의 여성"으로 여겨질 만큼 우러름을 받는[9] '직업여성'이

---

9) 중국 사회의 직업여성에 대해서는 본 연구자들이 2012년 4월 11일에 중국 옌볜조선족 자치주의 주도인 옌지시에서 인터뷰를 위해 만난 조선족 사회활동가들(옌볜 사회봉사 단체 사단법인 대표들)이 지적해주었다.

되기란 대부분에게는 성취하기 힘든 꿈이었다.

중국에서는 1977년부터 (추첨제가 아닌) 대학입시가 부활해 점차 대학을 가려는 사람들이 늘어났지만, 1990년대가 되어서야 본격적으로 대학 진학 열풍이 일어났기 때문에 대부분의 연구 참여자들은 그 혜택을 받을 수 없었다. 이들은 중·고등학교 시절에 시장경제 도입으로 인한 중국 사회의 변화를 목격했지만, 당시에는 개별적으로 거주지를 떠나 얻을 수 있는 새로운 기회가 별반 제시되지 않았다. 다만 일부 여성들만 대학 졸업 후 전문직에 종사하거나, 가족의 도움으로 시내에 있는 직장을 다닐 수 있었다. 또한 농사 짓는 삶을 거부하고 자력으로 옷 만들기와 같은 장사를 하겠다는 강한 의욕을 보여준 여성도 있었다.

어머니 세대보다 조금은 다양해진 생애과정을 밟기 시작한 연구 참여자들은 생산노동에의 참여를 매우 당연한 것으로 생각하며 자랐지만 생애단계에 따라 그 책임의 정도는 달랐다. 가난했지만 생계에 대한 '책임이 없었던' 어린 시절을 행복했던 시절로 회고하는 상당수 여성은 삶의 고된 정도를 결혼 전후로 확연히 구분하고 있었다. 결혼 이후에는 생계에 대한 무거운 책임이 여성에게도 마찬가지로 중요한 문제가 되었던 것이다. 이는 농촌의 여성과 시내의 직장여성 모두에게 공통적인 문제였다. 농촌여성들은 "해만 뜨면 일하러 나간다 생각하고" 살았으며(사례1), 직장여성들은 출산휴가가 끝나면 바로 직장에 복귀하는 삶을 의문의 여지 없이 거의 당연한 것으로 여기며 살았다(사례2와 사례4).

기존 연구에서도 나타났듯이, 인터뷰 결과 조선족 사회는 한족 사회에 비해서 전통적인 성별역할 분리가 강한 것처럼 보인다.[10] 생산노동과는 별개

---

10) 다른 연구자들이 이미 밝혔듯이 한족 사회에 비해 조선족 사회에는 훨씬 더 분명한
    성별화된 분업이 규범화되어 있었고, 집안일은 통상 여성의 일로 여겼다고 한다(계

로 여성이 거의 전적으로 가사노동을 부담해야 한다는 의식이 강해 사적 영역에서의 성별분업이 명확했다. 그러나 여성들의 생애구술에서 헌신적 어머니상이 강조되었던 흔적을 찾아보기는 어려웠다. 사회주의적 평등사상이 여성의 사회적 지위를 강조했고, 사회주의 집단 생산체제가 성별을 가리지 않은 생산노동을 강조했기 때문에(강순화, 2005), 가부장적인 모성이데올로기가 자본주의사회보다 상대적으로 강조되지 않은 것으로 추측된다. 공적 공간에서 여성들의 노동력 동원이 중요했던 만큼, 사적 영역에서 강한 모성 이데올로기의 규범화는 사실상 어려웠을 것이다.

한편, 생산과 재생산의 이중노동에 대한 여성들의 부담이 계속되는 가운데 한족에 대한 중국 정부의 한자녀 정책은 조선족 여성들에게도 큰 저항 없이 수용되었던 것으로 보인다. 게다가 중국의 시장개방 이후 특히 가중되는 교육비 부담은 소자녀 문화를 더욱 보편화시키는 데 기여했다.

직장여성들은 대부분이 안정된 직업을 가지고 있었고, 아이를 직장 탁아소에 맡기거나 부모의 손을 빌리기도 하고 '장기간 돌봐주는' 유치원 등을 활용할 수 있었음에도, 한자녀를 키우는 일조차도 육체적으로 감당하기 어려웠다고 회고했다. 반면 농촌여성들은 대체로 가족과 친인척들(친정이나 특히 시집식구들)이 한마을에 모여 사는 경우가 많았기 때문에 아이 돌보는 일을 가족 내에서 해결하는 경우가 많았다. 그런데 농촌의 경우, 앞서 언급했듯이 조선족 거주지에서의 자녀교육이 점차 어려워지는 문제가 발생했다고 한다. 농촌가정의 자녀교육 문제는 이후 여성들이 이주를 결정하는 데 주요한 원인 중 하나로 작동하게 된다.

결론적으로 직장여성과 농촌여성 모두 생산과 재생산이라는 이중역할의 부담에서 육체적으로 힘든 삶을 살았다. 다만 시내에서 직장을 다녔던 여성

순애, 2000).

들이 상대적으로 경제적으로 안정적인 삶을 살았다면, 농촌여성들은 고된 노동에서 자녀교육의 기회 부족과 급증하는 교육비 등의 부담으로 농촌생활의 한계를 절감하고 있었다.

3) 삶의 구조변동: 이주와 노동하는 삶의 전환

여러 가지 면에서 낙후되었던 농촌 지역의 여성들에게 도시 이주의 필요성은 더 빨리 인식되었다. 게다가 대도시의 경제적 기회로 인한 급속한 농촌인구의 감소로 농촌 지역 공동체의 생활기반은 점차 약해졌다. 자의든 타의든 조선족 기혼여성들은 적극적이며 강한 '생활인'으로서 시대 변화에 앞장서게 되었다. 구술자 중 농촌여성들은 시집의 장사를 돕거나(탁주 장사), 본인 스스로 시장에 옷가게를 차리거나, 베이징(北京)이나 상하이(上海) 등 대도시로 식당 일이나 가정부로 일하러 나가기 시작했다(사례1, 사례3, 사례5). 형제나 친척 중 베이징에 식당을 차리면 이를 도우러 가기도 하고, 본인이 식당을 직접 차려 장사를 시작하기도 했다. 농촌여성들은 농사일이 먹고살 걱정을 덜어주는 것 이상의 역할을 하지 못하고 더는 소득을 올리는 주요 수단이 되지 못하자, 대체로 남편들보다 먼저 돈벌이를 위해 대도시로 떠났다. 여성들이 대도시로 나가면 남편들은 외지로 '막노동(일명 노가다)'하러 나가거나 아내들이 없는 동안 아이들을 돌보면서 지내기도 했다. 시부모나 친정 어머니, 큰어머니 등 가족 중 누군가가 아이를 돌봐주기도 했다.

조선족 사회에는 전업주부로서 아이들의 양육에 전적으로 헌신하는 어머니상이 강조되지 않았기 때문에 여성들에게도 생산노동은 주요한 역할이었다. 여성의 생산노동에 대한 강조는 여성 개개인에게 이주에 대한 사회적·심리적 저항을 줄여주고, 가족들이 여성들의 이주를 격려하거나 부추기는 원인이 되기도 한다. 중국 대도시에 나가 일하기 어렵다면 국경을 넘어 한국으로 이주하는 것이 현실적인 대안이 되었다. 초기 이주 비용이 비싼 한국은 일단 나가면 귀국이 어려웠고, 가족들도 "간 김에 오지 말고 돈(을) 벌어"야 한다고 강권하기도 했다.

나보고 북경[베이징] 가서 식당을 하든지 하라 해가 또, 할머니, 할아버지, 또, 아(아이) 보고, 또 가 있다가 그래 마땅한 데 없어가지고 기양 있다가 한국 나오게 된 거(죠). (식당 운영에) 돈이나 많이 들고 해가지고 너무 비용 많이 들어가지고 안 하고 있다가 그냥 한국에 나온 거거든요.

-사례1

그래 (친척 초청으로 들어와) 2년 정도 (한국에 친척 집 가정부로) 있었는데, 처음 1년은 코피 나게 힘들고. 그저 뭐라 하면 눈물 질질 짜고. 아이들 사진, 편지만 봐도 울고. 이런 시집살이를 왜 하나 싶고. 그러나 집(시댁 사람들)에서는 못 오게 해서 가지도 못하고. 한국에 가기 힘드니깐 간 김에 거기서 벌어라. 오지 마라. 난 돈 이만하면 됐는데, 고생하고 이렇게 살아야 하나 싶었고.

-사례6

한편 한국에 오기 전까지 대체로 경제적으로 안정된 생활을 하고는 있었던 직장여성들에게도 이주는 점차 긍정적인 것으로 여겨졌다. 특히 남편의 직장생활이 불안해지거나(공장 폐업 등의 여러 불안 요인들의 증가), 자신들의 은퇴 시기(만 50세가 여성의 공식 은퇴 연령)가 얼마 남지 않은 경우,[11] 한국으로의 이주를 생애단계에서 좋은 기회로 여기게 된다. 한국에 가면 장시간

---

11) 인터뷰에 의하면 중국 직장인들은 정식 은퇴 연령 이전에 은퇴하더라도 '월급'(직장 연금과 유사한 것으로 보임)을 계속 받는다고 한다.

단순노동과 맞닥뜨릴 것을 알지만, 중국에 비해 6~7배 이상의 돈벌이가 되는 일자리가 지속적으로 공급된다는 사실은 직장여성들에게도 뿌리치기에 어려운 유혹이 되었다.

농촌의 여성이나 시내에 거주한 직장여성 모두에게 한국으로의 이주는 직접적으로는 돈을 벌 기회를 제공하고, 이를 기반으로 자식교육과 미래의 더 나은 삶을 약속받는 길로 여겨졌다. 식당, 청소, 간병 등 서비스 부문의 저임금 노동자로서 조선족 여성들이 남성들보다는 더 안정적인 일자리를 구할 수 있다는 점에서나 여성들이 훨씬 더 가족지향적이라는 점에서 여성들의 이주가 조선족 가족들에게는 훨씬 더 나은 선택이기도 했다.[12] 이런 맥락에서 이주는 자녀 돌봄의 공백을 감수하고서라도 '가족을 위해' 여성들이 놓치기 어려운 기회로 여겨졌다. 돈벌이의 기회가 있는 곳에 가서 일을 하는 것이 기혼여성들에게 필요한 일이자 가족에게나 스스로에게 떳떳하며 매우 '정상적'인 일이 된 것이다. 아이들을 제대로 돌보지 못하는, '뻔한' 결과가 예상되는 경우에도 할 수만 있다면 '반드시' 감행해야 하는 것으로 여겨졌다. 이제 조선족 여성들의 이주는 돌이키기 어려운 대세가 되어버렸다.

노동이 인생에서 당연한 것이라면, 문제는 노동의 강도보다 어디서 어떻게 얼마나 돈을 벌 것인가이다. 한국에서 일하는 대부분의 연구 참여자들은 '이왕 고생할 거 돈벌이가 되는 일을 하겠다'는 굳은 의지를 보였다. 이처럼 가사노동을 전담하면서도 생산노동에 대한 의무를 동시에 안고 살았던 조선족 여성들에게는 이전보다 더 많은 생산노동에의 요구가 이주의 기회라는 이름으로 제기되었고, 스스로도 이 길을 새로운 삶의 기회로 붙잡고자 했던 것이다.

---

12) 이 부분은 2012년 4월 11일 중국 옌볜조선족자치주의 주도인 옌지시에서 연구자들이 수행한 조선족 사회단체 대표들의 인터뷰를 근거하고 있다.

이들에게 가족 구성원들이 국경을 가로질러 살아가게 되는 초국적 가족의 형성은 생산노동의 의무를 다하기 위한 불가피한 선택이었지만, 다른 한편으로 이주노동은 어머니의 부양능력(이해응, 2005: 126)을 인정받는 길이자, 더 나아가 중국에서의 고된 노동과 이중 노동으로부터의 '해방'으로 경험되기도 했다. 이주가 '해방'으로 느껴지는 구체적인 맥락은 다음과 같다.

첫째, 농촌 기혼여성들에게 중국에서의 농사일은 중단할 수 없는 고된 노동이었다. 한국으로의 노동이주는 이러한 고된 노동으로부터의 '해방'을 가능하게 했던 것이다. 그들에게 한국의 노동강도는 상대적으로 수월한 것으로 여겨진다.

> (중국에선) 내가 힘들어가 일 안 하면 안 되고, 무조건 해야 되고 그러니까. 근데 한국 와서 식당 일 한 거 해도 시골 농사짓는 거에 비하면 아무것도 아니에요.
>
> -사례1

둘째, 직장여성들도(사례2와 사례4) 중국에서 직장 일과 양육의 이중노동이 너무 힘들었다고 회고한다. 그런 점에서 분산된 가족이 오히려 '고통보다는 편안함'을 가져다주었다는 것이다. 직장생활을 하면서 매일 시집에 아이를 맡겼다 데려오는 생활을 반복했다는 한 직장여성(사례2)은 그때가 인생에서 가장 힘들었다고 기억했다. 직장 일이 일찍 끝나도 육아와 가사에 "너무 힘들어서 살이 쭉쭉 빠졌다"고 말했다. 그는 아이가 12살 때 산업연수생으로 한국 울산으로 오게 되었는데, "그때 그렇게 맘이 편했다"고 한다. 이주는 여성으로서 스스로 삶의 질을 제고하는 방법이기도 한 것이다.

결론적으로 연구 참여자들에게 초국적 가족의 형성과 유지는 생애단계의 특정 경험으로 수용되고 있다. 조선족 이주 기혼여성들에게 초국적 이주에 따른 분산가족은 아이들이 어느 정도 크고 난 후 대학을 마치거나 취업할 때까지 감수해야 할 생애과정의 한 단계가 되었다. 고되게 생산노동과 재생산 노동의 이중역할을 해내었던 기혼여성들은 이젠 생산노동의 한 가지 역할에 집중하는 생애단계에 있는 것이다. 이들에게 한국에서의 생활이 육체적으로 또는 심리적으로도 편할 수 있는 것은 주요 생계책임자이자 양육자라는 이중의 역할에서 오는 갈등과 불편감이 훨씬 줄었기 때문이기도 하고, '중국동포'로서 한국 노동시장에 상대적으로 쉽게 편입되어 다음의 생애단계를 위한 준비를 더 알차게 할 수 있으리라는 기대감도 크기 때문이다.

4) 정주의 실천, 유동적이며 불확실하지만 기대되는 미래

(1) 자본주의사회에서 노동자 되기: 장시간 노동의 수용

사센(sassen, 2003)은 지구적 차원에서 빈곤국과 부국 사이에 여성의 일이 재배치되는 현상을 불평등한 세계경제의 구조적 결과로 보고 있다. 조선족 기혼여성들이 한국 경제에 편입되는 방식은 이러한 신국제분업에 여성의 일이 지구적으로 재배치되는 과정으로 이해될 수 있다.[13) 연구 참여자들이 한국에 와서 주로 해온 일들은 하우스(비닐하우스 농가), 김치 공장, 모텔 청소, (건설)현장 청소, 식당 주방과 서빙, 전자제품 조립 공장, 정육점, 가방 및

---

13) 사센의 '글로벌 시티' 재생산 논의에서는 고학력 여성들이 고임금 전문직종에 종사할 수 있도록 하는 데는 제3세계로부터 들어온 이주여성들의 역할이 크다고 본다(Sassen, 2003). 이주여성들이 전문직종 여성들이 해야 할 전통적인 여성의 일을 대신해주기 때문에 고학력 여성들은 남성들과 경쟁할 수 있게 된 것이다. 한국에 이러한 논의를 적용할 수 있을지는 아직 불확실하다. 그러나 넓은 의미로 보면 이주여성들이 식당 일, 간병인, 가정부 등의 전통적 여성의 일을 하고 있다는 점에서 여성의 값싼 일자리를 채워주거나 대체하고 있음은 분명하다. 단, 이러한 대체가 한국의 전문직 여성들의 고용률 제고와 어느 정도까지 연관이 있는지는 경험적 연구가 필요할 것이다.

의류 공장 노동 등 다양한 저임금 직종이다. 주로 40대인 이들은 50대 이상의 지인이나 친척이 식당 일 외에 간병인이나 가정부도 많이 하고 있다고 말했다.

연구 참여자들은 현재 식당 일(사례4, 사례5, 사례6, 사례8)을 많이 하고 있으며, 두 명은 정육점(사례2와 사례3)에서 일하고, 한 명은 식당 일을 많이 하다 전자제품 조립공장에서 일하고 있다. 나머지 한 명은 몸이 좋지 않아서 일당으로 소개받는 대로 일을 하고 있다(사례1). 대부분 이주 기간이 길어지면서 월급제로 일하고 어느 정도 안정된 생활을 하고 있지만, 이주 초기에는 훨씬 더 열악한 조건에서 더 낮은 임금으로 일했던 경험을 가지고 있다.

이들의 한국 노동시장으로의 편입은 장시간 노동을 전제로 한 것이었다. 현재 연구 참여자들의 상당수가 식당과 정육점 등에서 월급제로 일하고 있는데, 하루 12시간의 장시간 노동(오전 10시부터 오후 10시, 월 3일 휴가)을 하고 있다. 장시간 노동의 월급제가 이들의 주된 선택이지만, 장시간 노동을 피하면서 노동 시간당 상대적으로 높은 금전적 보상을 얻기 위해서는 일당제가 대안적 선택이 되기도 한다. 특히 2007년 방문취업제 도입 전에는 친척 방문으로 왔다가 체류 기간을 넘겨 불안정한 신분으로 있었던 조선족들은 월급제보다는 일당제를 선호했다. 그러나 문제는 일당제는 주어진 시간 동안에 매우 높은 강도로 일을 해야 한다는 것이다. 월급제 일은 쉬는 날이 적고 장시간 일을 해야 하지만, 하루 중 중간중간 쉬어가면서 일을 할 수 있는 장점이 있으며, 안정적으로 한 곳에서 일을 하며 경력도 쌓을 수 있기 때문에 대체로 선호된다. 저임금·장시간 근로 노동자로서 여성들은 월급제와 일당제의 장단점을 직접 경험하고 자신들에게 유리한 것을 계산하고 결정해왔다.

그렇다면 고된 장시간 노동을 조선족 이주여성들은 어떻게 감당하고 있는 것일까? 당연히 중국 임금의 몇 배에 해당하는 금액을 벌 수 있기 때문일 것이다. 하루 12시간씩 일하는 월급제 여성들은 말할 것도 없거니와, 초등학교 아이 때문에 집에서 가까운 조립공장에서 아침 9시부터 저녁 6시까지 일하고 있는 여성조차도 평일에 짧은 노동시간을 보충하기 위해서 주말에는 홀 서빙 아르바이트를 하고 있었다. 아이가 성장하자 그는 공장에서 평일 잔업과 주말 특근이 자주 있지 않음을 매우 안타까워했다. 그만큼 현재 40대 조선족 이주여성들은 장시간 노동에 지쳐 있으면서도 이를 생활의 중심으로 놓으려 한다.

그러나 이들이 한국에서 장시간의 고된 노동에 적응하는 것은 하나의 '문화적 충격'을 거치고서야 가능했다고 볼 수 있다. 이주 초기의 여러 가지 판단 착오와 부적응으로 인한 고생은 차치하고라도, 매우 높은 노동강도와 휴식 없는 장시간 노동이라는 한국에서의 '노동시간의 경험'은 이들에게는 평생 처음 있는 일이었다. 높은 임금을 받을 수 있지만 장시간의 높은 강도의 노동을 감내해야 한다는 사실은 이들에게 다음과 같은 다소 모순적인 경험들을 만들어낸다.

첫째, 이들에게 "하루 벌어도 며칠을 살 수 있는" 한국은 "하루 벌어 하루를 살기 어려운" 중국과 전혀 다른 세계를 의미한다. 하루 벌어 며칠을 살 수 있다는 것은 삶의 숨통을 틔어주는 일이고 소비욕구도 어느 정도 채워줄 수 있으며, 더 나아가 여가생활도 일정 부분 가능하게 해준다는 것을 의미한다. 돈을 버는 것이 생활의 "즐거움"과 연결되는 것이다. "돈 벌어서 쓰는", "즐거움"을 맛보며 그들은 소비자본주의사회의 일상을 체화해간다.

여기 소비하는 게 많은 것보다, 내가 벌어서 소비를 하면은 그게 내 욕구를 거의 다 채워주니까. 중국은 물가가, 버는 거에 비해 물가가 또 비싸요. 여기 사람들은 중국 물건 싸다 하지만은 거기서 벌어서 살려면 물가가 되게 비싸요. 식당에 가서 밥 한 끼 먹는 것도 한 달 월급의 한 20% 정도 그 정도. 여기는 외식하는 게 뭐 부담 없이 외식하잖아요. 그냥 바깥에 나가 부담 없이. 그냥 하루 벌더라도 밥 먹는 거는 뭐 몇 끼를 먹을 수 있고. 그냥 하루 번 거는 거의 다 친구도 초대할 수 있고 하니까. 그런 게 돈 쓰는 게 벌어서 쓰는 게, 그래도 벌어서 쓰는 게 즐거움이잖아요.

-사례7

둘째, 연구 참여자들은 한국 사람들의 고된 장시간 노동이라는 삶의 리듬을 익히며 이를 '부지런함'과 '부유함'의 상징으로 해석한다. "중국에서는 딱 8시간 일하는데, 여긴 12시간씩 일하는" 데 놀라워하면서도 이렇게 "열심히 사는" 것이 "부자 되는" 지름길이라고 보고 있다(사례7). 그리고 그런 사회가 '살기 좋은 나라'라고 생각하며 열심히 일하는 것을 가치 있는 것으로 받아들인다(사례5). 그러기에 윤○○ 씨(사례5)의 말처럼 "피곤하더라도" 일하러 나갈 수 있는 현실을 "복"이라 여긴다.

항상 이렇게 일하러 나갈 때 조금 피곤하더라도 오늘도 열심히 하자 (이러죠). 이 일하는 것도 이것도 복이라 생각하고 일자리 있는 것만 해도 복이라 생각하고. 그다음에 다들 힘들잖아요? 장사하는 사람, 장사하는 사람 나름대로, 식당을 하는 사람 나가는 비용 많고, 월급 나가야 되고. 사모님도 식당 주인도 나이가 많거든요. 그러면서 열심히 하는 거 보고 우리 또 열심히 해줘야 되고, 그래야 이 장사가 잘돼야 내가 월급 받기도 편하고 마음이 그거 하지 않아요? 그래 아무리 어떤 때 홀 한 막 손님이 닥치고 하면 정신없어요. 얼마나 힘들어요. 그래도 그럴 때 오히려 마음이 더 좋지. 손님 이래 없이 이렇게 좀 한가하면 오히려 마음이 더 불안해요.

-사례5

셋째, 연구 참여자들은 '지금'은 고되어도 좋지만, 고된 장시간 노동을 앞으로 계속하기는 어렵다고 말하기도 한다. 현재의 희생은 결국 좀 더 나은 미래를 위한 것이기 때문에 미래 또한 현재와 같다면 견디기 어려울 것이라는 의미다. 김○○ 씨(사례2)는 평생 이렇게 살 수는 없을 것 같다고 하면서 아래와 같이 말한다.[14]

그래 여(한국에) 와 있으니까 진짜 맘 편하더라고. 와 사는 게. 해준 밥 먹고 하니까. 그때 와서 막 십 키로 살 쪄갔어요. 그렇게 맘 적으로 편하더라고. 살림하다 와서 그냥 저 혼자 몸으로 있다 가니까. 근데 거기는 아침 8시에 출근하고 5시에 퇴근했거든. 근데 여기 오니까 여기가 시간이 너무 길잖아요. (그래도) 몸이 닿는 데까지 해야지. 그만한 대가를 받으니까. 계속 있으려면 못해요 나는. 그저 4~5년이라도 좀 더 벌어가지고 그냥 내 어느 정도 내 마음에 그만, 이만큼 하면 되겠다 하믄 몸에 따라주면 하고 안 따라주면 못한다는 생각에 …… 계속은 못하지. 나 여기서 계속 사는 사람 보면 아우 …… 어떻게 저렇게 사는가 싶어요.

-사례2

그는 자본주의사회에서 노동자로서의 삶의 한계를 이미 절감하고 있는 듯하다. 극단의 노동만이 지금의 삶을 유지시켜줄 수 있지만 결국 불투명한 지속성과 육체적 한계로 미래는 보장되지 않는다는 것 또한 잘 알고 있다.

이처럼 조선족 여성들은 막노동까지도 마다하지 않으면서 한국 노동시장의 하층으로 빠르게 편입되었다. 여기서 주목할 점은 한국 노동시장의 위계

---

14) 최○○ 씨(사례3)도 중국에서의 삶과 한국에서의 삶을 비교하면서, 이렇게 쉬지 않고 살아가는 한국 사람들이 무척 "피곤해 보인다"고 비슷한 이야기를 했다.

구조상 하층에 편입된 이들이 자본주의 경제로 편입되고자 하는 강한 동기를 가지고 있다는 사실이다. 이는 물론 자본주의사회보다도 더 물질적이라고 흔히 이야기하는 중국의 특성과 무관하지 않겠지만, 여성들의 정주의 적극적 실천을 보여주는 것이기도 하다. 그러나 그들의 편입 동기는 지금 한국에 있는 것이 아니라 과거이자 미래인 중국에 있다. 연구 참여자들은 한국에서는 자기 가족이나 친척, 조선족 친구들과의 교류 외에 한국인들과의 일상적 교류는 거의 없이 살아가고 있었다. 결국 이들은 자신들의 일을 한국의 노동자로 살기 위해서라기보다는 중국으로 돌아가기 위해서 (혹은 가게 될지 모르기 때문에), 일시적으로 선택한 기회의 실현으로 보고 있는 것이다. 미래의 삶을 위해 오늘의 고통이 감내되고 오늘의 노동은 미래를 위한 담보가 된다. 이로써 과거로 표상되던 중국의 공간은 다시 미래로 전환되고 희망은 아이러니하게 다시 '과거'의 '거기'로 회귀된다.

(2) 초국적 삶과 미래 세대의 기획

초국가주의에서는 초국적 삶을 사는 이들이 자기의 거주지를 '진짜' 떠난 것이 아니라고 본다. 이주는 했으나 떠나지 않은 삶이란 무엇일까? 조선족 기혼여성들이 미래의 삶을 위해 현재의 노동을 감내하며 살아간다면, 이는 꼭 자신들이 아니더라도 자식들의 삶을 통해 다시 돌아갈 수도 있는 미래의 기획이 있기 때문이다. 그렇기 때문에 이들은 국적을 포기하는 것에 대해 매우 신중하게 생각하고 있었다. 남편이 한국 국적을 취득한 경우에도 일부 여성은 영주권을 선택했고, 아이는 커서 스스로 선택하게 하겠다고 말했다(사례7).

무엇보다 대부분의 여성은 중국에 남아 있는 자녀들의 교육과 중국 대도시[예를 들면, 조선족 커뮤니티가 형성되어 있는 칭다오(靑島) 등]에서의 집 장만에 열성이었다. 이는 자식 세대를 통해 중국으로의 귀환을 이룰 수 있다는 삶의 순환에 대한 믿음과 연관되며, 이들의 삶과 정체성을 (재)구성하는 데 주요한 실천으로 의미화된다.

미래를 위한 실천으로서 중국 대도시에서의 집 장만은 특히 흥미롭다. 대도시의 부동산 구매가 물질적 동기에 크게 영향을 받았을 것이라는 사실을 부인하기는 어렵겠지만, 연구 참여자들의 생애구술은 대도시의 집 구매가 물질적 동기와 다른 차원의 상징성을 가지고 있음을 보여준다. 앞에서 논의한 것처럼 땅이 회귀를 보증하는 거점이듯이 '집'은 중국인으로서의 정체성을 확인하는 방법이 되기 때문이다.

> 중국 사람들은 다 집이 있죠. 여기처럼 전세 말고 그런 관념이 …… 여기는 돈 있으면 땅 사지만, 우리는 건물을 사지 그렇게, 관념이 조금 틀려요. …… 그래도 우리는 뭐 사는 집은 있어야 된다는 이런 생각 때문에 이렇게 집도 바로 별로 생각할 틈도 안 하고 그냥 가격이 맞으니까 산 거고. 중국 사람들은 다 기본이 집 하나씩 있고. 뭐 두 개짜리도 많죠. 집이 있으면 또 사고 …… .
>
> -사례7

또한 집은 자녀들의 미래와 연결되어 있는데, 이는 여성들이 자녀를 통해 다음의 생애단계에서의 '장소'와 연결되는 방식이다. 조선족 여성들은 자녀를 대학에 진학시키고 성공하게 해, 중국에서 더 나은 삶을 살길 기대하는 마음으로 자식의 몫으로 집을 산다. 즉, 집은 조선족 기혼여성들이 아이들 세대에 대해 가지는 기대를 반영하는 것이자 자신의 노후를 보장하는 보험이기도 하다. 이로써 과거의 장소는 미래의 희망과 다시 연결된다.

그러나 이들은 자녀의 장래 직업과 정주지에 대해서는 유동적이며 유연하게 사고하고 있다. 연구 참여자 대부분은 자식의 미래가 한국에서 이루어지기를 바라기도 하지만, 소수민족으로서의 조선족이 자신들 세대보다는 중국에서 훨씬 나은 기회를 잡을 것으로 기대하고 있었다.

애를 위해서 저게 진짜 아닌가 아니라 다 부모들마다 어쨌든 간에 지금 뭐 한 국은 몰라도 지금 중국 사람들은 기본적인 생각에 아들이 있으면 집을 사야 되거든요. 집을 사줘야 그래도 여자가 붙고 그거 하지 집 없고 차 없고 빈털터 리면 지금 …… 우리 그때 세대만 해도 아무것도 그런 걸 안 봤지마는. 집값은 얼마나 올랐지. 자기네(자녀들)가 언제 이 사회 나와 가지고 돈을 벌어가 자 리 잡아가 그런 집 사고 결혼하고 해요? 그러니까 부모들이 안 해주면 안 돼 요. 자식들 농촌에 빠지게는 못하잖아요. 그러려면 시내 집을 사고 시내도 조 금 좋은 데 좀 따뜻하고 대련[다롄] 같은 데 좀 큰 집을 사주고 하려면 돈을 진 짜 얼마 벌어야 돼요? 근데 중국에서는 평생을 벌어도 그 못하지요. 그러니까 네 한국 나와가 이렇게 몇 번 해 벌면 그래도 어지간한 집도 또 사줄 수 있고 교육도 시키고 이렇게 할 수 있으니까네. 다 뭐 제 같은 마음이 있어요.

-사례5

한국에서 더 나은 직장을 얻을 수 있다면 환영하겠지만, 이주여성들은 자 신이 현재 한국에서 하는 일을 자식이 하기를 바라지는 않았다. 또한 중국에 서 가능성이 있는 아이들은 스스로 한국에 들어오려 하지 않는다는 것이다 (사례2).

연구 참여자들의 자녀들은 유치원생부터 30대 초반이 된 사람까지 연령 층이 다양한데, 대부분 미혼이며 한국에서 취업한 경우는 없었다. 말레이시 아에서 대학을 다닌 아들이 한국으로 들어와 결혼할 것을 기대하고 있는 경 우와 유치원생, 초등학생으로 현재 한국에 거주하고 있는 아이들을 제외하 고는 대부분의 자녀는 현재 중국에서 취업을 했거나 대학을 다니고 있는 중 이다. 조선족 여성들은 자식(특히 아들은)이 '한족'과 결혼하는 것은 "절대 반대"한다고 할 정도로, 가능하다면 같은 조선족과 결혼하기를 원하고 있었다. 그러나 한편으로는 자식들의 생각이 다를지도 모른다고 조심스레 짐작하기도 한다. 어떤 경우든, 향후 자녀의 결혼 상대자가 이들의 미래 거주지에 큰 영향을 미칠 것으로 예상된다.

결론적으로 조선족 기혼여성들의 정주는 한국인의 현재 삶이 아닌, 중국 조선족의 현재를 준거점으로 한 미래의 기획과 연결되어 있다. 이들은 현재 거주와 상관없이 중국에서의 조선족의 현재를 기준으로 더 나아진 삶을 기대하며 다음의 생애단계를 준비하고 있다. 또한 현재의 한국에서의 정주는 자식의 미래와 연결된 자신의 생애단계와 연결되어 있다. 이는 시간적인 의미뿐만 아니라 장소의 의미도 가지고 있다. 이 점에서 현재까지 조선족의 초국적 삶은 한국인의 삶보다는 중국에서의 조선족의 삶과 더 직접적으로 연결되어 있으며, 이것은 "출신지를 떠났지만 떠나지 않은" 국가의 경계를 넘어선 듯하지만 경계를 재고하고 재구성하는 초국적 삶의 단면을 보여준다.

5. 결론

이 글은 동북아시아 지역의 사회변동과 개인 생애과정의 변동, 이와 연관된 여성노동과 가족의 변화를 탐구하는 작업의 일환으로 초국적 이주에 따르는 생애과정의 변동을 1960년대와 그 전후에 출생한 조선족 기혼여성들의 경험을 중심으로 살펴보았다. 이를 통해 여성들의 이주의 선택과 정주의 실천 전략이 출신지와 정주지의 초국적 연결성에 놓여 있으며, 중국과 한국이라는 두 장소의 연결성이 개인의 생애시간적 연속성과도 긴밀한 관계를 가지고 있음을 드러내고자 했다.

생애구술사 분석을 통한 결론들을 요약해보면 다음과 같다.

첫째, 연구 참여자들은 '한민족 공동체'에 대한 소속감을 가지고 있었으나, 이것은 한국과 북한이라는 구체적인 사회에 대한 소속감과는 분명 다르다. 사회주의 형제국으로서의 정치적·지리적 근접성에도 조선족 사회는 북한 사회와 일상적인 교류와 경험의 공유는 부재했다. 조선족 기혼여성들은 다소 뚜렷한 '조선족'으로서의 정체성을 가지고 있었다.[15)]

둘째, 중국의 개혁개방정책은 조선족들의 이주를 촉진시키는 계기가 되었고, 특정 장소에 고착화되어 주어진 신분을 대물림하는 과정을 단절시키는 데 중요한 역할을 했다. 이후 조선족의 이주는 중국 내 대도시뿐만 아니라 한국까지 확대되었고, 기혼여성들은 이러한 변화의 선두에 서 있었다.

셋째, 결혼 전까지는 중국 사회주의 체제의 변화에도 생애과정의 변화를 기대하지 않았던 연구 참여자들은, 결혼 후 주요 생계부양자의 역할을 맡게 되자 점차 이주를 가족들의 생계부양을 위한 정상적인 생애과정으로 수용하게 된다. 이는 이들이 성장하는 과정에서 양육의 주요 책임자이자 생계의 주요 책임자라는 이중역할을 자연스럽게 수용했기 때문이다.

넷째, 1990년대 이후 조선족에게 한국으로의 이주는 새로운 삶의 가능성, 미래의 희망을 위한 지름길로 인식되었고 점차 일상화되어갔다. 1992년 한·중 수교 직후에는 주로 농촌 기혼여성이, 2007년 방문취업제 시행 이후에는 직장 기혼여성까지도 동참하게 된다. 국경을 가로질러 존재하게 된 초국적 가족은 여성의 생계부양자 역할을 강화시키되 양육의 책임을 줄이게 되는 과정을 통해 형성되었다. 연구 참여자들은 중국에서의 이중역할을 매우 '고

---

15) 강진웅(2012)은 옌볜 조선족이 한국으로의 초국적 이주를 통해 '중국 조선족' 정체성을 강화하게 되었음을 보여주고 있다. 본 연구에서 인터뷰한 조선족 여성들도 귀화를 했건 영주권을 획득했건 상관없이, 한국인도 아니고 중국인도 아닌 조선족의 정체성을 보여주었다.

된 것'으로 회고하고 있으며, 한국으로의 이주가 이러한 역할에서 벗어나 다소 '해방감'을 주는 것으로 여기고 있었다.

다섯째, 연구 참여자들은 젠더화된 노동의 국제적 재배치의 맥락에서 한국 노동시장의 하층노동자, 특히 주로 서비스 부문의 저임금 노동자로서 매우 높은 강도의 장시간 노동을 감내하면서 한국에서의 노동에 대한 다소 모순적인 경험을 해왔다. 한편으로는 부지런히 하면 성공할 수 있다는 믿음하에 높은 강도의 장시간 노동을 새로운 삶의 지름길로 이해하고 있었지만, 다른 한편으로는 '현재' 생애단계에서 잠정적으로만 감내할 수 있는 것으로 해석함으로써 '미래'와 선을 긋고 있었다.

여섯째, 이들이 한국에서 높은 강도의 장시간 노동을 견뎌낼 수 있는 주된 이유는 중국에서의 삶을 준거점으로 현재 얻을 수 있는 노동의 대가를 평가하고 있기 때문이다. 개별 사례에 따라 사정이 다르겠지만 많은 이들은 중국 국적을 유지하면서 취업 등에 별문제가 없는 영주권을 선호하며, 대부분 중국에 있는 자녀교육에 투자하고, 중국의 대도시에 큰 집(아파트)을 마련하는 일에 적극적이었다. 현재 한국에서의 삶은 그들의 부재에도 중국에서 이어지고 있는 삶과 연결되어 있으며, 다음의 생애단계에서 결정적으로 중요한 자식 세대의 삶이라는 시간의 축과도 연결되어 있다. 이로써 과거로 표상되던 중국의 공간은 다시 아이들의 세대인 미래로 전환되고, 여기 한국에서의 희망은 아이러니하게 다시 '과거'의 장소, 중국으로 회귀된다.

결론적으로 조선족 기혼여성들은 자녀양육과 교육을 중심으로 한 자신의 생애단계에서 초국적 이주를 결정하고, 현재 머무는 곳에서의 삶과 떠나온 곳에서의 삶, 그리고 현재 생애단계와 다음 생애단계를 연결시켜나가는 실천을 해왔다. 따라서 이주와 함께 시작된 이들의 생애과정의 변동이 동반한 노동과 가족의 변화는 초국적 장소의 이중성과 생애시간적 연속성이 상호 교차되는 지점에서 이해될 수 있을 것이다. 다만 이 글에서는 특정 세대와 젠더에 대한 분석을 중점으로 했기 때문에 후속 연구를 통해 다른 세대와 젠더의 이주 경험들이 상호연결되어 분석된다면, 조선족 이주에 대한 더욱 포괄적인 이해가 가능할 것이라 본다.

참고문헌

강순화. 2005. 『중국 조선족 문화와 여성문제 연구』. 파주: 한국학술정보.

강진웅. 2012. 「디아스포라와 현대 연변조선족의 상상된 공동체: 종족의 사회적 구성과 재영토화」. ≪한국사회학≫, 제46집 4호, 96~136쪽.

계순애. 2000. 「중국조선족의 형성과 발전」. ≪지역사회≫, 제36, 146~153쪽.

구지영. 2011. 「이동하는 사람들과 국가의 길항관계: 중국 조선족과 국적에 관한 고찰」. ≪동북아문화연구≫, 제27집, 15~39쪽.

권태환. 2005a. 「조선족 인구의 추세」. 권태환 편. 『중국 조선족사회의 변화: 1990년 이후를 중심으로』. 서울: 서울대학교출판부, 15~34쪽.

_____. 2005b. 『중국 조선족사회의 변화: 1990년 이후를 중심으로』. 서울대학교 출판부.

김영옥·김현미·양민석·윤혜린·정진주·황정미. 2009. 『국경을 넘는 아시아 여성들: 다문화 사회를 만들다』. 서울: 이화여자대학교 출판부.

김은실·민가영. 2006. 「조선족 사회의 위기 담론과 여성의 이주 경험 간의 성별 정치학」. ≪여성학논집≫, 제23집 1호, 35~72쪽.

김현미. 2009. 「방문취업 재중 동포의 일 경험과 생활세계」. ≪한국문화인류학≫, 제42집 2호, 35~75쪽.

박광성. 2008. 『(세계화시대)중국조선족의 초국적 이동과 사회변화』. 파주: 한국학술정보.

법무부. 1996. 1995년도 『출입국관리 통계연보』.

_____. 2001. 2000년도 『출입국관리 통계연보』.

_____. 2002. 2001년도 『출입국관리 통계연보』.

_____. 2006. 2005년도 『출입국관리 통계연보』.

_____. 2010. 2009년도 『출입국·외국인정책 통계연보』.

_____. 2011. 2010년도 『출입국·외국인정책 통계연보』.

_____. 2013. 2012년도 『출입국·외국인정책 통계연보』.

신현준. 2013. 「동포와 이주자 사이의 공간, 혹은 민족과 국가에 대한 상이한 성원권」. 『귀환 혹은 순환: 아주 특별하고 불평등한 동포들』. 신현준 편. 서울: 그린비출판사, 18~75쪽.

양영균. 2006. 「베이징 거주 조선족의 정체성과 민족관계」. 문옥표 · 양영균 · 이정덕 · 주종택 · 채수홍 · 권희영. 『해외한인의 민족관계』. 서울: 아카넷, 79~130쪽.

윤영도. 2013. 「조선족 · 고려인 초국적 역/이주와 포스트국민국가적 규제 국가장치」. 신현준 편. 『귀환 혹은 순환: 아주 특별하고 불평등한 동포들』. 서울: 그린비출판사, 76~118쪽.

윤인진. 2004. 『코리안 디아스포라: 재외한인의 이주, 적응, 정체성』. 서울: 고려대학교출판부.

이나영. 2008. 「초국적 페미니즘: 지구화 시대 연대의 진보적 확장」. 조희연 · 지주형 외. 『지구화 시대의 국가와 탈국가: 비판사회과학과 탈국가적 상상력』. 파주: 도서출판 한울, 587~615쪽.

이민자. 2001. 『중국 농민공과 국가-사회관계』. 서울: 나남출판.

이해응. 2005. 「한국 이주 경험을 통해 본 중국 조선족 기혼여성의 정체성 변화」. ≪여성학논집≫, 제22집 2호, 107~143쪽.

이혜경 · 정기선 · 유명기 · 김민정. 2006. 「이주의 여성화와 초국가적 가족: 조선족 사례를 중심으로」. ≪한국사회학≫, 제40집, 5호, 258~298쪽.

임계순. 2003. 『우리에게 다가온 조선족은 누구인가』. 서울: 현암사.

정재호. 2000. 「중국의 개혁-개방 20년: 그 성공과 위기에 대한 평가」. 정재호 편. 『중국 개혁-개방의 정치경제 1980-2000』. 서울: 까치글방, 3~36쪽.

정현주. 2008. 「이주, 젠더, 스케일: 페미니스트 이주 연구의 새로운 지형과 쟁점」. ≪대한지리학회지≫, 제43권, 6호, 894~913쪽.

최우길. 2005. 『중국 조선족 연구』. 선문대학교출판부.

한상복 · 권태환. 1993. 『중국 연변의 조선족: 사회의 구조와 변동』. 서울대학교출판부.

행정안전부. 2012. 「지방자치단체 외국인주민 현황」. 행정안전부(http://www. mospa.go.kr/).

허라금 외. 2011. 『글로벌 아시아의 이주와 젠더』. 파주: 도서출판 한울.

허명철. 2003. 「중국조선족공동체에 대한 이론적 접근」. ≪재외한인연구≫, 제14호, 5~24쪽.

Amrith, Sunil S. 2011. *Migration and Diaspora in Modern Asia*. New York: Cambridge University Press.

Bruneau, Michel. 2010. "Diaspora, transnational spaces and communities." in Rainer Bauböck and Thomas Faist(eds.). *Diaspora and Transnationalism: Concepts, Theories and Methods*. Amsterdam: Amsterdam University Press, pp. 35~49.

Elder, Glen H. Jr., Monica Kirkpatrick Johnson and Robert Crosnoe. 2003. "The Emergence and Development of the Life Course Theory." in Jeylan T. Mortimer and Michael J. Shanahan(eds.). *Handbook of the Life Course*. New York: Kluwer Academic

/Plenum Publisher, pp. 3~19.

Faist, Thomas. 2010. "Diaspora and transnationalism: What kind of dance partners?" in Rainer Bauböck and Thomas Faist(eds.). *Diaspora and Transnationalism: Concepts, Theories and Methods*. Amsterdam: Amsterdam University Press, pp. 9~34.

Koser, Khalid. 2007. *International Migration: A Very Short Introduction*. Oxford: Oxford University Press.

Parreñas, Rhacel Salazar. 2001. *Servants of Globalization: Women, Migration, and Domestic Work*. Stanford, California: Stanford University Press.

Parreñas, Rhacel S. and Lok C.D. Siu(eds.). 2007. *Asian Diasporas: New Formations, New Conceptions*. Stanford, California: Stanford University Press.

Sassen, Saskia. 2003. "Global Cities and Survival Circuits." in Barbara Ehrenreich and Arlie Russell Hochschild(eds.). *Global Woman: Nannies, Maids and Sex Workers in the New Economy*. New York: Holt Paperbacks, pp. 254~274.

Schunck, Reinhard. 2011. "Immigrant Integration, Transnational Activities and the Life Course." in Matthias Wingens, Michael Windzio, Helga de Valk, Can Aybek(eds.). *A Life-Course Perspective on Migration and Integration*. Dordrecht, Heidelberg, London, New York: Springer, pp. 259~282.

Tsuda, Takeyuki(Gaku). 2007. "When Minorities Migrate: The Racialization of the Japanese Brazilians in Brazil and Japan." in Rhacel S. Parreñas and Lok C.D. Siu(eds.). *Asian Diasporas: New Formations, New Conceptions*. Stanford, California: Stanford University Press, pp. 225~251.

Vertovec, Steven. 2009. *Transnationalism*. London and New York: Routledge.

Wingens, Matthias, Helga de Valk, Michael Windzio, and Can Aybek. 2011. "The Sociological Life Course Approach and Research on Migration and Integration." in Matthias Wingens, Michael Windzio, Helga de Valk, Can Aybek. Dordrecht, Heidelberg(eds.). *A Life-Course Perspective on Migration and Integration*. London, New York: Springer, pp. 1~25.

7장

동아시아의 세계화와 생애과정의 변화

한국, 일본, 타이완 비교
신광영

1. 동아시아 사회의 생애과정

20세기 후반 동아시아는 가장 역동적인 사회변동을 겪은 지역으로 부각되고 있다. 그 중심에는 산업화를 통한 경제구조의 변화와 경제성장이 자리를 잡고 있다. 일본의 경제성장에서 시작해 '아시아의 네 마리 용'으로 불린 한국, 타이완, 홍콩, 싱가포르의 경제성장을 거쳐서 중국의 경제성장에 이르기까지 순차적으로 이루어진 동아시아 국가의 경제성장은 21세기 들어서 세계경제의 지형도를 변화시키고 있다. 동아시아 사회가 경험한 지난 반세기의 변화는 경제적인 변화뿐만 아니라 사회 전 영역에서 변화를 가져왔다. 경제적인 변화는 산업구조뿐만 아니라 일과 가족, 결혼과 출산, 소비, 여가, 주거, 음식, 교통 등으로 모든 부분에서 급격한 변화를 가져왔다. 이는 '거대한 전환'이라고 불릴 수 있을 것이다.

그렇다면 이러한 거대한 전환을 거듭하고 있는 동아시아 사회에서 개인이나 가족은 어떠한 경험을 했고, 개인의 생애과정은 어떻게 바뀌었는가?

급격한 변화를 겪은 사회에서 나타나는 특징은 공통적으로 연령세대에 따라서 대단히 다른 사회변동의 경험을 가지고 있다는 것이다. 또한 집합적으로 연령세대에 따른 경험의 차이가 존재하지만, 각 연령세대 내에서는 계급과 젠더에 따라서 생애과정이 뚜렷하게 차이를 보였다. 이는 다시 정리하자면, 연령세대에 따라서 각기 다른 사회변화를 경험했지만, 동일한 연령세대 내에서는 계급과 성별에 따라서 다른 경험을 한다는 의미에서 세대-계급-젠더 연계(nexus)라고 불릴 수 있다.

동아시아의 변화는 20세기 후반 세계화와 맞물려 있다. 특히 1980년대 말과 1990년대 초의 동구권 국가사회주의의 붕괴 이후 가속화된 세계화는 동아시아에서 지각변동을 일으켰다. 먼저, 냉전체제하에서 나누어졌던 동아시아 국가들이 경제적·사회문화적으로 통합되는 결과를 가져왔다. 중국과 소련을 한 축으로 하는 사회주의권과 한국, 일본, 타이완을 다른 한 축으로 하는 자본주의권이 통합되면서, 동아시아 지역경제가 하나로 통합되었다. 동아시아 국가 간 자본과 노동력의 이동이 활발하게 이루어지고, 동아시아 역내무역의 비중이 급증하면서 동아시아 경제가 하나의 통합된 경제체제로 바뀌었다. 그리하여 한국, 일본, 타이완의 제조업이 중국으로 이동하면서 이들 사회에서 제조업이 고용과 국민총생산(GDP)에서 차지하는 비중이 줄어드는 탈산업화가 더 가속적으로 이루어졌다(Ahn, Fukao and Ito, 2008).

동아시아 지역에서 이루어진 세계화는 인력 수급을 포함한 기업의 경영전략, 국가의 경제정책, 복지정책 등과 맞물려 개인들의 생애과정의 극적인 변화를 만들어냈다. 예측가능한 생애과정 유형이 크게 줄어들고 예측이 어려운 새로운 생애과정을 경험하는 인구가 대단히 늘어나면서, 생애과정의 위험(risk)이 크게 높아졌다. 여러 위험 중에서도 특히 소득 불안정이나 빈곤을 경험할 가능성이 대단히 크게 높아졌다. 그리고 이러한 위험은 결혼, 출산, 이혼 등에 영향을 미쳐 생애과정의 위험 증가와 위험 내용의 변화는 청소년의 교육 선택이나 미래 생애과정에 대한 대비에도 변화를 만들어내고 있다. 즉, 전체 생애과정의 큰 변화가 나타났다.

이 글은 동아시아에서 나타난 생애과정의 변화(탈표준화, 국가 간 변이)를 세대-계급-젠더 연계 차원에서 접근하고, 이를 한국, 일본, 타이완의 자료를 가지고 경험적으로 살펴보고자 한다. 세대 경험의 차이는 생애과정의 서로 다른 단계에 있는 개인들이나 가족들이 경험하고 있는 경제적인 지위를 중심으로 비교 연구를 한다. 예를 들어 한국의 20대, 일본의 20대, 타이완의 20대는 어떤 경제적인 상태에 놓여 있는가? 그리고 각 사회의 50대는 어떠한 경제 상태에 놓여 있는가? 각 사회에서 각 세대가 점하고 있는 경제적 지위는 개인 선택의 집합적 결과로 나타나지만, 그 선택은 각 세대가 직면하고 있는 구조적 제약 혹은 환경에서 이루어진 선택의 산물이라는 점에서 각 사회의 구조적 특성을 반영한다. 즉, 생애과정은 각 사회의 구조적 특성 안에서 형성되며, 각 사회 내에서 세대-계급-젠더의 연계가 이루어지게 된다.

2. 비동시성의 동시성과 세계화

동아시아 사회의 생애과정에 큰 변화를 미친 것은 산업화였다. 국가 주도형 산업화로 특징지어지는 동아시아의 산업화는 산업화의 시기와 속도에서 차이를 보였다. 일본은 독일이나 스웨덴과 비슷한 시기에 산업화를 시작해 후발 산업국에 속하지만, 한국과 타이완은 이들 국가에 비해서 거의 100년 후에 산업화를 한 후후발 산업국에 속한다. 후발 산업국의 산업화와 사회변화의 속도는 빨랐지만, 후후발 산업국은 그보다 훨씬 더 빨랐다. 1930년대 에르네스트 블로흐(Ernest Bloch)가 독일 사회에서 서로 다른 시대의 사회적인 요소들이 공존하는 현상을 지칭하기 위해 사용한 용어인 "비동시성의 동시성(contemporaneity of uncontemporary)"은 후후발 산업국들에서는 더욱 뚜렷하게 나타나고 있다.[1]

20세기 초 후발 산업화를 경험한 독일 사회의 특징을 "비동시성의 동시성"이라고 인식한 것을 고려한다면, 20세기 말 한국과 타이완 사회의 특징은 독일보다 훨씬 이질적이고 비동시적인 요소들이 한꺼번에 나타나는 폭발적인 사회변화를 겪었다는 것이다. 경제성장, 산업구조, 직업구조의 변화를 중심으로 비교한다면, 한국은 영국보다 6배, 일본의 3배 정도 빠른 변화를 보여주었다.[2] 그리하여 한국 사회는 사회 여러 영역에서 전근대적 · 근대적 · 탈근대적인 요소들이 동시에 존재하는 혼란스러운 사회가 되었다고 볼 수 있다.

동아시아 사회는 20세기 후반 세계화에 따른 경제위기를 경험했다. 구체적으로 동아시아 사회는 1997년 동아시아 외환위기와 2008년 미국의 금융위기에 따른 경제위기를 경험했다. 이들 위기의 충격은 각국의 경제구조와 제도에 따라 다르게 나타났지만, 공통적으로 신자유주의적인 경제정책과 제도변화를 가져왔다는 점에서 동아시아 사회는 노동시장, 고용체제와 일상생

---

1) 블로흐는 1930년대 독일 사회가 경험하고 있는 사회적인 특징, 즉 전통적인 사회정치적 속성이 유지되면서 자본주의적 산업화와 근대 국민국가가 만들어지고 또 제국주의로 나아가는 변화 등을 "비동시성의 동시성"이라 불렀다. 영국이나 프랑스에서 시기를 달리하며 이루어진 변화들이 독일에서는 동시적으로 나타나고, 또한 이것은 모순과 긴장을 불러일으켜 나치즘과 같은 반동적인 정치가 등장했다고 분석했다(Bloch, 1935).

2) 영국의 경우, 1인당 GNP가 2,097달러(1800년)에서 1만 5,393달러(1987년)에 달하기까지 187년 걸렸던 반면, 한국은 2,040달러(1969년)에서 1만 5,481달러(2001년)로 증가하기까지 32년 걸렸고, 타이완은 2,070달러(1967년)에서 1만 5,069달러(1997년)까지 30년이 걸렸다. 일본의 경우, 1,962달러(1932년)에서 2,069달러(1986년)경제성장의 속도가 영국에 비해서 3배 정도 빨랐다(http://www.ggdc.net/maddison/maddison-project/data.htm 2012.3.5 검색).

활에 이르기까지 이전과는 질적으로 다른 큰 변화를 겪었다. 청년실업과 장년층의 조기퇴직 등이 일반화되면서, 불평등과 빈곤 문제가 사회적으로 크게 대두했고, 취업난은 취업을 중시하는 취업 중심 사고로 청년들과 부모들의 의식을 전환시켰다. 대학교육도 실용적인 학과 중심으로 재편되면서 대학들도 크게 변했다.

또한 생애과정에서 경험하게 되는 사회경제적 지위와 빈곤 위험도 크게 달라졌다. 개인의 생애과정은 구체적으로 생애과정 단계에서 직면하는 사회구조적 조건에 따라 크게 달라진다. 사회구조적 조건은 흔히 역사적 사건(전쟁)이나 역사적 전환(산업화) 혹은 가족 환경(가족의 계급지위)도 포함한다. 즉, 개인의 생애과정에 영향을 미치는 사회구조적 조건은 다양한 층위에서 존재할 수 있다. 각 코호트는 각기 다른 층위에서 작용하는 사회구조적 영향력의 변화를 경험하고 있다는 점에서 각 코호트의 경제 상태에 영향을 미치는 요인은 동일한 것은 아니다.

비동시성의 동시성 의미도 동일한 것이 아니라 제도적 변이(institutional variation)를 전제로 한다. 제도적 변이는 시간적인 변이(temporal variation)인 세대 간 비동시성의 동시성에서의 내용적 차이뿐만 아니라 사회제도에 따른 생애과정의 경험에서도 차이를 보인다는 것을 의미한다. 생애과정은 역사적으로 다른 제도적 조건에 의해서 크게 영향을 받기 때문에, 제도가 다른 사회들에서 같은 연령세대의 생애과정은 질적으로 다른 양상을 보이게 된다. 한국, 일본, 타이완에서 생애과정의 유사성과 차이점은 산업화의 속도와 내용에서의 차이인 시간적 변이뿐만 아니라 복지제도나 노동시장제도의 차이에서 발생하는 제도적 변이도 보여준다.

그리고 동일한 세대 내에서도 사회구조적 조건하에서 어떤 방식으로 선택을 하고, 조건을 활용하는가에 따라서 다른 경험을 하게 된다. 이것은 사회구조적 조건이 외부적으로 존재하는 것이 아니라 행위자들의 집합적 결과물이자 개별 행위자들에게 기회와 제약으로 주어지는 조건이라는 점에서 계급과 젠더에 의해서 크게 다르게 나타날 수 있다는 것을 의미한다. 또한 생애과정 접근은 동일한 계급 내에서도 생애과정의 단계에 따라서 다른 사회구조적 조건을 갖게 된다는 점을 강조한다.

1) 거시적인 사회변동

동아시아의 사회변화는 산업화와 더불어 이루어졌다. 한국, 일본, 타이완에서 이루어진 산업화는 일본에서 가장 먼저 시작되었고, 이후 타이완과 한국 순으로 진행되었다. 산업화가 진전되면서, 교육, 취업과 퇴직으로 이어지는 생애과정을 겪는 인구가 많이 증가했다. 농촌의 자영농의 생애과정에서는 교육, 취업과 퇴직이 구분되지도 않고 또 이를 위한 준비가 생애과정에서 중요한 의미를 지니지도 않기 때문에, 산업화는 새로운 생애과정을 만들어냈다.

〈표 7-1〉과 〈표 7-2〉에서 볼 수 있듯이, 농업 부문이 전체 경제에서 차지하는 비중과 농업 부문에 종사하는 사람들의 비중은 꾸준히 감소했다. 그 대신에 농업 부문의 중요성이 국민총생산과 고용부문에서 지속적으로 커졌다. 〈표 7-1〉은 지난 27년간 산업별로 국민총생산 기여도와 고용에서의 기여도를 보여준다. 농업이 전체 경제에서 차지하는 비중은 동아시아 3국에서 공통적으로 대단히 미미하다. 2012년 국민총생산에서 농업이 차지하는 비중은 2% 내외로 줄어들었다. 이미 농업 종사자의 비율은 서구 산업사회 수준에 이르렀음을 보여준다.[3]

---

3) 2008년 기준 농업종사자 비율은 미국 2.8%, 독일, 3.8%, 스웨덴 4.2%, 일본 4.2%였다 (ILO, 2011). ILO 통계는 개별 국가가 제공하는 경제활동인구 통계보다 약간 높은 농

<표 7-1> 한국, 일본, 타이완의 산업구조 변화(국민총생산 기여도)

	1985년			1990년			1995년			2000년			2005년			2012년		
	한국	일본	타이완	한국	일본	타이완	한국	일본	타이완	한국	일본	타이완	한국	일본	타이완	한국	일본	타이완
농업	13.3	3.0	5.6	8.7	2.4	4.0	6.2	1.8	3.3	4.6	1.7	2.0	3.3	1.2	1.7	2.6	1.2	2.0
제조업	37.0	34.9	43.8	39.8	35.4	38.4	39.2	30.4	32.8	38.1	28.5	30.5	37.7	25.8	31.3	38.9	25.2	29.8
서비스업	49.0	62.0	50.6	51.5	62.2	57.6	54.6	67.8	63.9	57.3	69.8	67.5	59.0	73.0	67.1	56.5	73.6	68.2

자료: 한국은행(2012), Statistics Bureau(2013: 32), DGBAS(2014: 4).

<표 7-2> 한국, 일본, 타이완의 산업구조 변화(경제활동인구)

	1985년			1990년			1995년			2000년			2005년			2012년		
	한국	일본	타이완	한국	일본	타이완	한국	일본	타이완	한국	일본	타이완	한국	일본	타이완	한국	일본	타이완
농업	24.9	9.3	17.6	17.9	7.2	12.8	12.5	6.0	10.4	10.6	5.2	7.8	7.9	4.4	4.9	6.2	3.6	4.2
제조업	30.5	33.2	42.3	35.0	33.5	40.8	32.9	31.3	38.7	27.8	29.5	37.2	26.1	27.5	26.4	23.9	24.5	25.2
서비스업	44.6	57.5	40.1	47.1	59.4	46.4	55.6	62.7	50.9	61.6	65.3	55.0	66.0	68.1	68.6	69.9	71.9	70.6

주: 한국의 경우 1993년, 2001년, 2009년 세 차례의 표준산업분류가 변경되었기 때문에 완전하게 일관된 추세는 아니다.
자료: ILO(2013), Statistics Bureau(2013: 32), DGBAS(2014).

업종사자 비율을 보여준다.

동아시아에서 가장 먼저 산업화를 시작한 일본의 경우는 가장 먼저 탈산업화를 보여주고 있다. 제조업 중심으로 산업화가 일정 단계에 다다른 후, 제조업의 비중이 줄어들고 서비스업의 비중이 늘어나는 탈산업화가 진행되면서, 제조업 부문이 국민경제에서 차지하는 비중이나 고용에서 차지하는 비중이 모두 크게 감소했다. 전체 경제활동인구의 70% 정도가 서비스업에 종사할 정도의 큰 변화를 보여주었다. 한국과 타이완도 일본의 뒤를 이어 제조업 종사자의 비중이 꾸준히 감소하는 탈산업화를 1980년대부터 보여주기 시작했다. 한국도 경제활동인구의 7/10 정도가 서비스업에 종사하는 큰 변화를 보였고, 1980년대 타이완은 한국보다 서비스업 종사자의 비중이 낮았지만, 서비스업 종사자의 비중이 지속적으로 증가해 최근 한국보다 서비스업 종사자의 비중이 더 커지는 서비스사회로의 변화를 보여주고 있다. 동아시아 3국 모두에서 제조업 비중이 낮아져서 전체 경제활동인구의 1/4 정도만을 차지하고 있다. 이러한 변화는 단적으로 동아시아 사회들도 탈산업화를 거치면서 산업사회에서 서비스사회로 큰 변화를 경험하고 있다고 볼 수 있다(신광영 외, 2008).

산업구조의 변화는 노동시장에서 큰 변화를 가져왔다. 개인과 가족은 변화하는 경제 환경에 적응하거나 대응하기 위해 교육을 받고, 이후 경제활동을 하는 생애과정상의 선택을 하게 된다. 그리고 그것은 결혼과 출산, 주택 취득, 노후생활 등으로 이어지는 단계적인 생애과정에서 중요한 계기를 이룬다.

2) 세계화 · 산업화와 늦어지는 결혼

동아시아의 산업화와 맞물려 가장 먼저 나타난 생애과정의 변화는 교육 기간이 길어지고 초혼 연령이 늦어지는 현상이었다. 〈그림 7-1〉은 동아시아

〈그림 7-1〉 한국, 일본, 타이완의 남녀 초혼 연령 추이(1980~2010년)

(단위: 세)

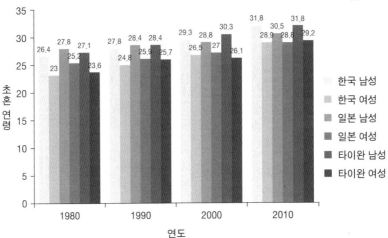

주: 한국과 타이완은 1981년 초혼 연령이며, 타이완 1990년 초혼 연령은 1991년 초혼 연령이다.
자료: 통계청(각 연도b), 厚生勞動省(2011), 內政部(각 연도b).

3국의 초혼 연령의 추이를 보여준다. 3국에서 공통적으로 초혼 연령이 높아지고 있고, 이러한 추세는 남성과 여성에서 동일하게 나타나고 있다. 남성과 여성을 비교해보면, 여성의 초혼 연령이 늦어지는 추세가 더 가파르게 이루어졌다. 한국의 경우, 남성의 초혼 연령은 30년 사이 5.4세 증가했지만, 여성의 경우는 5.9세 증가했고, 타이완의 경우도 남성 4.7세에 비해 여성이 5.6세 증가로 0.9세 더 증가했고, 일본의 경우도 남성 2.7세, 여성 3.6세 증가로 여성의 초혼 연령 증가가 더 크게 나타났다. 이러한 점은 남성보다 여성의 고등교육 참가율이 더 크게 증가하고, 경제활동 참가가 남성보다 더 빠르게 증가해 나타난 결과이다.

더구나 2000년대 들어서 취업난으로 인해 남성과 여성 모두의 취업이 늦어지면서, 더 빠른 속도로 초혼 연령이 늦어졌다. 한국 남성의 경우, 1980년

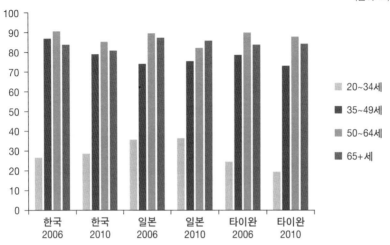

〈그림 7-2〉한국, 일본, 타이완의 남성 연령별 결혼 비율

(단위: %)

- 20~34세
- 35~49세
- 50~64세
- 65+세

자료: East Asian Social Survey(2006, 2010)를 자료로 필자가 분석한 결과.

에서 1990년까지 1.4세, 1990년부터 2000년까지 1.5세, 2000년부터 2010년까지 2.5세로 더 빠르게 초혼 연령이 높아졌다. 한국 여성의 경우도 같은 기간, 각각 1.8세, 1.7세, 2.4세로 남성과 유사한 패턴을 보였다. 일본의 경우는 2000년대 들어서 크게 초혼 연령이 높아졌고, 여성의 경우도 동일한 패턴을 보였다. 타이완은 남성과는 달리 여성이 2000년대 들어서 큰 폭의 초혼 연령 증가를 보여주었다(2010년 남성 1.5세 증가, 여성 3.1세 증가).

또한 〈그림 7-2〉는 한국, 일본, 타이완의 연령 코호트별 남성 결혼 비율을 보여준다. 생애과정에서 중요한 단계를 보여주는 결혼은 3국의 사회제도를 반영하고 있다. 먼저, 청년 세대인 20~34세 연령집단에서 가장 높은 결혼 비율은 일본에서 나타났다. 일본 남성의 경우, 징병제도가 없기 때문에 일찍 경제활동을 시작할 수 있어 청년들의 결혼 비율이 3국 중 가장 높게 타나났다. 반면 35~49세 중년 남성의 경우 결혼 비율은 일본이 가장 낮은 것으로

<표 7-3> 한국, 일본, 타이완의 성별·연령별 경제활동 참가율

(단위: %)

	한국			일본			타이완		
	2006년	2008년	2010년	2006년	2008년	2010년	2006년	2008년	2010년
20~ 34세	68.52 (61.44)	68.29 (52.91)	66.67 (56.81)	92.44 (73.06)	89.11 (68.08)	82.39 (71.10)	83.13 (85.21)	76.97 (74.92)	76.25 (76.11)
35~ 49세	99.28 (56.46)	95.91 (56.73)	94.88 (56.82)	99.54 (74.83)	95.78 (73.43)	95.56 (72.19)	97.46 (82.74)	89.04 (77.63)	91.76 (77.20)
50~ 64세	86.55 (56.85)	79.59 (43.94)	76.82 (52.55)	87.80 (60.28)	84.56 (60.83)	83.44 (58.80)	74.89 (52.36)	75.43 (53.31)	72.44 (44.44)
65세 이상	49.40 (27.59)	34.78 (16.18)	32.14 (23.33)	33.22 (13.13)	34.72 (17.12)	31.09 (18.42)	22.36 (14.55)	17.26 (11.76)	20.54 (11.11)

주: 괄호 안은 여성의 비율
자료: East Asian Social Survey(2006, 2008, 2010)를 자료로 필자가 분석한 결과.

나타났다. 한국과 타이완의 경우 2006년에 비해서 2010년 결혼 비율이 큰 폭으로 낮아졌다. 이것은 최근 이혼율의 급증으로 인해 중년 남성의 결혼 비율이 낮아진 것으로 보인다. 50~64세 장년기는 3국 모두 다른 연령대와 비교해 가장 높은 결혼 비율을 보여주었지만, 경제위기 전후로 결혼 비율이 낮아져서 장년기에도 가족제도의 변화가 지속되고 있음을 알 수 있다.

생애과정에서 가장 중요한 요소 중의 하나는 취업이다. 경제활동은 개인이나 가족의 생계를 안정적으로 유지하고 또 결혼이나 출산과 같은 가족생활을 영위할 수 있는 필요조건으로서 매우 중요하다. 청년기에서 장년기로 이행하는 과정에서 경제활동 참여 정도는 3국 모두 매우 뚜렷한 차이를 보였다. 〈표 7-3〉은 3국의 연령별 경제활동 참가율을 보여준다. 먼저, 한국 청년의 경제활동 참가가 가장 낮은 수준으로 이루어졌고, 일본이 가장 높은 수준을 보여준다. 타이완은 일본과 한국의 중간 수준을 보여주었다. 이것은 대학에 진학하는 비율이 높을수록 취업률은 떨어지기 때문에 한국의 높은 대학 진학률이 어느 정도 반영되었다고 볼 수 있다. 한국의 15~24세 고용률

(취업자/연령인구)은 2000년 29.4%에서 2007년 25.7%, 2012년 24.2%로 지속적으로 줄어들었다(OECD, 2013a: 237).

중년기 경제활동 참가율은 한국과 일본이 비슷하게 높은 수준을 보여주었고, 타이완은 가장 낮은 수준을 보여주었다. 특히 글로벌 경제위기를 겪은 2008년 타이완의 중년 남성 경제활동 참가율은 2006년도에 비해서 8% 이상 크게 낮아졌다. 한국과 일본의 경우 4% 정도 하락을 보인 반면, 타이완은 이에 비해서 거의 두 배에 달하는 경제활동 참가율 하락을 경험했다. 특히 큰 변화가 타이완 중년 남성들에게서 나타났다.

장년 남성의 경제활동 참가율은 3국에서 지속적으로 감소하고 있지만, 한국에서 가장 큰 폭의 하락을 보였다. 한국의 장년 남성은 2006년 86.55%에서 2010년 76.82%로 거의 10% 하락을 보였다. 반면, 일본과 타이완 장년 남성의 경우는 같은 시기 각각 4.36%, 2.45%의 감소를 보였다. 한국 남성 노년층의 경우도 같은 시기 17% 이상 큰 폭의 하락을 경험했지만, 일본과 타이완의 경우 남성 노년층의 약간의 하락만을 경험했다. 이것은 2000년대 들어서 지속된 구조조정과 경제침체로 가장 큰 타격을 입은 집단은 장년과 노년층이라는 것을 의미한다. 그리고 동아시아 3국 중에서 한국의 장년과 노년층이 가장 큰 변화를 경험했다는 것을 의미한다.

2006년과 2010년 사이 3국에서 공통적으로 나타난 변화는 모든 연령대에서 경제활동 참가율이 지속적으로 하락했다는 점이다. 경제위기의 충격이 가장 컸던 타이완 중년 남성을 제외하고 세 나라의 모든 연령집단에서 경제활동 참가율 하락이 나타났다. 이것은 세 나라에서 전반적으로 경제적인 어려움이 커졌다는 것을 의미한다.

반면, 여성의 경우는 남성과는 달리 연령세대에 따라서 큰 변화를 보였다. 한국과 일본의 중년 여성과 장년 여성의 경제활동 참가율은 2006년과 2010년 사이 큰 변화가 없었다. 젊은 여성의 경우는 경제활동 참가율에서 매우 큰 폭의 하락을 보였는데, 한국은 2006년 대비 2008년 8.53%와 2010년 4.63%, 일본은 2006년 대비 2008년 5.52%와 2010년 1.96%, 타이완은 2006년 대비 2008년 10.29%와 2010년 9.1%의 하락을 보였다. 반면에 일본의 노년 여성의 경우 지속적인 경제활동 참가율 증가 추세를 보여주었다. 한국과 타이완의 노년 여성층은 2008년 경제활동 참가율이 크게 줄어들었으나 이후 회복세를 보였다. 노년 여성층의 경제활동 참가율이 한국에서 가장 높게 나타나고 있다는 사실은 한국 노인 여성의 경제적인 지위가 그다지 안정되어 있지 않다는 사실을 반영하는 것이다. 역설적으로 한국 노인 여성의 경제활동 참가율은 가장 높지만, 노인 빈곤율도 가장 높게 나타났다.

3) 노년기와 가구구성

생애과정에서 노년기는 개인적인 차원의 고령화와 맞물려 개인의 삶이 가장 사회제도에 영향을 받게 되는 시기이다. 노년기는 경제활동에 참여하는 경우가 소수에 불과하고, 대부분의 자녀들이 부모를 떠나 독자적인 삶을 영위하는 시기이기 때문에 노년기는 경제적으로 변화를 겪는다. 퇴직 이후의 삶은 본인의 노후 준비 정도, 가족의 경제적 지원과 국가의 노인복지정책 등에 따라서 극단적인 차이를 보이게 된다.

동아시아에서 나타난 노년기 생애과정은 전통적인 가구구성인 노인과 자녀가 같이 사는 형태에서 독립적인 가구를 구성하는 형태로 변화를 보이고 있다. 〈표 7-4〉에서 볼 수 있듯이, 서구의 경우 가족주의 전통이 강한 남부 유럽을 제외하고 80% 이상의 노인이 자녀와 떨어져 살고 있다. 독일과 덴마크의 노인은 90% 이상이 독립적인 가구를 구성하고 있다. 가족주의 전통이 강한 이탈리아의 경우도 60~70% 정도의 노인이 자녀와 독립적인 가구를 구성해 살고 있다. 동아시아의 경우, 일본의 노인은 50~60%가 독립적인 가구

<표 7-4> 나라별 65세 이상의 가족 구성

(단위: %)

		독신	부부	기혼 자녀와 함께	미혼 자녀와 함께	기타	전체
남성	미국	17.5	61.7	2.1	12.2	6.7	100.0
	덴마크	28.0	65.2	0.1	2.9	3.8	100.0
	독일	18.5	72.7	0.3	5.1	3.4	100.0
	이탈리아	13.8	54.4	2.7	24.3	4.8	100.0
	한국	5.9	55.9	1.7	25.9	10.6	100.0
	일본	12.1	51.0	16.3	16.5	4.1	100.0
	타이완	10.7	32.8	26.3	25.9	4.3	100.0
여성	미국	40.5	36.2	2.9	13.5	6.9	100.0
	덴마크	58.7	37.3	2.5	9.6	3.2	100.0
	독일	56.0	35.3	0.4	3.5	4.8	100.0
	이탈리아	33.8	32.2	0.4	3.5	4.8	100.0
	한국	25.4	29.9	1.5	25.6	17.6	100.0
	일본	24.6	30.2	28.4	13.2	3.7	100.0
	타이완	12.1	24.5	37.0	22.8	3.6	100.0
전체	미국	30.6	47.1	2.6	12.9	6.8	100.0
	덴마크	45.9	48.0	2.0	9.6	3.1	100.0
	독일	41.6	49.6	0.4	2.4	3.7	100.0
	이탈리아	25.4	41.5	3.3	22.8	7.1	100.0
	한국	17.3	40.7	1.6	25.7	14.7	100.0
	일본	19.1	39.3	23.0	14.7	3.9	100.0
	타이완	11.4	28.9	31.3	24.5	3.9	100.0

자료: Murozumi and Shikata(2008: 5)에서 재인용. 한국 자료는 한국복지패널 2006년도 자료 분석 결과이다.

를 구성해 살고, 타이완은 40% 정도가 자녀와 떨어져 살고 있다. 한국은 1994년 노인 독립가구가 40% 정도였으나, 2009년 56% 정도로 크게 증가해 일본과 비슷한 수준의 가구구성의 변화를 보여주고 있다(정경희 2011: 38).

국가의 노인복지가 불안전한 동아시아 3국의 경우, 노인가구 구성의 변화는 국가나 자녀들로부터 경제적인 지원을 직접 받지 못하는 빈곤 노인가구의 증가를 함의한다. 독신가구와 부부만으로 구성된 노인가구는 경제활동을 하는 가구보다 가처분 소득이 낮다. 그러므로 노인가구의 비중이 높아지고, 자녀와 함께 사는 노인가구의 비중이 높아지면 높아질수록, 빈곤층의 규모도 커지고 또한 전체 가구의 소득 불평등도 커진다.

3. 신자유주의적 제도변화와 생애과정

동아시아 3국에서 진행되고 있는 세계화는 이들 세 나라의 빠른 경제성장만큼이나 빠른 속도로 경제 환경을 변화시키고 있다. 노동시장의 유연화뿐만 아니라 시장개방을 통해서 개인과 가족은 이전에 경험하지 못한 새로운 개방된 경제체제 속에서 생활하고 있다. 세계화는 한편으로는 이전의 폐쇄적이었던 경제, 사회와 문화에서 벗어나 더 많은 선택과 기회가 주어진다는 점에서 긍정적인 모습으로 나타났다. 경제적인 차원을 넘어서 교육, 문화, 여가활동에서도 새로운 경험을 할 수 있는 기회가 크게 확장되었다. 다른 한편으로는 개인과 가족이 직면하고 있는 삶의 불확실성과 불안정성도 크게 증가했다. 국민경제가 훨씬 더 가변적으로 변하면서, 고용과 소득의 불확실성과 불안정성이 크게 증가했다.

무엇보다 세계화로 인한 시장개방은 기업들 간의 경쟁을 크게 부추겼고, 이에 대응해 기업들은 구조조정을 통한 인력 감축과 경쟁력 확보를 도모했다. 대기업들이 생산성이 낮은 인력을 감축하고 인건비 부담을 낮추기 위해 부품 조달을 외부의 다른 기업에게 주문하는 외주(outsourcing)나 생산의 일부나 전부를 다른 기업이 담당하는 하청(subcontracting)을 통해 생산의 유연

〈표 7-5〉 한국, 일본, 타이완의 비정규직 추이

(단위: %)

	한국			일본			타이완		
	2002년	2006년	2012년	1992년	2002년	2012년	2001년	2005년	2010년
전체	27.4	35.6	33.3	21.7	31.9	38.2	2.39	4.64	8.80
남성	23.5	30.4	27.2	9.9	16.3	22.1	-	-	-
여성	32.9	42.7	41.5	39.1	52.9	57.5	-	-	-

자료: 한국노동연구원(2012), Statistics Bureau(2014), Hsiao(2013: 378).

성을 확보하는 경영전략을 택했다. 제조업체들이 국내나 국외로 외주화를 시도하면서 고용이 늘어나지 않는 현상이 나타났다. '고용 없는 성장'이라고 불리는 새로운 현상이 초고속 성장을 계속해온 한국, 일본, 타이완에서 나타났다. 이러한 변화는 세계화에 대응해서 국가가 주도적으로 노동시장의 유연화를 촉진하는 법과 제도를 도입했고, 기업들이 새로운 법과 제도하에서 경영전략을 택하면서 나타난 현상이었다.

〈표 7-5〉는 동아시아 3국의 비정규직 고용자 비율 추이를 보여준다. 한국과 일본은 이미 2000년대 들어서 30%대의 높은 비정규직 고용 비율을 보여주고 있다. 일본의 경우 이미 1990년대 매년 1% 정도의 비정규직 비율의 증가를 보여주었고, 2000년대 들어서도 약간 약화되기는 했지만 여전히 높은 증가 추세를 보여주었다. 한국의 경우, 외환위기 직후인 1998년과 1999년 비정규직 비율이 크게 높아졌다. 현재 공식적인 통계가 없기 때문에 1990년대 상황을 파악하기 힘들지만, 외환위기 직후인 2000년대 초반 비정규직 비율은 매년 1% 이상 증가했다고 볼 수 있다. 2002년부터 2006년 사이 비정규직 비율은 매년 2% 정도 증가했다. 반면에 타이완의 경우는 비정규직 비율이 낮고, 그리고 증가 속도도 한국과 일본에 비해서 완만한 편이다. 타이완에서는 비정규직 고용 대신 외국인 노동자의 고용이 더 일반화되어 있기 때

〈표 7-6〉 전체실업률, 청년실업률(15~24세), 노인취업률(65세 이상)

(단위: %)

	한국			일본			타이완		
	전체 실업률	청년 실업률	노인 취업률	전체 실업률	청년 실업률	노인 취업률	전체 실업률	청년 실업률	노인 취업률
1990년	2.4	-	-	2.1	26.9	24.3	1.64	5.68/ 4.79	9.77
1995년	2.1	25.4	-	3.2	25.7	24.5	1.81	5.59/ 5.16	9.79
2000년	6.3	24.9	29.6	4.7	21.7	22.6	2.89	9.04/ 6.89	7.71
2005년	3.5	23.4	30.0	4.4	18.8	19.8	4.19	11.97/ 10.33	7.27
2010년	3.4	16.3	29.4	5.1	15.3	19.9	5.71	10.93/ 13.51	8.09

자료: 한국노동연구원(2013), 통계청(2013: 16), 總務省統計局(2012), DGBAS(각 연도).

문에 내국인과 외국인의 노동시장 분절이 더욱 두드러지게 발달했다.[4] 그렇지만 연평균 0.6% 정도로 꾸준한 증가 추세를 보여 타이완에서도 비정규직 고용 문제는 사회정치적 문제가 되고 있다(Liu, 2006).

1996~1997년 동남아시아 외환위기와 2007~2008년 금융위기를 통해 한국, 일본, 타이완에서 이루어진 노동시장의 유연화는 실업과 취업난을 불러일으켰다. 아직 노동시장에 진입하지 못한 청년층과 노동시장에서 가장 취약한 지위를 차지하는 사회집단이 가장 크게 타격을 받았다. 경제위기로 인

---

4) 타이완의 외국인 노동자는 2013년 말 전체 피고용자의 약 5%에 달하는 484,367명으로 지속적으로 증가 추세를 보이고 있다. 이들의 대부분은 제조업에 종사하고 있지만, 최근 간병과 돌봄노동을 담당하는 복지 부문으로의 진출이 급격히 커지고 있다(*The China Post*, 2013년 12월 21일 자).

한 신규 인력 고용의 축소로 청년실업이 심각하게 증가했고, 정규직 대신 비정규직 고용이 늘어나면서 청년 비정규직 취업이 많이 늘었다. 그리고 여성 노동자, 미조직 노동자, 고령 노동자 등도 기업 구조조정과 노동시장 유연화에 따른 피해를 가장 크게 입었다.

노동시장의 대전환과 맞물려 가속화되고 있는 고령화는 생애과정에서 큰 혼란을 불러일으켰다. 노동시장의 변화는 먼저 실업률의 증가로 나타났다. 이는 주로 청년층의 취업난을 가져와 교육을 마치고 일로 이전하는 단계에서 큰 혼란을 가져왔다. 〈표 7-6〉은 동아시아 3국의 노동시장 변화를 보여주고 있다. 실업률의 추이를 보면, 1990년대 들어서 3국 모두에서 실업률이 크게 증가했고, 특히 청년실업률이 크게 높아졌다. 청년실업률은 한국과 일본에서 특히 높게 나타나 일반 실업률에 비해서 대단히 높은 실업률을 보여주었다. 한국과 일본에서 극심한 청년취업난이 1990년대부터 시작되었고, 지금도 청년취업난은 대단히 심각한 상황에 있다는 것을 보여주고 있다.

또한 고령화와 맞물려 퇴직 이후의 생계에 대한 준비가 되지 않은 노인들이 경제활동에 더 참여하게 되어서, 이들 3국에서 대단히 다른 노인들의 취업률을 보여준다. 65세 이상의 노인 중 취업을 하고 있는 노인의 비율은 한국(29.4%), 일본(19.9%), 타이완(8.09%) 순으로 한국 노인의 취업률이 가장 높게 나타났다. 이것은 타이완보다 한국과 일본의 수명이 더 긴 점도 이유가 되지만, 대체적으로 한국과 일본의 노인들 가운데 경제적으로 노후가 불안정한 노인 비율이 높다는 것을 반영한다. 특히 한국 노인의 높은 취업률은 한국 노인복지가 가장 취약한 상태라는 것을 반증한다.

생애과정에서 중요한 전이 시기(transition period)인 청년기와 장년기의 불안정은 중년기와 노년기의 불안정을 낳아 전체 삶을 위기에 빠뜨릴 수 있을 뿐만 아니라, 전체적으로 불안정 고용과 소득 하락을 가져와 불평등과 빈곤을 심화시키는 결과를 낳는다. 〈표 7-7〉은 지난 30~40년 동안 동아시아 3

<표 7-7> 한국, 일본, 타이완의 가처분 소득 불평등 추이(지니계수)

	한국	일본	타이완
1979년	-	.270	.278(1981)
1989년	0.256*	.293	.312(1990)
1999년	0.288	.301	.326(2000)
2009년	0.295(0.314)	.311	.342(2010)

주: 한국의 경우, 가처분 소득 지니계수는 2인 이상 가구를 대상으로 한 것이다. *는 1990년 지
　니계수이며, 2009년 괄호 안의 수치는 전체 가구를 대상으로 한 지니계수이다.
자료: 통계청(각 연도a), Statistics Bureau(2004, 2009), Hsiao(2013: 374).

국의 가구소득 불평등 추이를 보여준다. 한국, 일본, 타이완에서 공통적으로 지니계수가 크게 증가해, 불평등이 전반적으로 증가했음을 보여준다. 불평등 정도는 타이완에서 가장 심한 것으로 나타났지만, 불평등 심화 속도는 한국에서 가장 빠른 것으로 나타났다. 1989년부터 2009년까지 지니계수의 증가는 한국 0.039, 일본 0.018, 타이완 0.03으로 나타났다. 한국의 경우는 2인 이상의 가구만을 대상으로 한 것이어서 정확한 비교를 할 수는 없지만, 대체로 한국에서 최근 불평등 정도가 가장 가파르게 심화되었다고 말할 수 있다.

동아시아 3국이 공통적으로 세계에서도 유래가 없는 빠른 고령화를 경험하고 있다는 점을 고려하면, 특히 생애과정 이행기의 혼란은 장년기에 가장 큰 어려움을 낳고 있다. 장년층의 조기 퇴직과 뒤이은 노후 생활은 빈곤과의 싸움으로 이어질 수 있기 때문이다. 노후 복지가 제대로 구비되어 있지 않은 동아시아 사회들에서 노후 문제는 곧 빈곤 문제와 직결된다고 볼 수 있다. <그림 7-3>에서 볼 수 있듯이, 동아시아 3국의 노인 빈곤율은 유럽 국가들에 비해서 훨씬 높다. 2000년대 말 노인 빈곤율은 프랑스에 비해서 일본이 4배, 타이완이 6배, 한국이 9배 정도 더 높았다. 미국이나 오스트레일리아와 같이 자유주의적 복지국가 체제는 국가 복지가 가장 발달하지 않은 경우이고, 이들 나라와 비교해도 동아시아 3국의 노인 빈곤율은 대단히 높은 편이다.

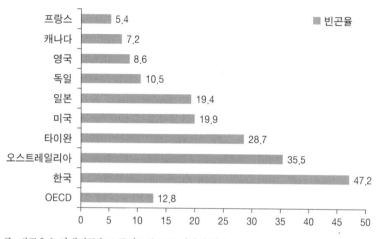

〈그림 7-3〉 나라별 65세 이상의 노인 빈곤율

나라	빈곤율
프랑스	5.4
캐나다	7.2
영국	8.6
독일	10.5
일본	19.4
미국	19.9
타이완	28.7
오스트레일리아	35.5
한국	47.2
OECD	12.8

주: 빈곤율은 상대빈곤율로 중위소득 50% 이하의 비율.
자료: OECD(2013b: 165). 타이완 자료는 LIS CrossNational Data Center(2013) 사용(2014. 3.21 검색).

이들 3국 중에서도 한국의 노인 빈곤율은 특히 높다. 2009년도 한국의 노인 빈곤율은 무려 45.6%로 거의 절반의 노인이 빈곤층이라는 것을 의미한다. 일본도 다른 선진국들에 비해 높은 편이고, 타이완은 더욱 그러하다.

한국, 일본, 타이완의 노인 빈곤율은 최근 급격히 높아지는 추세를 보이고 있다는 점에서 세계화로 인한 경제변화와 밀접한 관련을 보인다고 볼 수 있다. 타이완의 경우 노인 빈곤율은 1981년 15.4%였으나, 1991년 20.5%, 2000년 25.4%로 매년 0.5%씩 노인 빈곤율 증가 추세를 보였다. 그리고 2005년 타이완 노인 빈곤율은 28.7%로 더욱 높아졌다(LIS, 2013). 경제성장과 더불어 노후의 삶이 안정되는 것이 아니라 빈곤한 삶의 가능성이 더 높아지고 있다는 사실은 전체적으로 경제성장과 사회발전의 성격을 둘러싼 논쟁과 갈등을 불러일으켰다. 발전국가 체제에서 신자유주의 체제로의 급격한 변화가 경제성장기 주된 노동력을 구성했던 현재 노인 세대의 상당 부분이 빈곤의 위험에서 벗어나지 못하는 결과를 초래했기 때문이다. 이것은 세계화 시대에 드러난 동아시아의 '성장의 역설'이라고 부를 수 있을 것이다. 그리고 그것은 사회복지 저발전의 직접적인 결과였다.

4. 맺음말

20세기 후반 그리고 21세기 초반 동아시아는 세계경제의 중심으로 떠올랐다. 탈냉전 시대 동아시아는 세계에서 가장 역동적인 지역으로 탈바꿈했다. 경제적 변화뿐만 아니라 사회문화적으로도 역동적인 변화를 거듭하고 있다는 점에서 지금까지 세계를 지배해온 서구를 대체하는 새로운 중심으로 간주되기도 한다(Frank, 1998; Arrigi, 2003).

이러한 세계화 속에서 동아시아의 개인들은 거대한 전환 속에서 빠른 속도의 사회변화를 겪고 있다. 다시 말해서, '비동시성의 동시성'이라고 불리는 다양한 시대의 사회적 속성들이 압축적으로 집약되어 있는 복합적 사회변동의 와중에 놓여 있다. 그리고 그것은 동아시아를 새롭게 조망하고 있는 학자들의 기대와는 달리 압축적 사회변화의 모순을 적나라하게 드러내고 있다. 신자유주의적 세계화로 불리는 제도변화에서 한국, 일본, 타이완 사람들의 생애과정은 다양한 위험에 노출되었다. 실업, 불완전 고용, 저임금과 빈곤 등 생애과정에서 직면하게 되는 위험은 다양해졌고, 더욱 커졌다.

이 장에서는 한국, 일본, 타이완에서 최근 나타나고 있는 사회변동 과정에서 개인들의 생애과정과 맞물려 나타나고 있는 사회적인 변화들을 집중적으로 살펴보았다. 개인들의 생애과정 변화는 거시적인 사회구조와 상호작용을 통해서 이루어진다. 산업구조의 변화, 교육제도의 변화, 고용체제의 변화 속에서 개인들의 생애과정이 구체화되기 때문에, 거시적인 역사적 변화와 개인들의 생애과정은 동아시아에서도 산업화의 역사와 속도, 국가의 정책과 제도 등에 따라서 다르게 나타난다.

여기에서는 생애과정의 변화가 이루어지는 전이 시기에 사람들이 접하게 되는 거시적인 사회변동과 사회적 위험을 비교적인 관점에서 분석했다. 사회적 위험은 대학 진학률 증가, 경제활동 참가 증가, 결혼 연령 증가, 고령화 등 각 사회 내에서 나타나고 있는 변화와 맞물려 있다. 세계화에 대한 정책과 제도를 통한 각 사회의 대응과 사회 내적인 변화가 맞물려, 동아시아 사회들에서 차이가 나타나고 있다. 특히 생애과정의 초기 단계인 청년기와 후기 단계인 장년기의 사회변화는 사회적 위험을 증대시키고 있다. 지속적으로 경제성장이 이루어지고 있지만, 이러한 사회적 위험의 증가는 경제성장의 당위성을 약화시키는 요인으로 작용하고 있다. 경제성장의 목적과 경제성장의 내용에 대한 문제 제기가 많이 대두되면서, 동아시아의 경제성장에 대한 다양한 평가가 나타나고 있는 것이다.

개인들의 생애과정은 세계화와 같은 거시적인 변화에 의해서 일방적으로 영향을 받아서 결정되는 것은 아니다. 각 사회의 문화와 이데올로기적 전통이 개인들의 생애과정에 지속적인 영향을 미치고 있다. 가부장제 문화에 산물로 지속되고 있는 남성과 여성 간의 차별과 격차는 생애과정의 변화 속에서도 강하게 유지되고 있다. 물론 차별과 격차의 정도가 동일한 것은 아니며, 시간적으로 큰 변화를 보이고 있다. 그러나 강한 경로의존성을 보여주는 제도와 문화의 구속력은 세계화라는 거시적인 변화 속에서 예측하지 못한 사회적인 변화를 만들어낸다는 점에서 더욱 구체적인 분석을 필요로 한다.

이 장은 비교적인 관점에서 현대 한국, 일본, 타이완 사회들이 경험하고 있는 생애과정의 변화를 세계화와 맞물려 이해하고자 했다. 공시적인 비교 (cross-sectional comparison)와 시간에 따른 변화를 고려하는 역사적인 비교 (historical comparison)를 통해 동아시아 사회들에서 나타나고 있는 취업, 결혼, 소득의 변화를 생애과정과 연계해 이해하고자 했다. 변화를 거시적인 관점에서 분석하는 것도 의미가 있지만, 개인들의 생애과정을 통해서 접근하는 것도 의미가 크다는 점에서 두 가지 차원의 비교 분석을 통한 생애과정의 이해는 향후 더욱더 중범위 수준에서의 생애과정 비교 연구를 가능하게 하는 초석이 될 수 있을 것이다.

참고문헌

보건사회연구원. 2006~2012. Korea Welfare Panel Survey.
신광영 외. 2008.『서비스사회의 구조 변동: 노동체제의 전환과 생활세계의 변화』. 파주: 한울.
정경희·이윤경·박보미·이소정·이윤환. 2012.『2011년도 노인실태조사 심층분석』. 한국보건사회연구원.
정경희. 2011.「노년기 가족의 변화전망과 정책과제」.≪보건복지포럼≫, 제175호, 35~44쪽.
_____. 2014.「노인복지정책의 현황과 과제」≪보건복지포럼≫, 제207호, 53~62쪽.
통계청. 각 연도a. 가계동향조사.
_____. 각 연도b. 인구동태통계연보
_____. 2013. 고령자 통계.
_____. 2014. 국민계정.
한국노동연구원. 2012. 2012 KLI 비정규직 통계.
_____. 2013. KLI 노동통계.
한국은행. 2012. 국민계정.
East Asian Social Survey. 2006, 2008, 2010. 성균관대학교 서베이 리서치 센터.

內政部. 각 연도a. 人口政策白皮書.
_____. 각 연도b. 中華民國人口統計年刊.
總務省統計局. 2012. Historical Statistics of Japan.
行政院主計處. 각 연도. 中華民國人口統計.
厚生勞動省. 각 연도. Vital Statistics of Japan.

Ahn Sanghoon, Kyoji Fukao and Keiko Ito. 2008. "Outsourcing in East Asia and its impact on the Japanese and Korean Labour Markets." *OECD Trade Policy Working Papers*, No. 65. Baily M.N: Lawrence.

Arrigi, Giovanni(ed.). 2003. *The Resurgence of East Asia: 500, 150 and 50 Year Perspectives*. London: Routeledge.

Bloch, Ernest. 1935(2009). *The Heritage of Our Times*. London: Wiley.

China Post. 2013.12.21. "Foreign workers increase to 484, 367: Labor Council."

DGBAS. 각 연도. National Statistics.

Elder, Glen. H. Jr., Monica Kirkpatrick Johnson and Robert Crosnoe. 2003. "The emergence and development of life course theory." in J. T. Mortimer and M. J. Shanahan(Eds.). *Handbook of the life course*, pp. 3~19, New York: Springer.

Frank, Andre Gunder. 1998. *ReORIENT Global Economy in the Asian Age*. Berkeley: University of California Press.

Hsiao, Michael Hsin-Huang. 2013. "Precarious Work in Taiwan A Profile." *American Behavioral Scientist(Impact Factor: 0.69)*, 03/2013, 57(3), pp. 373~389.

ILO. 2011. *ILO*. http://laborsta.ilo.org(2011.8)

_____. 2013. laborstat.

Lee Sophia Seung-youn. 2011. "The Shift of Labort Market Risks in Deindustrializing Taiwan, Japan and Korea." *Perspectives on Global Development and Technology*, 10(2), pp. 241~269.

LIS-Cross-National Data Center. 2013. Key Figurres.

Liu, M. C. 2006. "Behind the setback of labor rights: A political economy critique." *Newsletter for Research of Applied Ethics*, 39, pp. 2~14.

Luxembourg Income Studies. 2014. Key Figures.

Mira d'Ercole, Marco. 2006. "Income Inequality and Poverty in OECD Countries: How Does Japan Compare?" *The Japanese Journal of Social Security Policy*, 5(1) pp. 1~15.

Murozumi, Masako and Masato Shikata. 2008. "The Structure of Income in Elderly Households and Relative Poverty Rates in Japan from the Viewpoint of International Comparisons." *Luxembourg Income Studies Working Paper*, No.483.

OECD. 2013a. OECD Employment Outlook 2013. Paris: OECD.

_____. 2013b. OECD Pension at a Glance 2013. Paris: OECD.

Statistics Bureau. 2004. *Income and Expenditures by Yearly Income Quantile Group* (http://www.stat.go.jp/english/data/zensho/2004/hutari/gaiyo18.htm). 검색일: 2013.12.20.

_____. 2009. *Faimily Income and Expenditure*(www.stat.go.jp/english/data/ zensho/

2009/pdf/results1.pdf). 검색일: 2013.12.20.

_____. 2014. http://www.stat.go.jp/data/roudou/longtime/zuhyou/lt04-01.xls 검색일: 2014.1 10.

_____. 각 연도. Yearbook.

Seguino, Stephanie. 2000. "The effects of structural change and economic liberalization on gender wage differentials in South Korea and Taiwan." *Cambridge Journal of Economics*, 24(4), pp. 437~459.

Tiebena, Nicole, Dirk Hofäckera, Nicole Biedingerb. 2013. "Social mobility and inequality in the life course: Exploring the relevance of context." *Research in Social Stratification and Mobility*, Volume, 32, pp. 1~6.

Tarohmaru, H. 2011. "Income inequality between standard and nonstandard employment in Japan, Korea and Taiwan." in Y. Sato and J. Imai (Eds.). *Japan's new inequality: Intersection of employment reforms and welfare arrangements*. Melbourne, Australia: Trans Pacific Press, pp. 54~70.

Tsui-o Tai and Joy E. Pixley. 2008. "Poverty of children and Older Adults: Taiwan's Case in an International Perspective." *Luxembourg Income Studies Working* Paper, No. 493.

생애과정 연구의 의의와 과제

김경희

결론에서는 이 책의 주요 내용을 중심으로 생애과정 연구의 의의를 논의하고, 생애과정 연구를 위한 이후의 과제들을 제시하고자 한다.

이 책은 세계화의 영향이 국가, 경제 및 노동시장, 가족과 같은 주요한 사회제도를 매개해 개인들의 생애과정을 어떻게 재구조화하는지를 분석하고 있다. 세계화는 기존의 사회적·역사적 변동을 가져오며, 개인들의 생애과정을 형성하는 조건이자 맥락으로 기능한다. 특히 이 책에서 주목한 것은 세계화에 의해 추동되고 있는 노동시장과 고용체제의 변화에 대한 개인들의 해석과 대응이 결혼 및 출산을 비롯한 가족구성의 변화와 소득 및 자산의 불평등 심화라는 집합적인 현상으로 나타나는 생애과정의 구조적 변동에 관한 것이다. 이제는 출생-교육-정규직 취업-결혼-정년퇴직-노후 등과 같은 표준적인 생애과정과는 다른 다양한 형태의 생애과정을 살게 되는 시대이다. 한국 사회뿐 아니라 가깝게는 동아시아 사회들에서도 세계화와 맞물려 청년실업과 비정규직의 증가, 비혼과 만혼의 증가, 저출산, 고령 빈곤 현상이 나타나고 있는데, 이는 탈표준화되고 있는 생애과정의 집합적 현상이라고 할 수 있다. 그동안 많은 사회학적 연구들이 세계화가 추동하는 사회변동에 관심을 기울였지만, 그것이 한국 사회에 끼친 거시적인 사회구조적 영향과 변화에 초점을 둔 경향이 있다. 따라서 사회변동 속에서 개인의 생애과정이 어떻게 변화했고, 새로운 생애과정이 구조화되는지에 대한 탐구는 연구의 공백으로 남아 있었다. 이 책은 연구 공백인 세계화 시대의 사회변동과 생애 과정의 구조적 변동에 착안해 집필되었다. 이 책에서는 출생, 교육, 취업, 결혼, 출산, 양육, 이직과 퇴직, 노후의 삶으로 이어지는 개인의 생애단계에서 어떠한 사회구조적인 환경에 직면하는지, 개인들은 이러한 환경과 어떻게 대응하면서 생애과정이 유형화되는지, 그리고 생애과정의 유형이 세대, 계급, 성별, 학력 등에 따라 어떻게 다른지 등에 대한 연구 질문에서 출발하고 있다. 이러한 질문에 답하기 위해 이 책은 생애과정 관점을 취하는데, 서론 (신광영)에서는 생애과정 관점이 시간, 장소, 맥락에서 개인의 삶을 역동적으로 파악할 수 있는 통찰력을 제공하는 연구 접근이라는 점을 잘 설명하고 있다. 생애과정 관점은 개인이 사회구조적 맥락과 상호작용을 하면서 사회적 역할과 변화를 만들며, 개인적 삶의 특성을 사회적으로 유형화하고 지속하거나 변화시키는 과정을 포착할 수 있게 한다.

이 책에서 다루고 있는 세계화와 생애과정의 구조적 변동에 관한 내용은 크게 세 개의 주제로 묶어낼 수 있다.

첫 번째 주제는 한국 사회에서 세계화라는 거시적인 사회변동 속에서 소득 및 주거의 불평등 심화와 세대별 삶의 질의 차이라는 집합적인 현상으로 나타나는 생애과정의 구조적 변동에 관한 것이다. 이 주제 아래에 있는 세 개의 논문은 모두 생애과정의 시간적 변화를 포착하기 위해 한국노동연구원의 1차에서 11차에 걸친 노동패널자료를 활용하고 있다. 한국의 소득 불평등을 분석하고 있는 1장(신광영)에서는 한국 사회에서 개인의 생애과정에서 경험하는 소득 불평등의 핵심 원인이 연령에 따른 계급 구성의 변화라는 점을 밝혀냈다. 이 논문에서는 소득 불평등과 연령, 젠더, 계급이 밀접하게 연관되어 있다는 점을 보임으로써 우리 사회의 소득 양극화의 실체를 보여준다. 신광영의 분석에 따르면 우리 사회에서 40대까지는 지속적으로 월소득이 증가해 정점에 달한 후, 50대부터 감소해 60대에 가장 낮은 소득수준을 나타낸다. 이러한 발견은 그동안 심각한 세대 문제로 거론되었던 청년 세대의 빈곤 문제가 청년 개인의 취업과 저임금에 관한 논의라면, 60대 이후 세대의 빈곤 문제는 노인 문제이자 가구 전체의 빈곤 문제라는 점에서 심각성을 보여준다. 이처럼 연령세대별 소득격차와 불평등의 추이가 나타나는 이유는 연령세대에 따라서 계급 구성의 차이로 진단하는데, 50대부터 자영업 비중의 급격한 증가와 비정규직 고용의 증가로 인해 60대에 이르면 자영업자와 비정규직 비중이 가장 높은 수준을 보여서 전반적으로 40대 이후 불안정 노동(precarious work)을 하는 계급이 크게 증가하기 때문이다. 1999년과 2009년을 비교했을 때, 생애과정에 따른 소득 불평등은 더욱 커지고 있다. 이처럼 소득 불평등이 심화되는 추이는 외환위기 이후의 제도적 변화가 생애과정에서 개인들의 경제적 기회구조를 변화시켰고, 그 결과로 생애과정과 계급, 젠더와 학력이 소득에 미치는 효과의 변화 속에서 나타난 것이다. 1장에서 주목할 만한 시사점은 계급, 젠더, 학력뿐 아니라 연령이 단순히 하나의 변수가 아니라 불평등 구조를 이해하는 데 중요한 사회구조적 요인이라는 점이다.

2장(이병훈·남정민)에서는 차별적인 세대 특성을 분석하기 위해 한국의 인구구조에 상당한 비중을 차지하고 있는 1955~1963년에 출생한 1차 베이비붐 세대와 1968~1973년의 2차 베이비붐 세대의 생활만족도를 분석하고 있다. 베이비붐 세대의 생활만족도는 출생 코호트뿐 아니라 연령과 시기의 효과가 복합적으로 작용하고 있음을 보여준다. 여기에서도 1차 베이비붐 세대는 빈곤과 의무교육, 산업화와 민주화 그리고 1990년대의 세계화와 1998

년 이후의 신자유주의적 구조개혁을 모두 경험했기 때문에 특징적인 세대적 정체성을 갖지 못한 세대라는 그동안의 논의를 다시 한 번 확인해주고 있다. 그러나 2차 베이비붐 세대는 1987년의 정치적 민주화, 1988년의 올림픽 그리고 1990년대의 신세대 문화 등 한국의 경제와 정치적 성공의 국면에서 청년기를 보냈기 때문에 1차 베이비붐 세대와 달리 지속적으로 높은 생활만족도를 보이면서 세대적 독자성을 보이는 것으로 나타났다. 이런 연구 결과의 시사점은 그동안 한국 사회에서 나타났던 투표 행위나 사회의식의 세대 차이의 준거가 주로 1960년 후반의 2차 베이비붐 세대일 수 있다는 추론을 가능하게 한다. 또한 연령 단계를 거치면서 경험하는 역사적이고 사회적인 사건이 개인의 인식과 생활을 변화시키는 요인이 될 수 있다는 점을 다시 한 번 확인할 수 있다.

3장(신진욱·이민아)은 2000년대 한국 사회에서 분가가구의 자가 주택 취득 기회가 분가가구 단위의 소득수준과 더불어 출신가구의 소득·자산수준과 연관된다는 점을 밝히고 있다. 이러한 결과는 한국 사회에서 세대 간 부의 이전이 주택 불평등의 중요한 기제임을 경험적으로 확인한 것이며, 개인의 경제적 성취와 무관한 귀속적 요인에 의해 생애과정의 불평등이 심화되고 있음을 의미한다. 따라서 저자들은 주택 불평등의 두 가지 요인인 소득 불평등의 파생효과와 부의 세대 간 이전은 주택 불평등이 개인화된 성과주의의 논리로 설명될 수 없는 부정의(injustice)의 요소를 내포하고 있다고 강조한다. 3장의 주요 결과는 주택정책의 방향에 대해서도 중요한 시사점을 제공하는데, 소득 불평등과 주택 불평등의 연관이 강하기 때문에 단순하게 부동산 경기 진작과 대출 조건 완화를 통해 주택 매매를 활성화하려는 정책들은 주택 구매를 위한 소득 기반을 두고 있는 계층과 그렇지 못한 계층 간의 격차를 더욱 벌여놓을 수 있다는 점이다.

앞의 세 논문은 소득, 자산, 세대에 대한 생애과정 접근을 취한 시론적 연구이지만 현재 한국 사회를 심층적으로 이해할 수 있도록 해주며, 우리 사회를 연구하는 데 생애과정 접근이 매우 중요한 이론적·방법론적 기여를 할 수 있음을 보여준다. 이후에는 이 책에서 다룬 주제 이외에 자산, 건강, 정치의식 등 우리 사회의 불평등과 차이를 살필 수 있는 영역으로 연구 주제를 확장할 수 있을 것이다. 더불어 현재 생산되고 있는 다양한 패널자료들에서 생애과정 연구를 위한 주요 변수들을 포함할 필요성도 제기된다. 특히 세대 간 부의 이전과 관련된 자료, 한국 사회의 지역 불균등 발전의 특성을 반영할 수 있는 지역 자료, 건강, 사회의식 등에 대한 자료가 있다면 생애과정 관점을 통한 한국 사회의 이해가 훨씬 풍부해질 것이다.

두 번째 주제는 세계화와 같은 거시적인 변화뿐 아니라 문화와 이데올로기 등이 개인들의 생애과정에 지속적으로 미치는 영향에 관한 것이다. 이를 잘 보여주는 것이 가족과 젠더관계이다. 가부장적 문화의 산물인 성별분업과 여전히 효력을 발휘하고 있는 남성생계부양자 규범은 가족뿐 아니라 노동시장을 비롯한 사회 제반의 조직 운영 원리로 작동하고 있다. 이것은 시간에 따른 변화를 보이기는 하지만 남성과 여성 간의 차별과 격차를 낳으며, 생애과정의 변화 속에서도 강하게 유지되고 있다. 4장(우명숙)은 1990년대 고학력화의 본격적 세대 여성들이 세계화로 인한 노동시장의 구조변동 맥락에서 직장, 결혼, 출산, 양육 등의 생애단계를 밟으면서 일과 가족관계를 어떻게 재조정하고 있는가를 분석하고 있다. 우리 사회에서 1970·1980년대 초에 출생한 대졸 여성들은 직업을 가져야 한다는 노동 정체성을 강하게 형성하면서 성장했고, 부부 중심의 친밀성을 중시하는 핵가족 정체성을 가진 세대이다. 이들은 고도성장의 산업화 시기에 구축된 남성 중심의 경제적 기회와 가부장적 가족구조의 틀에서 벗어나려고 애쓴 세대이나, 여전히 강고한 남성생계부양자 핵가족 규범 속에서 자신들의 노동 정체성과 가족 정체성의 불편한 공존을 체험하고 있음을 4장에서 잘 보여준다. 여전히 한국

사회는 경쟁주의적인 과잉노동사회이며, 일 중심적인 남성생계부양자 가족 규범에 근거한 생활양식을 유지하고 있다. 따라서 일하는 여성들은 성별분 업 구조가 공고한 상태에서 가족생활을 위한 시간의 결핍을 시장을 통해 보 충하면서 중산층 핵가족의 외형을 유지하고 있다. 이는 성장과정에서 자신 들이 거부하려고 했던 남성 중심적 규범과 생활양식을 스스로 선택하게 되 는 결과이다. 4장을 통해 우리 사회의 많은 여성이 비슷하게 일과 가족관계 를 재조정하고 있음을 쉽게 짐작할 수 있으며, 1970·1980년대 초에 출생한 대졸 여성 코호트가 경험하는 일과 가족관계의 재조정을 위한 모순적 대응 과 역설적 결과가 다음 코호트의 여성들에게도 남겨질 것이라고 예측할 수 있다. 4장의 연구 결과는 최근 정부의 일-가족 양립 정책에도 많은 시사점을 준다. 개인과 가족생활의 만족을 위한 정책이 되려면 일-생활의 불균형을 초래하는 원인에 대해 심층적 분석을 하고, 이 불균형 해소에 대한 고민이 일-가족 양립 정책의 핵심이 되어야 할 것이다.

5장(김경희·강은애)에서는 그동안 우리 사회의 빈곤집단으로 인식되어왔 던 여성가구주들의 생애전이 과정을 남성생계부양자 부재 상황을 통해 분 석하고 있다. 남성생계부양자를 대신한 여성생계부양자들은 끊임없이 일하 고 어머니 역할을 수행해왔음에도, 그들의 생애과정은 젠더화된 노동시장 구조와 성별분업과 이데올로기로 구성된 사회문화적 구조의 영향에 순응과 응전을 통해 형성된다. 5장에서는 생계부양자는 단순히 경제적 부양이라는 의미를 넘어 젠더화된 사회구조 속에서 남성 가장이라는 강력한 문화적·이 데올로기적 상징성을 가지고 있음을 보여준다. 여성생계부양자들은 남성의 부재를 통해 경제적 부양보다는 과부라는 사회적 편견의 고통에 더 민감하 며, 경제능력은 없지만 가장의 권위는 건재해야 한다는 믿음을 갖고 있기도 하다. 생계부양은 개인적 특성이라기보다는 젠더관계에서 출현하는 실천이 며, 사회경제 구조와 얽혀 있고 이데올로기적 수준에서 젠더 경계를 만들어왔다. 아직까지 이러한 젠더 경계가 견고한 듯하나, 한편에서는 여성과 남성의 다양한 생애과정에서 이동의 가능성을 보여주고 있기도 하다. 따라서 앞으로 사회문화와 이데올로기적 사회구조와 생애과정의 변화에 대한 확장된 연구가 요구되며, 세계화라는 거시적인 변화 속에서 예측하지 못한 사회적인 변화에 대한 구체적인 분석이 뒤따를 필요가 있다.

세 번째 주제는 동아시아 지역에서 세계화가 생애과정을 어떻게 재구조화하고 있는지를 규명하는 것으로, 이는 국민국가의 경계에서 주로 수행되었던 생애과정 연구의 외연을 확대하려는 시도라 할 수 있다. 그동안 세계화에 대한 연구와 관심이 경제와 정치 영역에 집중되었던 것에 비하면, 개인의 생애과정에서 중요한 가족구성과 가족전략에 관한 관심은 그다지 크지 않았던 것이 사실이다. 그러나 세계화 시대에 가족은 그 가족의 본원지인 일국에 한정되는 것이 아니라 국가 간의 경계를 넘어 이동하면서 재구성되는 매우 유연한 단위가 되었다. 6장(우명숙·이나영)에서는 조선족 기혼여성들의 경험을 통해, 초국적 이주를 통해 수행하는 가족전략과 여성들의 생애과정 변동을 분석하고 있다. 조선족 여성들의 생애과정의 변동은 중국의 개혁개방정책 및 젠더화된 국제적 노동분업이라는 구조적 요인과 여기에 대응하는 자녀양육과 교육을 위한 가족전략이 맞물려 있음을 보여준다. 조선족 여성들의 이주는 가족의 미래를 염두에 두고 자녀의 양육과 교육을 위해 개혁개방의 사회변동을 적극적으로 수용한 결과이다. 그러나 이들은 가족의 미래를 위해 젠더화된 노동의 국제분업 속에서 한국 노동시장의 하층노동자로 재배치되고 있다. 이들은 고된 노동이 새로운 삶의 가능성의 지름길이지만 현재 생애단계에서 잠정적으로만 감내할 수 있는 것으로 한정함으로써 미래와 선을 긋고 장시간 노동을 견뎌내면서, 현재 머무는 곳에서의 삶과 떠나온 곳에서의 삶, 그리고 현재의 생애단계와 다음의 생애단계를 연결시켜가고 있음을 알 수 있다. 이 책에서는 초국적 이주를 선택한 조선족 여성들의 생애과정 사례를 다뤘지만, 이후에 초국적 가족구성과 전략에 관한 다양한 연구가 가능할 것이다. 세계화 시대에는 시민권, 공동체, 지역, 이주의 의미가 재구성되고 있다. 이러한 재구성은 개인의 선택과 함께 국가, 민족, 세계경제체제, 계급, 젠더 등의 관계를 고려한 확장된 시각에서 분석될 필요가 있다. 특히 세계화 과정에서 정부의 이민정책, 외교정책의 변화가 개인의 생애과정에 어떻게 영향을 끼치는가는 미래의 주요 연구과제가 될 수 있을 것이다. 서구를 대체하는 새로운 중심지로서 동아시아에 대한 관심은 사회·경제·문화의 역동적 변화에서 모아진다. 그러나 동아시아 사회는 비동시성의 동시성이라는 사회 성격을 보이면서 압축적 변화의 모순을 함께 보이고 있다.

7장(신광영)에서는 공시적인 비교(cross-sectional comparison)와 시간에 따른 변화를 고려하는 역사적인 비교(historical comparison)의 관점을 통해 현대 한국, 일본, 타이완 사회에서 경험하고 있는 생애과정을 분석하고 있다. 신자유주의적 세계화로 불리는 제도변화 속에서 한국, 일본, 타이완 사람들의 생애과정은 공통적으로 실업, 불완전 고용, 저임금과 빈곤 등 다양한 위험에 노출되어 있음을 알 수 있다. 특히 생애과정의 초기 단계인 청년기와 후기 단계인 장년기의 사회변화에 따른 사회적 위험이 증가하는 현상에 주목할 필요가 있다. 나라마다 세계화에 대한 정책과 제도의 차이가 그 사회의 내적인 변화와 맞물리면서 나라별 차이를 만들어내고 있기도 하다. 지속적인 경제성장에도 동아시아 사회가 직면한 사회적 위험은 경제성장에 대한 성찰과 재평가를 요구하고 있다. 7장에서 보여준 연구 접근은 그동안 동아시아 사회의 변화를 주로 거시적인 수준에서 분석했던 것과 달리 공시적이고 시간적인 변화를 고려해 개인의 생애과정을 이해할 수 있는 중범위 수준의 분석이라는 점에서 의의가 있다. 또한 세계화와 생애과정의 구조변동에 관한 동아시아 비교 연구가 드물었던 점을 감안한다면, 앞으로 생애과정에 관한 국제비교 연구를 위한 시사점을 제공할 수 있을 것이다. 이후에 동아시아 사회의 사회구조 및 생애과정 변화의 공통점과 차이를 비교해, 공통의 지구적 환경에서 각 사회의 특수한 경로의존성과 정책적 대응이 낳은 차별적 결과에 대한 확장되고 심화된 연구를 기획해볼 수 있겠다.

이 책은 그동안 축적된 세계화와 경제, 계급, 소득, 자산, 고용, 교육, 가족, 젠더관계 등 다양한 영역의 연구들이 보여준 통찰력에 시사를 받은 것이면서도, 기존 연구의 공백을 메우려는 시도라 할 수 있다. 이러한 시도가 세계화 시대를 살고 있는 한국인들의 생애과정을 깊이 이해하는 데 일조하기를 기대해본다.

지은이(가나다순)

강은애 | 상지대학교, 동덕여자대학교 강사
중앙대학교 사회학 박사과정 수료
주요 논저: 『양극화 시대의 일하는 사람들』(공저), 『사장님도 아니야, 노동자도 아니야』(공저), 「가족
　　　　　내 돌봄책임이 성별 임금에 미치는 영향」(공저) 등
연구 관심: 노동시장과 여성 비정규직, 돌봄노동, 가족정책, 여성운동 등

김경희 | 중앙대학교 사회학과 교수
위스콘신 대학교 매디슨 캠퍼스 사회학 박사
주요 논저: 『서비스사회의 구조변동』(공저), 『여성운동 새로 쓰기』(공저), 「동일가치노동에 대한 동
　　　　　일임금 원칙 적용의 가능성과 한계: 미국과 캐나다의 사례를 중심으로」, 「돌봄노동의 상
　　　　　품화를 통해 본 모성과 노동」(공저) 등
연구 관심: 여성운동, 여성정책, 돌봄노동 등

남정민 | 단국대학교 교양대학 창업영역 교수(창업교육센터장)
중앙대학교 경영학 박사(인사조직 전공)
주요 논저: 「창업 성공에 영향을 미치는 창업준비단계 핵심요인 연구」(공저), 「고용조정과 종업원
　　　　　이직에 관한 종단연구: 인적자원패널조사의 위계적 선형모형 분석」(공저) 등
연구 관심: 기업가정신, 창업, 고용조정, 인적자원관리 등

신광영 | 중앙대학교 사회학과 교수
위스콘신 대학교 매디슨 캠퍼스 사회학 박사
주요 논저: 『계급과 노동운동의 사회학』, 『동아시아의 산업화와 민주화』, 『한국의 계급과 불평등』,
　　　　　『한국 사회 불평등 연구』, 『세계화와 불평등』(공저), 『서비스사회의 구조변동』(공저) 등
연구 관심: 불평등, 비교사회체제(복지와 노동), 동아시아 사회변동 등

신진욱 | 중앙대학교 사회학과 교수
베를린자유대학교 사회학 박사
주요 논저: 『한국의 근대화와 시민사회』, 『시민』, 『상징에서 동원으로: 민주화운동의 문화적 기
　　　　　원과 동학』(공저), 『한국사회의 사회운동』(공저) 등
연구 관심: 정치이데올로기, 정책담론, 시민사회, 사회운동, 주택·자산 불평등, 복지국가론 등

우명숙 | 서울대학교 사회발전연구소 선임연구원
브라운 대학교 사회학 박사
주요 논저: 『한국 복지국가 성격논쟁 II』(공저), 『일의 가격은 어떻게 결정되는가 II: 해외 사례 연구』(공저), 「영국 시간제 근로: 기혼여성의 일에서 보편적 유연근로로의 변화?」, "A Newly Emerging Small Welfare State and Social Cleavage: The Korean Case" 등
연구 관심: 한국 복지국가제도, 여성노동과 사회변동, 노동시장제도 및 정책 등

이나영 | 중앙대학교 사회학과 교수
메릴랜드 대학교 여성학 박사
주요 논저: 『탈/근대 아시아와 여성』(공저), 『여성주의 역사쓰기: 구술사 연구방법』(공저), 『다시 보는 미디어와 젠더』(공저) 등
연구 관심: 페미니즘 이론, 섹슈얼리티, 탈식민주의와 성별화된 민족주의 등

이민아 | 중앙대학교 사회학과 교수
퍼듀 대학교 사회학 박사
주요 논저: 『인구와 보건의 사회학』(공저), 「계획적 무자녀가족: 한국사회에서 아기 갖기의 의미와 가족주의의 역설」, "Exposure to Suicide and Suicidality in Korea" 등
연구 관심: 건강 불평등, 삶의 질, 정신건강, 저출산, 자살 등

이병훈 | 중앙대학교 사회학과 교수
코넬 대학교 노사관계학 박사
주요 논저: 『서비스사회의 구조변동』(공저), 『양극화 시대의 일하는 사람들』(공저), 「경제위기와 비정규직의 노동권」, "Labor Politics of Employment Protection Legislation for Non-regular Workers in South Korea" 등
연구 관심: 노동양극화와 비정규직 노동, 노동운동의 혁신과 재활성화, 노동자의 생활세계, 노동시장의 일자리이동 등

한울아카데미 1682
중앙대 사회학 연구총서 4

세계화와 생애과정의 구조변동

ⓒ 신광영 외, 2014

지은이 | 강은애 · 김경희 · 남정민 · 신광영 · 신진욱 · 우명숙 · 이나영 · 이민아 · 이병훈
펴낸이 | 김종수
펴낸곳 | 도서출판 한울

편집책임 | 이교혜
편집 | 김정현

초판 1쇄 인쇄 | 2014년 4월 23일
초판 1쇄 발행 | 2014년 4월 28일

주소 | 413-756 경기도 파주시 광인사길 153 한울시소빌딩 3층
전화 | 031-955-0655
팩스 | 031-955-0656
홈페이지 | www.hanulbooks.co.kr
등록번호 | 제406-2003-000051호

Printed in Korea.
ISBN 978-89-460-5682-4 93330

이 저서는 2010년도 정부재원(교육과학기술부 인문사회연구역량강화사업비)으로 한국연구재단의 지원을 받아 연구되었음(NRF-2010-32A-B00117)